अपने ख़्वाब की ताबीर चाहती हूँ

[आदम के सवाल हव्वा से]

अपने ख़्वाब की ताबीर चाहती हूँ

[आदम के सवाल हव्वा से]

नासिरा शर्मा

लोकभारती प्रकाशन

लोकभारती प्रकाशन
पहली मंज़िल, दरबारी बिल्डिंग, महात्मा गांधी मार्ग
प्रयागराज-211 001

वेबसाइट : www.lokbhartiprakashan.com
ईमेल : info@lokbhartiprakashan.com

शाखाएँ : 1-बी, नेताजी सुभाष मार्ग, दरियागंज
नई दिल्ली-110 002
अशोक राजपथ, साइंस कॉलेज के सामने
पटना-800 006
1, अनमोल सोराबजी संतुक लेन, धोबी तलाव
मरीन लाइंस, मुम्बई-400 002

पहला संस्करण : 2023

मूल्य : ₹595

विकास कंप्यूटर एंड प्रिंटर्स
ट्रॉनिका सिटी-201 102

APNE KHWAB KI TABIR CHAHTI HOON
Interviews by Nasera Sharma

ISBN : 978-81-19133-40-6

उन सबके नाम
जिनके पास मुझसे पूछने के लिए
ढेरों सवाल हों!

क्रम

कायनात की ख़ामोशी टूटी

ख़ुदा की इस कायनात में सब कुछ था मगर ख़ामोशी थी। आदम और हव्वा जब जन्नत से निकाले गए तो इस सरज़मीन को उन्होंने अपनी तरह के ख़ूबसूरत चेहरे वालों की आबादी में इस तरह बदला कि पेड़ों से ज़्यादा मर्द, पहाड़ों से ज़्यादा बूढ़े, नदियों से ज़्यादा औरतें और झीलों से ज़्यादा बच्चों की तादाद बढ़ गई। कायनात की ख़ामोशी टूटी और दिलकश आवाज़ों से यह ज़मीनी फ़िज़ा गूँजने लगी।

सालहासाल इसी तरह गुज़र गए।

एक दिन इनसान के दिल में अजीब-सी ख़्वाहिश उभरी और बेचैनी समन्दर की तरह ठाठें मारने लगी कि क्यों न ख़ुदा की बनाई इस कायनात की तरह वह भी एक दुनिया बसाए। बस्ती बसाने की चाहत में उसने क़िस्सा कहना शुरू किया। क़िस्सागोई का यह सिलसिला चल पड़ा और ऐसा चला कि वह इन क़िस्से-कहानियों को पत्थर, चाक की शिला पर कीलों से दर्ज करने लगा और फिर उसके हाथ में क़लम और काग़ज़ आ गया। अपनी बनाई दुनिया में वह रात-दिन डूबा ख़ुदा की बनाई दुनिया से लापरवाह अपने संसार को सजाने-सँवारने लगा।

अपने ख़्वाबों, ख़्वाहिशों, आरज़ुओं और तमन्नाओं को किरदारों के मुँह से कहलवाने लगा जिसको उसने अपने लिखने के हुनर यानी क़लम से गढ़ा था! जो उसके ताबेदार थे, उसके कहने से हँसते-रोते थे। जब बाग़ी हो उठते तो वह दो दिमाग़ों की बहस में उन्हें डाल किसी फ़ैसले पर पहुँचना चाहता और जब वे किरदार क़लम से सँभाले न सँभलते तो उन्हें किसी हादसे या फिर बीमारी की चपेट में ला मौत की नींद सुला देता था और राहत की साँस लेता। जहाँ वह इनसानों

के जज़्बात की तह में जा उनके अन्दर की दुनिया की तह लेता, वहीं उनकी कोताही और कमज़ोरी पर भी उँगली रखता।

शताब्दियाँ गुज़र गईं इस ज़हनी नई दुनिया को तरह-तरह से बसाने में। ठीक ख़ुदा की तरह उसने वक़्त और इनसान को अपने लिखे अक्षरों की क़ैद में डालना नहीं छोड़ा। उन ज़हीन, चाबुकदस्त उस्तादों की छोड़ी अदबी विरासतों को नई पीढ़ी पढ़ते हुए न थकती है और न उसके बर्बाद हो जाने पर शोक मनाना ही छोड़ती। उलटा उनके विचारों, दर्शन और अहसास की परतदार दुनिया के अतीत हुए पन्नों में वह अपने वर्तमान को ढूँढ़ने लगती है।

उस रहस्यमय दुनिया के राज़ को मैंने भी पा लिया और क़लम उठा वह सब काग़ज़ पर उतारने लगी जिसमें ऊबे और उकताए मेरी तरह कुछ और लोग थे। अपनी शिकायतों और दुखों को शब्दों का जामा पहनाने लगी और उस जन्नत की कामना करने लगी जिसमें सभी इनसान बराबर और ग़म के घेरे से आज़ाद हों। यह मेरी नादानी थी या फिर ख़ुदा की बनाई दुनिया पर एतराज़ था या इनसानों के नाशुकरेपन और उनकी लापरवाहियों पर ग़ुस्सा?

ज़हनी राज़ख़ानों से जो उपन्यास-कहानियाँ मैं अपने बाक़ी साथी क़लमकारों की तरह अपने पढ़ने वालों के सामने ला रही थी जिसे पढ़कर पाठकों के मन में कई तरह के सवाल उठते थे जिनका वे समाधान चाहते थे। आख़िर उनके पास भी कुछ सपने थे जिनकी टकराहटों को वे मेरी रचनाओं में महसूस कर रहे थे। उनके अपने कुछ सवाल थे इस दुनिया के बारे में जो ख़ुदा ने बसाई थी और उस दुनिया के बारे में भी जो मेरी चाहतों ने बसाई थी। जवाब सीधे मुझसे चाहते थे।

यह भी कितनी अजीब स्थिति है कि इस कायनात के ख़ालिक पर कभी हम उँगली उठा उसे सिरे से नकार वैज्ञानिक तर्क पेश करते हैं तो कभी उसके हुज़ूर में गिड़गिड़ाते, अपनी फैली झोली भरने की ज़िद करते और जब दुख में होते तो अपनी इल्तजा के न सुने जाने पर उसको जी भरकर खरी-खोटी सुनाते।

ठीक यही बर्ताव एक लेखक के साथ उसके पाठक और आलोचक करते हैं। कभी उसे ईसा मसीह की तरह प्रश्नों की सलीब पर ठोक देते हैं या फिर आलोचना की तलवार निकाल उसका क़ीमा बना डालते हैं। ख़ुदा की तरह अदबी पारे के ख़ालिक़ को भी ख़ामोश

रहना पड़ता है। आग से झुलसते, धूप से तपते इन कटाक्षों से बचाव का सिर्फ़ एक शामियाना होता है तो इन दोनों से हटकर कुछ ऐसे भी नज़र वाले होते हैं जो लेखक की बसाई दुनिया और उसमें रहने वालों में अपना अक्स पाते हैं। उन परछाइयों से इस तरह सराबोर हो उठते हैं, जैसे कोई इबादतगुज़ार सजदे में, तो कोई सूफ़ी रक़्स में, तो कोई कलामे रूहानी सुन 'हाल' की कैफ़ियत में डूब जाता है।

ये ख़ुदादाद सलाहियतें दर्द और मसर्रत के गोते लगाती जब आमद की कोख से निकल किसी तखलीक़ में ढलती हैं, तो सबसे पहले उन पर हक़ अदब से उन्स रखने वालों का होता है और इसीलिए क़लमकार अपना 'फ़नपारा' अपने मद्दाहों के हवाले कर उससे सुबुकदोश हो जाता है।

लेकिन सवाल करने वालों, उस रचना पर बात करने की चाहत रखने वालों से वह मुँह नहीं मोड़ सकता है। इस तकलीफ़देह अहसास के बावजूद कि इस तरह उस तख़लीक़ की चीर-फाड़ मत करो जिसको मैंने अपना जिगर निचोड़कर, लहू की रोशनाई से लिखा है। उसको उसी तरह क़बूल कर लो जिस खुलूस और बेलौसपन के साथ मैंने तुम्हें भेंट किया है।

कहते हैं, संवाद से दिल व दिमाग़ खुलते हैं। पूछताछ से शक दूर होते हैं, बातचीत से उलझी गुत्थी सुलझती है, मुकालमे से एक-दूसरे के नज़दीक आने का मौक़ा मिलता है, सवाल व जवाब से दो लोग किसी नतीजे पर पहुँचते हैं। संक्षेप में, आपका शोध जो वर्षों में किसी विषय पर ख़त्म होने वाला होगा अक्सर सीधे मुलाक़ात करने और जवाब पाने पर लम्बा रास्ता छोटा हो जाता है, वह भी मय सनद के। आवाज़ को ज़ेहन में क़ैद करने की पुरानी आला याददाश्त अब नये ज़माने में रिकॉर्डिंग में बदल गई है जो बरसों तक सीडी के रूप में आपके पास महफ़ूज़ रहती है। इनसान चला जाता है मगर उसकी आवाज़ ज़िन्दा रह जाती है।

आप किसी इंटरव्यू में मुझसे पूछ सकते हैं कि मैंने थोड़ा-बहुत अच्छा-बुरा जो भी लिखा और अभी भी लिख रही हूँ, आख़िर चाहती क्या हूँ?

मैं फ़ौरन जवाब दूँगी : "अपने ख़्वाबों की ताबीर जनाब!"

—नासिरा शर्मा

तालिब इमरान*

नासिरा शर्मा से मेरी मुलाक़ात ईरान की राजधानी तेहरान में एक प्रेस कॉन्फ्रेंस में हुई थी। मर्द पत्रकारों के बीच में बैठी वह फ़ारसी में ऐसे प्रश्न पूछ रही थीं जिनके जवाब देने में धार्मिक सत्ताधारियों को कठिनाई का सामना करना पड़ रहा था। प्रेस कॉन्फ्रेंस के बाद मैं उनसे मिला तो पता चला, वह दिल्ली से हैं। अलीगढ़ मुस्लिम यूनिवर्सिटी से मैं मैथमेटिक्स में पी-एच.डी. कर रहा था। उनके अलीगढ़ आने पर उनसे हुई बातचीत के कुछ अंश यहाँ दे रहा हूँ।

* सीरियन कवि, लेखक और पत्रकार।

माँ का अरमान और शौहर का समर्थन

तालिब इमरान : आप 'औरत' को किस नज़र से देखती हैं, मर्द के बराबर या फिर उससे कमतर?

नासिरा शर्मा : आप सीरिया के साइंस फ़िक्शन लिखने वाले लेखक हैं। एक लेखक की मानसिकता को समझ सकते हैं कि वह किसी एक का पक्षधर होकर खुली सच्चाई को नकार नहीं सकता है। आप ख़ुद अलीगढ़ में पढ़े हैं। भारतीय औरत की परेशानियों को ख़ूब गहराई से समझ सकते हैं। मेरा अपना ख़याल है कि औरत-मर्द इनसान के दो रूप हैं। इनमें कोई छोटा-बड़ा नहीं होता है। औरत-मर्द के सम्बन्ध इसीलिए कड़वे हो जाते हैं कि वे एक-दूसरे को बराबर समझ प्यार और सम्मान नहीं दे पाते हैं। या तो डरते हैं या फिर हुकूमत करते हैं।

तालिब इमरान : मध्यपूर्वी देशों में औरत की इतनी बुरी दुर्दशा नहीं है जितनी यहाँ पर है। लेकिन नकारात्मक प्रोपेगेंडा अरब औरत की दुर्गति का ज़्यादा होता है, आप इससे सहमत हैं?

नासिरा शर्मा : मैं इसमें यूरोप की औरतों को भी शामिल करना चाहूँगी। जिनको मैंने लन्दन एडिनबरा में रहकर और पेरिस में कुछ समय बिताकर देखा है। और एक बात दावे से कह सकती हूँ कि यूरोप में बेहतरीन क़ानून बने हैं, औरत स्वतंत्र है। मध्यपूर्वी देशों में उसे वह आज़ादी नहीं मिली है तो भी वह अपने घर में सुखी है। भारतवर्ष की तरह वहाँ भी आर्थिक कारण औरत की सुख-सुविधा में अहम् रोल निभाते होंगे। लेकिन जो सच है, वह सिर्फ़ इतना कि कहीं की भी औरत अहसास के धरातल पर सुरक्षित नहीं है। कोई भी दुनिया का क़ानून या धन-दौलत उसको 'मोहब्बत' का वरदान नहीं दिलवा सकती। मेरा मतलब जिसको वह चाहे, वह शख़्स भी उसको क़ानून के डर से दिल से चाहने लगे, यह नामुमकिन है। यह बात

मियाँ-बीवी के रिश्ते में भी आती है कि पति खाना, कपड़ा, घर दे देगा मगर दिल नहीं, तो इस स्तर पर औरत दुखी होगी।

तालिब इमरान : यह बात तो एक मर्द पर भी लागू हो सकती है?

नासिरा शर्मा : क्यों नहीं! सब कुछ धन-दौलत, आराम के बावजूद अगर औरत मर्द को नापसन्द करती है तो मर्द अपने को क़ुर्बान करके भी उसका प्यार हासिल नहीं कर सकता, चाहे क़ानून का सहारा ले या...

तालिब इमरान : आपने अभी तक जो कहानियाँ लिखी हैं, उनमें किसको क़ुसूरवार ठहराया है?

नासिरा शर्मा : अभी बहुत ज़्यादा तो मैंने नहीं लिखा है, केवल एक कहानी-संग्रह आया है परन्तु इतना कह सकती हूँ कि मर्द की बनिस्बत औरत ज़्यादा सहती है। उसकी बनावट कुछ ऐसी है कि कहीं पर वह दिल के हाथों मजबूर हो परिस्थितियों के आगे झुकती है तो कभी समाज के बनाए नियमों के जाल को चाहने के बावजूद तोड़ नहीं पाती है।

तालिब इमरान : मर्द?

नासिरा शर्मा : (कुछ देर चुप रहने के बाद) मर्द स्त्री को देखते थोड़ा आज़ाद है मगर जब तक वह लड़का रहता है, अक्सर माँ और बाप के दबाव में रहता है किन्तु जैसे ही वह शौहर बनता है, उसकी कुंठा और आक्रोश पत्नी पर टूटता है। माँ-बाप की पसन्द से शादी हुई हो तो वह सारा इल्ज़ाम माँ-बाप के सिर मढ़ता है और अगर औरत तेज़ हुई तो वह सिर्फ़ सास-ससुर को नाकों चने ही नहीं चबवाती बल्कि शौहर को भी छठी का दूध याद दिला देती है।

तालिब इमरान : (हँसी) हिन्दुस्तान में इसे लेकर कोई महिला आन्दोलन?

नासिरा शर्मा : आन्दोलन तो यूरोप की तरह यहाँ नहीं है। सभी भाषाओं में जो साहित्य लिखा जा रहा है, उसमें मर्द-औरत की स्थिति और सम्बन्धों को लेकर लिखा गया है। लेकिन 'औरत' को लेकर कोई मूवमेंट यहाँ नहीं है किन्तु एक-दो नाम ज़रूर हैं जो औरत के इशू पर अंग्रेज़ी में लिखती हैं जिनसे समाज में क्या चल रहा है, उसका पता चलता है। कुछ संस्थाएँ शुरू हुई हैं जो औरतों की स्थिति को

लेकर आगे आई हैं। औरतों में जागृति तो आ रही है और क़ानून का समर्थन भी मिल रहा है। मगर एक परम्परागत समाज में औरत अभी घर और शौहर के हालात को बाहर लाने में डरती है।

तालिब इमरान : एक लेखक के नाते आप अपनी स्थिति को कैसे देखती हैं?

नासिरा शर्मा : बढ़ावा, हौसला, आगे बढ़ने का जोश तो दोनों घरों में दिया जाता रहा है। वहाँ माँ के अरमान थे। यहाँ इस घर में शौहर का समर्थन है। अभी तक तो ऐसी कोई अड़चन या परेशानी महसूस नहीं हुई।

तालिब इमरान : ईरान अकेले जाने पर भी नहीं?

नासिरा शर्मा : उलटा सब ख़ुश ही हुए थे कि मैं ईरान तीन माह के लिए अध्ययन व फ़ारसी भाषा का उच्चारण सीखने जा रही हूँ। इससे पहले शादी के बाद तीन साल लन्दन में रही थी। यह मेरी पहली यात्रा न थी। दूसरे मेरे ग्रुप में तेरह लोग थे जो सारे हिन्दुस्तान से सलेक्ट होकर आए थे जिनमें कुछ बुज़ुर्ग अध्यापक और जवान विद्यार्थी थे।

तालिब इमरान : मैं सीरिया लेखक संघ का मेम्बर हूँ। चाहूँगा, आप सीरिया हमारे संघ की दावत पर आएँ और वहाँ की ज़िन्दगी देखें।

नासिरा शर्मा : ज़रूर, ज़रूर मैं सीरियन लेखकों से मिलना चाहूँगी। ईरान के लेखकों से मिलकर सोच का दायरा यक़ीनन बढ़ा है। स्कॉटलैंड में तो तरह-तरह के लोगों और विभिन्न कार्य क्षेत्रों से मिली सिवाय लेखकों को छोड़कर।

तालिब इमरान : तब आपने कुछ लिखा था?

नासिरा शर्मा : नहीं। मैंने कभी सोचा नहीं था कि मैं कहानियाँ लिखूँगी और अनुवाद करूँगी। तब तक मैंने स्कूल, कॉलेज में ही कुछ लिखा था औरों की तरह। सभी विद्यार्थी अपनी क्षमता का प्रदर्शन करते हैं मगर यक़ीन थोड़ी होता है कि हम यह हो जाएँगे या फलाँ बन जाएँगे!

तालिब इमरान : बचपन का वह मासूम लेखन महफ़ूज़ किया?

नासिरा शर्मा : हाँ, एक कहानी, एक रिपोर्ताज़, कुछ कविताएँ ज़रूर हैं मगर तीसरी कक्षा में जो कहानी लिखी थी, उसको और सातवीं क्लास में लिखी कहानी जो

'राजा भय्या' में छपने वाली थी, न यह देखने को मिली और न वह। दोनों मेरे पास नहीं हैं। न उनकी कोई याद ज़ेहन में है।

तालिब इमरान : अफ़सोस है कि मेरी हिन्दी बोलने में बहुत अच्छी नहीं है इसलिए कभी अंग्रेज़ी का तो कभी फ़ारसी का सहारा लेना पड़ता है।

नासिरा शर्मा : आप ख़ुशक़िस्मत हैं जो इतनी ढेर-सी ज़बान जानते हैं। मैं तो अरबी न बोलना जानती हूँ और न पढ़ना-लिखना।

तालिब इमरान : वह कौन-सी रचना है जिस पर आप काम करने वाली हैं?

नासिरा शर्मा : एक वक़्त में एक साथ कई काम चलते रहते हैं या करने पड़ते हैं। इसलिए बहुत साफ़ तरीक़े से कुछ नहीं कह सकती।

तालिब इमरान : आपका यह इंटरव्यू जल्द ही अरबी साहित्यिक पत्रिका में छपेगा, मैं कॉपी भेजूँगा।

नासिरा शर्मा : शुक्रिया!

[1980, अलीगढ़, सीरिया के पेपर 'अलहरम' में अरबी भाषा में प्रकाशित]

मोहिउद्दीन*

नासिरा शर्मा ईरान एक्सपर्ट की तरह इस्लामिक वर्ल्ड कॉन्फ्रेंस में आईं। पाँच सौ मौलवियों और विश्व स्तर के पचास पत्रकारों में वह अकेली औरत थीं। हमारे लिए यह आश्चर्य की बात थी क्योंकि इस तरह अकेली औरत का जंग के मैदान और सेमिनार में आना और बोलना हिम्मत की बात है और यह काम भारत की महिला ही कर सकती है। उनसे छोटी-सी बातचीत यहाँ दी जा रही है।

---

* पत्रकार एवं कवि। वे ईरान-इराक़ जंग के दौरान रणक्षेत्र में भी गए थे।

जंग फ़ौरन बन्द होनी चाहिए

मोहिउद्दीन : आप इराक़ पहली बार आई हैं, आपको हमारा देश कैसा लगा?

नासिरा शर्मा : बहुत ख़ूबसूरत! इससे पहले मैंने खजूर के पेड़ों का यह हुस्न और जलती रेत में आग बरसाते सूरज के बीच नख़लिस्तान की नर्म खुनकी के बारे में कभी सोचा नहीं था। टाउन प्लानिंग भी ग़ज़ब की है।

मोहिउद्दीन : यह सब हमारे राष्ट्रपति की देन है। ईरान-इराक़ की जंग के बावजूद तरक़्क़ी के कामों में रुकावट नहीं आई है, न ही आपको सड़क पर जनाज़े और रोते लोग नज़र आ रहे हैं। हम इस जंग को बड़ी बहादुरी से ले रहे हैं। मगर जंग तो जंग है। दोनों तरफ़ के लोग मर रहे हैं। आप इस जंग के बारे में क्या सोचती हैं?

नासिरा शर्मा : यही कि जंग फ़ौरन बन्द होनी चाहिए। मैंने ईरान में भी मरने वालों की संख्या देखी है। बहुत अफ़सोस होता है। यह एक ग़ैरज़रूरी जंग है। इससे किसी को लाभ नहीं पहुँचने वाला है, सिवाय नुक़सान के। और हथियार बेचने के लिए दोनों महान शक्तियाँ इस जंग में तेल का काम कर रही हैं।

मोहिउद्दीन : इसीलिए राष्ट्रपति ने इस्लामिक वर्ल्ड सेमिनार में विश्वभर के मौलवियों, पत्रकारों, धर्म-पंडितों को बुलाया है ताकि सब मिलकर इमाम ख़ुमैनी पर ज़ोर दें। इस कॉन्फ्रेंस के क़ामयाब होने की हमको उम्मीद है।

नासिरा शर्मा : उम्मीद रखनी चाहिए। कल से कॉन्फ्रेंस शुरू है। सभी इस जंग के विरोध में ही कहेंगे और लिखेंगे।

मोहिउद्दीन : हमने हर मौक़े पर भारत का साथ दिया। पाकिस्तान को कभी किसी जंग में समर्थन नहीं दिया। लेकिन आपकी सरकार खुलकर हमारे साथ नहीं है।

हमारी ख़ास दिलचस्पी इंडिया और प्रधानमंत्री इन्दिरा गांधी में है। हमको उस मुल्क से प्यार है।

नासिरा शर्मा : हिन्दुस्तान के बारे में आपके ख़यालात जानकर ख़ुशी हुई। आप जानते हैं कि मैं एक लेखिका और पत्रकार हूँ। सरकारी तौर पर इन बातों का मैं जवाब नहीं दे पाऊँगी मगर इनसान के नाते कह सकती हूँ कि युद्ध रुकना जो एक समझदार पहल है, उसमें इराक़ का साथ देना ज़रूरी है। इस सिलसिले में ईरान से भी अनुरोध करना ज़रूरी है। रही बात इराक़ को लेकर कि हम भारतीयों का नज़रिया क्या है, तो मैं बड़े यक़ीन से कह सकती हूँ कि हर भारतीय मेरी उम्र वाले अली बाबा चालीस चोर की मरजीना और सिन्दबाद की कहानियों को नहीं भूले हैं। इराक़ एक महत्त्वपूर्ण इलाक़ा रहा है—प्राचीन सभ्यता एवं संस्कृति की नज़र से। इसलिए भारतीयों की नेक ख़्वाहिशें इराक़ में अमन क़ायम करने के प्रति हैं।

मोहिउद्दीन : आपको हम युद्धबन्दियों से भी मिलवाएँगे जो बड़ी संख्या में हैं, जिनमें कमसिन लड़के भी हैं। उनसे हमारा बर्ताव आप देखेंगी कि कितना दोस्ताना है। भारत से ही हमारे पायलटों ने ट्रेनिंग ली है। मिस्टर सिंह यहाँ इराक़ में अरसे तक रहे।

नासिरा शर्मा : अच्छा! मुझे पता नहीं था।

मोहिउद्दीन : आप हमारे कुछ शहर घूमें और देखें कि जनता राष्ट्रपति से कितना प्यार करती है और राष्ट्रपति ने उनके आराम और इलाक़े के लिए कौन-कौन-से विकास-कार्य किये हैं।

नासिरा शर्मा : अभी देखते हैं, हम पत्रकारों के लिए कौन-से कार्यक्रम रखे गए हैं!

मोहिउद्दीन : हमें उम्मीद है कि आप अपने देश लौटकर युद्धविराम के बारे में लिखेंगी ताकि आम आदमी भी विश्व स्तर पर हमारी इस मुहिम में साथ दे।

नासिरा शर्मा : ज़रूर! यह एक नेक काम होगा।

मोहिउद्दीन : धन्यवाद!

[अंग्रेज़ी समाचार-पत्र : 'बग़दाद आब्ज़र्वर' 1983]

अशोक लव*

नासिरा शर्मा की लेखनी ने प्रमाणित कर दिया है कि क़लम की चोट बन्दूक़ की गोली से तीखी होती है। ईरान की स्थिति पर लिखी उनकी कहानियाँ, उनका उपन्यास 'सात नदियाँ : एक समन्दर', 'सारिका' तथा अन्य पत्रिकाओं में प्रकाशित उनके रिपोर्ताजों में ईरान की संघर्षरत पीढ़ी का क्रान्तिकारी चित्रण किया गया है। उनके कष्टों को नासिरा जी ने शब्दों का रूप प्रदान किया है। सोचा था, क्रान्ति की बातें करने वाली नासिरा जी तेज़-तर्रार होंगी, पर उनका सौम्य रूप देख आश्चर्य हुआ। नासिरा जी इन दिनों बहुत व्यस्त हैं। स्वतंत्र लेखन के साथ-साथ कुछ फ़िल्मों में अभिनय भी कर रही हैं। दिल्ली शहर के शोर-शराबे से बहुत दूर जवाहरलाल नेहरू विश्वविद्यालय परिसर में उनका आवास मन को अजीब-सी शान्ति प्रदान करता है। वहीं उनके लेखन तथा जीवन के विभिन्न पक्षों पर बातचीत हुई। उसी बातचीत के कुछ अंश प्रस्तुत हैं।

* कवि-पत्रकार, अध्यापक, एयरफ़ोर्स स्कूल, दिल्ली।

मैंने ईरानी संघर्ष को नज़दीक से महसूस किया है

अशोक लव : आपने कब से लिखना आरम्भ किया? इस ओर रुचि कैसे हुई?

नासिरा शर्मा : लेखन की ओर मेरी रुचि जागी नहीं। कहानी लिखने के लिए जिस रचाव की ज़रूरत थी, वह मेरे अन्दर था। इसका पता वास्तव में मुझे बहुत देर से चला। तीसरी कक्षा में पढ़ती थी तो कहानी प्रतियोगिता में हिस्सा लिया। पुरस्कार मिला। हौसला बढ़ा। फिर सिलसिला चल पड़ा। अभी तक रुका नहीं है।

अशोक लव : क्या पारिवारिक परिस्थितियों का भी योगदान रहा?

नासिरा शर्मा : व्यक्तित्व की बुनावट व अभिरुचि में पारिवारिक परिस्थितियों का बहुत योगदान होता है। वातावरण का सीधा असर पहुँचता है। मेरे दादा, पिता, चाचा अच्छे कवि रहे हैं। बहन भी कविता लिखती थी। पूरा साहित्यिक परिवार था। दर्द सिर्फ़ रोटी और उन्नति का नहीं होता, एक मानवीय दर्द भी रहता है। इसके बदलते सन्दर्भ आश्चर्य में डाल देते हैं। यह दर्द मन-मस्तिष्क को हमेशा मथता रहता है। इनसानी रिश्तों की टूटन व बदलते चेहरों की कुरूपता का अनुभव बहुत तीखा होता है। ऐसा अनुभव मुझे गहरा हुआ है। उसी दर्द की तपन ने मेरे लेखन को विशेष योगदान दिया है। बहरहाल...।

अशोक लव : नासिरा शर्मा का नाम लेते ही ज़बान पर ईरान का नाम आ जाता है। आपके साथ ईरान इतनी गहराई से कैसे जुड़ गया?

नासिरा शर्मा : इसके कई कारण हैं। पहला, ईरान की क्रान्ति पर दुनिया की नज़र थी। दूसरा, यह क्रान्ति रोटी नहीं बल्कि लिखने और बोलने की स्वतंत्रता, वर्गों में फैली असमानता को दूर करने के लिए हुई थी। तीसरा, भारत व ईरान साहित्यिक व सांस्कृतिक धरातल पर बहुत नज़दीक रहे हैं। सात सौ साल तक फ़ारसी भाषा

भारत के कार्यालयों में व बाज़ारों में प्रयोग की गई थी, बोली गई थी। इसमें भारतीय बुद्धिजीवियों ने मौलिक रचनाएँ भी की थीं। अमीर ख़ुसरो का नाम तो सभी जानते हैं। चौथा, ईरान से मेरा शुरू में सम्बन्ध भाषा के धरातल पर जुड़ा, फिर साहित्य व मस्तिष्क के धरातल तक पहुँच गया। धीरे-धीरे मैं उन बुद्धिजीवियों से जुड़ती चली गई जो संघर्षरत थे। इस धरातल पर जुड़ने के बाद लगा कि लेखक वर्ग तो कहीं भी हो, उसकी मानसिकता, उसके अनुभव, उसके विचार समान होते हैं। मैंने इस अहसास को अनुभव किया। इस तरह मैंने जो कुछ भी लिखा, वह 'बी.बी.सी.' या 'वायस ऑफ़ अमेरिका' सुनकर नहीं लिखा। मैंने स्वयं उस घुटन को महसूस किया और उसमें से निकाले मोती अपने पाठकों को दिये। उस समय मेरी उम्र भी ऐसी थी जिसमें कोई भी अनुभव अपनी गहरी छाप छोड़ जाता है। इसलिए मेरा आधा लेखन ईरान पर हुआ है। यही कारण है जिससे ईरान मेरे नाम से जुड़ गया है।

अशोक लव : अन्य भारतीय बुद्धिजीवियों ने ईरान को लेकर कुछ विशेष नहीं लिखा, क्यों?

नासिरा शर्मा : फ़ारसी भाषा के अध्यापकों को तो लिखना चाहिए था। ये लोग क्लासिकल फ़ारसी साहित्य तक सीमित रह गए। ईरान की बदलती सियासी और साहित्यिक स्थिति पर बहुत कम लिखा गया। हम भारतीयों को पश्चिमी देशों से फ़ुर्सत मिले तो अपने एशियाई देशों की ओर देखें!

अशोक लव : आपके पास ईरानी क्रान्ति के विषय में पर्याप्त सामग्री तथा वहाँ के बुद्धिजीवियों पर हुए अत्याचारों के प्रमाण होंगे?

नासिरा शर्मा : आपने ठीक ही सोचा है। आज मेरे ईरानी संघर्ष के दस्तावेज़ एकत्र हो गए हैं। मैंने ईरान के चोटी के बुद्धिजीवियों से मुलाक़ातें की थीं। उनसे किये साक्षात्कार मेरे पास सुरक्षित हैं। वर्तमान सरकार ने कई ऐसे कवियों व लेखकों को मार डाला है। ऐसे कवियों-लेखकों के साक्षात्कारों के कैसेट सुनने कई ईरानी विद्यार्थी मेरे पास आते हैं। इन्हें सुनकर वे रो पड़ते हैं।

अशोक लव : ख़ुमैनी सरकार के विरुद्ध लिखने पर आपको कोई नुक़सान तो नहीं हुआ?

नासिरा शर्मा : ख़ुमैनी सरकार के विरुद्ध लिखने की क़ीमत कई जगह चुकानी पड़ती है। मगर लेखन अपनी क़ीमत तो माँगता है। लेखक को कई बार यह क़ीमत

स्वयं चुकानी पड़ती है। आप किसी के विरुद्ध लिखेंगे तो वह बदला तो लेगा ही। व्यवस्था हो या परम्पराएँ, उनके विरुद्ध लिखना आसान नहीं होता। भारतीय सन्दर्भ में लिखी कहानियों ने क्या मुझे कम दुख दिया है? 'सारिका' में छपी 'पत्थर गली' कहानी जब उर्दू में छपी तो उसकी प्रतिक्रिया में ऐसे-ऐसे पत्र आए कि मैं ताज्जुब में पड़ गई। कुछ ने तो कमाल कर दिया था। उन पत्रों को पढ़कर लगा था कि हमारे देश में कितनी जहालत है!

अशोक लव : ईरान के साहित्यकारों ने वहाँ सक्रिय होकर आवाज़ उठाई। भारतीय साहित्यकारों की भारतीय समाज और व्यवस्था में परिवर्तन के लिए भूमिका के विषय में आप क्या कहेंगी?

नासिरा शर्मा : ईरान के साहित्यकारों व बुद्धिजीवियों की तुलना भारतीयों से न करें। ईरान का संघर्ष विचार और सिद्धान्त का है। हमारा संघर्ष रोटी और ग़रीबी का है। भारतीय लेखक आरामदेह ज़िन्दगी के लिए संघर्ष करता है। इसलिए नित नये समझौते और सियासी सौदेबाज़ी चलती रहती है। यदि भारतीय साहित्यकार संघर्षरत रहते तो आज हमारे समाज की मान्यताएँ एवं मर्यादाएँ इतनी बिखरी हुई न होतीं।

अशोक लव : अभी आपने परम्पराओं को तोड़ने और कष्ट सहने की बात की थी। एक हिन्दू ब्राह्मण से विवाह करने पर मुस्लिम समाज में तीखी प्रतिक्रिया हुई होगी?

नासिरा शर्मा : जी हाँ, बहुत तीखी प्रतिक्रिया हुई थी। कुछ लोगों ने तो मेरे फ़ारसी लेखन को ही रद्द कर देना चाहा। उन्हें मेरे नाम के साथ 'शर्मा' पर आपत्ति थी। मैंने ऐसे आलोचकों को यही उत्तर दिया था कि मैंने अपने देशवासी से ही विवाह किया है किसी विदेशी से नहीं। उन्होंने फिर प्रश्न खड़ा कर दिया कि आप अपने-आपको पहले क्या समझती हैं—भारतीय या शिया? मेरा उत्तर था—पहले भारतीय, फिर शिया या मुसलमान।

ऐसे संकुचित विचार वाले लोग कहीं किसी नाम से तथा कहीं किसी दूसरे लिबास व मुखौटों से मिल जाएँगे। इनके साथ सामूहिक रूप से संघर्ष करना होगा, ख़ानों में बँटकर नहीं।

अशोक लव : धर्म का वर्तमान रूप विकृत होता जा रहा है। आपकी प्रतिक्रिया?

नासिरा शर्मा : सचमुच धर्म का वर्तमान रूप विकृत हो गया है। कहीं पर धर्म व्यापार का तो कहीं सत्ता का सिम्बल हो गया है। सोचा था, कभी शिक्षा के प्रचार-प्रसार से जागृति आएगी। पर पढ़े-लिखे लोग धर्म, जाति और प्रान्त के प्रति अधिक भावुक, सजग और कट्टरवादी हो गए हैं।

अशोक लव : नारी की वर्तमान स्थिति पर आप क्या कहेंगी?

नासिरा शर्मा : औरत को वर्षों से अपने सही स्थान की तलाश है। तलाश का यह सफ़र सन्तुलित नहीं है। यह सफ़र या तो रूढ़िवादी है या बहुत मॉडर्न। औरत इन दोनों के बीच फँसी है। आज औरत को सही रूप से सुशिक्षित व स्वावलम्बी बनाने की ज़रूरत है साथ ही उनमें धैर्य व बलिदान की भावना जगाने की आवश्यकता है। गुज़रे कल की औरतें अधिक कष्ट में थीं।

['नई परिस्थितियाँ' : 1986]

मजीद अहमद*

नासिरा शर्मा हिन्दी साहित्य में ऐसा नाम हैं जिनके लेखन ने वर्तमान की समस्याओं पर तो अपनी क़लम चलाई ही है, साथ ही अतीत को वर्तमान में लाकर भविष्य का भी संकेत देना ज़रूरी समझा है। पड़ोसी देशों पर उनका शुरू किया गया काम ऐतिहासिक रिश्तों में फिर से नया प्रवाह लाने की कोशिश कर रहा है। उनके इस साक्षात्कार द्वारा अफ़ग़ानिस्तान की स्थिति को समझने का प्रयास है।

* स्वतंत्र पत्रकार और आलोचक।

उनके क़बीले का ख़ून उनकी रगों में बहता है

मजीद अहमद : आप पश्चिम एशिया के कई दौरे कर चुकी हैं और अफ़ग़ानिस्तान पर भी आपने काफ़ी काम किया है। अफ़ग़ानिस्तान में इधर एक नई परिस्थिति उभर आई है। क्या आप संक्षेप में इसकी पृष्ठभूमि पर प्रकाश डालेंगी?

नासिरा शर्मा : एक तो सबसे बड़ी बात है कि अफ़ग़ानिस्तान में बदलाव की जो भूमिका बन गई थी, जब रूसी फ़ौजें वहाँ आई थीं और लोग जिसे रूढ़िवादिता या मज़हबी जुनून कह रहे हैं, यह वास्तव में अफ़ग़ानिस्तान की हक़ीक़त है। दूसरी बात, मुसलमानों के पास दो ही रास्ते हैं—या तो बहुत प्रोग्रेसिव हो जाना या इस्लामिक लिबास में अपने झंडे को ऊँचा करने का। अफ़ग़ानिस्तान के पास एकता की यही अभिव्यक्ति रह गई थी, जबकि हक़ीक़त यह है कि वहाँ न तो इतने पढ़े-लिखे लोग हैं और न ईरान की तरह वहाँ इस्लामिक के दर्शन पर काम करने वाले। अफ़ग़ान ख़ुद कहते हैं कि क़ुरान और रसूल से बढ़कर उनके क़बीले का क़ानून उनकी रगों में बहता है।

अफ़ग़ानों का कहना है कि अफ़ग़ानिस्तान अफ़ग़ानों की ज़मीन है, पख़्तूनवली उनका क़ानून है, इसलिए जो सत्ता में रह रहे हैं, वे पश्तोभाषी अफ़ग़ान हैं। अफ़ग़ान ज़रूरत से ज़्यादा ज़मीन से जुड़े लोग हैं।

मजीद अहमद : अफ़ग़ानिस्तान का अपना इतिहास ही ऐसा रहा है कि उस पर रूस और ब्रिटेन जैसी ताक़तें भी क़ाबू नहीं कर पाईं। क्या आज भी अफ़ग़ानिस्तान के बारे में यही कहा जा सकता है?

नासिरा शर्मा : हाँ, अफ़ग़ानिस्तान ने करके दिखा दिया और रूस की लाल फ़ौजों को वापस जाना पड़ा। गोर्बाचोव की समझदारी से चीज़ें उस तरह बिगड़ीं नहीं, मगर सोवियत लैंड टुकड़ों में बँट गया और आज भी जो झगड़ा है उन लोगों का,

वह आपस में ज़्यादा है क्योंकि भारत और दूसरे देश इन्हीं क़बीलों के सरदारों द्वारा हस्तक्षेप करा रहे हैं।

मजीद अहमद : अफ़ग़ान राजनीति असल में ट्राइबल (जनजाति) राजनीति का ही नया रूप है, क्या आप इस अक्सर कही जाने वाली बात से इत्तफ़ाक़ रखती हैं?

नासिरा शर्मा : वे लोग ट्राइबल कल्चर वाले हैं और वही उनकी पूरी सोच को प्रभावित करती है। जहाँ तक धर्म उनके सिर पर तारी है, यह चीज़ उन्हें एकता में बाँध सकती है।

मजीद अहमद : पश्चिम में भी और पूर्व में भी कई प्रेक्षक इस ख़तरे की ओर गम्भीरता से इशारा कर रहे हैं कि अफ़ग़ानिस्तान की नई सत्ता कठमुल्लों की प्रेरणा का स्रोत बन सकती है। आप इससे कहाँ तक सहमत हैं?

नासिरा शर्मा : मुझे लगता है कि जो भी सम्भावना बन रही है, बनने दी जाए, क्योंकि ईरान में मौलवियों का जो तांडव नृत्य था, आख़िर उसे भी थमकर हारना पड़ा। आज वे अपनी अतिवादिता से शर्मिन्दा हो साहित्य, संस्कृति की बातें करने लगे हैं। उसी तरह से अफ़ग़ानिस्तान को भी इस अनुभव से गुज़रने का अवसर मिलना चाहिए, क्योंकि बच्चा-सक्का की जो सत्ता थी, वह अफ़ग़ानिस्तान में सिर्फ़ दस महीने रही और मौलवियों की कोशिश बिखर गई।

मजीद अहमद : अफ़ग़ानिस्तान के जनजीवन के बारे में कुछ आँखों-देखी बताइए। वे लोग आख़िर भारत को कैसे देखते हैं?

नासिरा शर्मा : बड़े अफ़सोस की बात है कि जो पहले हमारे पड़ोसी देश थे, वे अब मुस्लिम देश की तरह माने जाने लगे हैं। वरना ये सारे पड़ोसी देश हिन्दुस्तान को बहुत ज़्यादा आदर और सम्मान से देखते हैं। यहाँ की फ़िल्में, जो सबसे सस्ता मनोरंजन है, उसके लिए दीवाने रहते हैं, हिन्दुस्तान आना चाहते हैं, घूमते हैं। बुद्धिजीवी वर्ग एक दूसरे स्तर पर भारत को ज्ञान का स्रोत समझता है। वहाँ के विचार, दर्शन, जीवन, जीने का अन्दाज़ उन्हें बहुत पसन्द है।

मजीद अहमद : अफ़ग़ानिस्तान की पिछली जद्दोजहद का जाहिरी तौर पर वहाँ के साहित्य, कला, संस्कृति पर असर पड़ा होगा?

नासिरा शर्मा : अफ़ग़ान लेखक ने मुझसे कहा था : "मैंने पिछले दस वर्षों में कुछ भी मौलिक नहीं लिखा, यही हाल मेरे साथियों का है। जिस विचारधारा को लेकर चले थे—उसे समझकर जब सत्ता में हम आए, तो सबसे पहले धक्का लगा कि हम अपने देश को ही नहीं जानते। वापसी का कोई रास्ता बचा ही नहीं था और नई ज़मीन खोदने के लिए हमारे पास समय नहीं था। लेकिन एक दूसरी हक़ीक़त यह भी थी कि सोवियत लैंड ने पहली बार बहुत सारे लेखकों की किताबें छापीं। कला, साहित्य पर बहुत काम हुआ जो शायद न हो पाता, मगर वे सब चीज़ें एक ख़ास विचारधारा के अधीन थीं। अफ़ग़ानिस्तान की पथरीली ज़मीन को तोड़ने की जद्दोजहद, उसके पत्थरों पर बोई सतही फ़सलें थीं।"

मजीद अहमद : विलेन यदि गुलबुद्दीन हिकमतयार हैं तो हीरो कौन है?

नासिरा शर्मा : सबसे बड़ी बात है, मसूद को हीरो बनाकर रखा। मसूद को रशियन पसन्द करते थे, जबकि उसकी लड़ाई उन्हीं लोगों से थी। यहाँ पर जो हिकमतयार को नहीं पसन्द करते, उसकी कई वजहें हैं—एक तो पठान होने के नाते पख़्तूनिस्तान का मसला स्ट्राँग होगा, जो पाकिस्तान नहीं चाहेगा, क्योंकि पठान बहुसंख्यक क्षेत्र उसके हाथ से निकल जाएगा। पाकिस्तान तब तक इंट्रेस्टेड था जब तक यह लड़ाई अमेरिका के लिए रूस की थी। दूसरे, अमेरिका भी दूध का जला छाछ भी फूँककर पिएगा। वह क़तई नहीं चाहता कि ईरान वाला अनुभव—अफ़ग़ानिस्तान में दोहराया जाए। अन्तरराष्ट्रीय स्तर पर यह बात अमेरिका के लिए शोचनीय है कि सोवियत लैंड के बिखरने से उसके राष्ट्र जो इस्लामिक बने हैं, वे और ईरान की अपनी जो इस्लामिक सरकार हो गई है और फिर अफ़ग़ानिस्तान, इसमें वे एकता नहीं रखना चाहते जो अमेरिका के ख़िलाफ़ बहुत बड़ा बल बन जाएगा। मसूद, जो ताजिक हैं और पंचशीर इलाक़े के शेर कहलाते हैं, उनके आने से अफ़ग़ानिस्तान का वह पठान तेवर सत्ता में नहीं आ पाएगा और ईरान को भी एक साहसी बोलने वाला लीडर मिलेगा जो उनके बड़े भाई होने को मान सकता है। अगर गुलबुद्दीन हिकमतयार सत्ता में आ जाते हैं तो वे सबसे पहले अपना कूटनीतिक सम्बन्ध भारत से स्थापित करेंगे।

मजीद अहमद : आख़िर गुलबुद्दीन हिकमतयार का क्या होने जा रहा है?

नासिरा शर्मा : गुलबुद्दीन हिकमतयार इतने बड़े विलेन नहीं हैं, जितना बड़ा प्रश्न उन्होंने बना दिया है। अगर आँख खोलकर देखें कि जो मापदंड किसी अपराधी के

लिए तय हो सकते हैं, वे सारे गुण वहाँ के प्रत्येक नेता में हैं। इसलिए हिकमतयार जो पेशे से इंजीनियर हैं, पढ़े-लिखे हैं, तो दूसरों की तरह सत्ता में आना चाहते हैं। उन्होंने इज़्बेइस्लामी के नाम पर असंख्य लोगों को मरवाया। नजीबुल्लाह ने सत्ता में रहने के लिए लाखों अफ़ग़ानों को कटवाया।

['नई परिस्थितियाँ' : 1992]

कृष्ण प्रताप सिंह*

नासिरा शर्मा हमारे समय की संवेदनशील लेखिका एवं जागरूक पत्रकार हैं। उनका लेखन चौकस व गहरी जड़ों वाला है। जहाँ वह अपने लेखन द्वारा नई ज़मीन की तलाश करती हैं, वहीं बुनियादी समस्याओं पर क़लम चलाती हैं। अपने लेखन में कई तरह के सवाल वह उठाती हैं और कुछ ऐसे भी सवाल हैं जिनका जवाब उनके पाठक जानना चाहते हैं। यह साक्षात्कार फ़ैज़ाबाद में 'जनमोर्चा' समाचार के ऑफ़िस में लिया गया था।

---

* पत्रकार एवं आलोचक।

सच्चे साहित्यकार को हथकंडों की ज़रूरत नहीं

कृष्ण प्रताप सिंह : आपने अपना 'सात नदियाँ : एक समन्दर' उपन्यास उन आत्माओं के नाम समर्पित किया है, जो रोशनी की तलाश में क़ब्रिस्तान के अँधेरे में आज भी संघर्षरत हैं। अब जब कहा जाने लगा है कि चौतरफ़ा अँधेरा छा रहा है, भ्रष्टाचार बढ़ रहा है और निजात के रास्ते बन्द हो रहे हैं तो उनके संघर्ष का भविष्य कैसा लगता है आपको?

नासिरा शर्मा : यक़ीनन यह लड़ाई लड़ने वाले जीतेंगे। अब देखिए न, ज़ुल्म करने वाले भी इससे तंग आ गए हैं। जानते हैं, क्यों? उन पर उनसे भी बड़े ज़ालिम ज़ुल्म ढा रहे हैं। इसलिए वे चाहते हैं कि इस सिलसिले का अन्त हो। इसी तरह भ्रष्टाचार को ले लीजिए। भ्रष्टाचारी को भी इससे दिक़्क़त होती ही है। क्योंकि उसे आज भी अपनी ज़रूरतों के लिए या अपना काम निकालने के लिए छोटी-छोटी बातों पर रिश्वत देनी पड़ रही है। क्या यह स्थिति उसे अच्छी लगती है?

कृष्ण प्रताप सिंह : आपने एक जगह लिखा है कि राजनीति सिर्फ़ 'पावर गेम' पर कैसी भी हो, राजनीति हमको प्रभावित तो करती ही है और आजकल तो साहित्य में राजनीति घुस आई है। इस जगत में भी वैसे ही ओछे हथकंडे इस्तेमाल किये जा रहे हैं, क्या आपको ऐसा नहीं लगता?

नासिरा शर्मा : सच्चे साहित्यकार को हथकंडों की ज़रूरत नहीं होती, क्योंकि क़लम में और उसकी सत्ता में बहुत ताक़त होती है। अगर कुछ लोग ओछे हथकंडों से काम चला रहे हैं तो इसमें बहुत चिन्तित होने जैसा क्या है? यह मानकर चला जा सकता है कि सारे-के-सारे इश्तिहारों की ज़िन्दगी से प्रभावित हैं और किसी सुपर स्टार की तरह रातोंरात प्रसिद्धि अर्जित करना चाह रहे हैं। इस तरह की उम्मीदें ही ग़लत हैं। साहित्यकार का वास्तविक मूल्यांकन तो उसके न रहने पर होता है।

कृष्ण प्रताप सिंह : यह न रहने पर मूल्यांकन वाली बात कुछ समझ में नहीं आती। डॉक्टर, वकील और इंजीनियर आदि सभी अपना व्यक्तित्व जीते हैं पर लेखक से, ख़ासतौर पर इस देश में और उसमें भी हिन्दी प्रदेश में, उम्मीद की जाती है कि वह अपने व्यक्तित्व को मारकर जिये। यह स्थिति ठीक लगती है आपको? आपको तो विदेशों का भी तजुर्बा है। वहाँ लेखकों की क्या स्थिति है?

नासिरा शर्मा : सच तो यह है कि लेखक ही नहीं, इस तरह की सेवाएँ करने वाले सारे लोग मरने के बाद ही ठीक से याद किये जाते हैं। यहाँ तक कि सुपरमैन की तरह। इसका एक उदाहरण मेरे पिता प्रो. जामिन अली भी हैं। 1955 में वे इस दुनिया में नहीं रहे पर आज भी हमारे उस गाँव में जाइए तो उनकी तारीफ़ के पुल बाँधने वाले लोग मिलेंगे। जहाँ तक विदेशों की बात है, लेखकों की स्थिति कमोबेश सभी जगह एक जैसी है। ग़रीबी-अमीरी का फ़र्क़ अलग है।

कृष्ण प्रताप सिंह : साहित्य में पुरस्कारों की एक राजनीति है। इसका ताज़ा उदाहरण है कृष्णा सोबती। उन्हें अत्यन्त अप्रिय स्थितियों में दिल्ली सरकार का 'शलाका सम्मान' लौटाना पड़ा। कुछ कहेंगी आप?

नासिरा शर्मा : नहीं-नहीं, इस मसले पर मुझे कुछ नहीं कहना। मैं वास्तविक मुद्दों को नेपथ्य में डालकर इंक़लाब करने को कुछ ज़्यादा अहमियत नहीं देती। अपने ऊपर फ़ोकस करने को भी ठीक नहीं समझती।

कृष्ण प्रताप सिंह : आपने अनेक देशी-विदेशी संस्कृतियों का अध्ययन किया है। अपने आप पर, अपने लेखन पर इनमें से किसका ज़्यादा प्रभाव समझती हैं आप? हमारी संस्कृति उनसे किन मायनों में अलग है?

नासिरा शर्मा : निश्चित रूप से मैं भारतीय हूँ तो भारतीय संस्कृति से प्रभावित रही। मेरे साहित्य में भी यह बात दिखती है। पर जहाँ तक सांस्कृतिक या मानवीय मूल्यों की बात है, इस मामले में लगभग सारी संस्कृतियों में आश्चर्यजनक समानता है। आर्य संस्कृति हिन्दू और मुस्लिमों (ख़ासकर शिया मुसलमानों) को बहुत क़रीब लाती है। ग़ौर कीजिए, मैं नस्लवादी अर्थों में नहीं कह रही पर आप नस्लवादी न भी हों तो भी नस्लों को समझने के लिए उनका विश्लेषण तो करना ही होगा। पूर्वजों को ठीक से समझना तो पड़ेगा ही।...मैं ईरान में रही तो मुझे जवाहरलाल नेहरू की एक बात बार-बार याद आती रही कि ईरान और हिन्दुस्तान एक चने की दो दालें

हैं। इतनी बड़ी सांस्कृतिक एकता को अलग-अलग करके कैसे देखा जा सकता है? उन लोगों की बात और है जिनका नज़रिया यह है कि सारे मुस्लिम देश शत्रु देश हैं। ईरान की संस्कृति तो हमारी ही संस्कृति का एक अंग है।

कृष्ण प्रताप सिंह : एक बहुत पारम्परिक सवाल। साहित्यकारों में आपके आदर्श कौन हैं?

नासिरा शर्मा : आदर्श कोई नहीं क्योंकि मैं मूर्ति-पूजा और अन्धी श्रद्धा में विश्वास नहीं रखती और सिर झुकाना भी मुझे क़बूल नहीं। यों कृश्न चन्दर, प्रेमचन्द, वाजदा तबस्सुम और सआदत हसन मंटो से मैं प्रभावित रही हूँ। सोवियत साहित्य भी मैंने ख़ूब पढ़ा है, उर्दू साहित्य भी और पढ़ने का काम तो आज तक जारी ही है।

कृष्ण प्रताप सिंह : मैं नहीं पूछूँगा कि आपने हिन्दी में लिखना क्यों शुरू किया?

नासिरा शर्मा : नहीं-नहीं, पूछिए। मैंने हिन्दी इसलिए नहीं अपनाई कि उस वक़्त उर्दू जा रही थी और हिन्दी आ रही थी और मुझे लगता था और आज भी लगता है कि मैं अपने को हिन्दी में ठीक-ठीक व्यक्त कर सकती हूँ। एक और बात थी। हमारी उर्दू वाली टीचर बहुत डाँटती थीं, जबकि हिन्दी वाली बहुत अच्छी थीं, इन सबका प्रभाव पड़ा। हालाँकि पारिवारिक पृष्ठभूमि उर्दू वाली थी।

कृष्ण प्रताप सिंह : पर मैं दूसरी बात कह रहा था। क्या हिन्दी और उर्दू में जैसे अलगाव की कोशिशें या कहना चाहिए, साज़िशें की जा रही हैं, वैसे अलगाव के बीज भी इन भाषाओं में हैं?

नासिरा शर्मा : बिलकुल नहीं। अलगाव तो, अलगाव चाहने वालों की नज़र में है।

कृष्ण प्रताप सिंह : अफ़ग़ानिस्तान की समस्या पर आपका महत्त्वपूर्ण अध्ययन है। आपने इस पर एक किताब भी लिखी है। इस समस्या की बाबत कुछ बताइए। इसका समाधान कैसे हो सकता है?

नासिरा शर्मा : सवाल तो यह है कि समाधान चाहता कौन है? कोई नहीं चाहता। अब एक ही तो महाशक्ति बची है और वह भी उलझकर रह गई है।

कृष्ण प्रताप सिंह : आपकी कई पुस्तकें छप चुकी हैं। हिन्दी में आजकल पाठकों के संकट की बात की जा रही है। क्या वास्तव में ऐसा कोई संकट है?

नासिरा शर्मा : क़तई नहीं। पाठकों के संकट की बात सिरे से ही ग़लत है। अलबत्ता लेखकों में एक-दूसरे के पाठक बहुत कम हैं। प्रकाशक भी अपने चहेते लेखकों को प्रश्रय देने के लिए व्यावसायिक अनैतिकता करते हैं, ग़लत समीक्षाएँ प्रायोजित कराते हैं और अच्छे साहित्य को सामने लाने की मंशा नहीं रखते। थोड़ी-बहुत जो विसंगति है, वह इसी सबके चलते है।

कृष्ण प्रताप सिंह : छोटे शहरों और क़स्बों में निचले स्तर पर जो साहित्यिक गतिविधियाँ होती हैं, महानगरीय सभ्यता से प्रभावित साहित्यकारों का रवैया उनके प्रति बड़ा उपेक्षात्मक होता है। ऐसी गतिविधियों को गम्भीरता से नहीं लिया जाता। इसी कारण इस निचले स्तर को कोई सार्थक दिशा भी नहीं मिल पाती। है न?

नासिरा शर्मा : देखिए, साहित्य में कोई किसी की मदद नहीं कर सकता। तथाकथित बड़े साहित्यकार भी नहीं। अलबत्ता छोटे शहरों और क़स्बों की गतिविधियों को तवज्जो न देना अनुचित है और इससे भी बड़ी तकलीफ़देह बात है कि साहित्य में भी दलबन्दियाँ और अखाड़ेबाज़ियाँ हैं। ये बुराइयाँ छोटे शहरों, क़स्बों में भी फैल रही हैं।...मैं इसमें एक और बात जोड़ना चाहूँगी कि आज लेखक और पत्रकार बिक गए हैं। जो भूमिका उन्हें निभानी चाहिए, वे नहीं निभा रहे हैं और जो निभा रहे हैं, उन्हें इसकी बड़ी क़ीमत अदा करनी पड़ रही है—चाहे वे गाँव, क़स्बे में हों या महानगर में।...आज साहित्य में लटके-झटके और इतराहट भुनाई जाने लगी है। लेखक अपनी मर्यादाओं को नहीं जी पा रहे। रेलवे के दूसरे दर्जे में सफ़र करने को साहित्यकार की हेठी माना जाता है पर मेरे हिसाब से उसे तय कर लेना चाहिए कि साहित्य में फ़र्स्ट क्लास चाहिए या रेलवे में।

कृष्ण प्रताप सिंह : फ़िलहाल क्या लिख रही हैं?

नासिरा शर्मा : जैसा कि मैंने कहा, अभी मुझे 6 दिसम्बर, 1992 के बाद के हालात पर उपन्यास लिखना है जो शुरू ही होने को है। फ़िलहाल अपनी कहानियों में अवधी के संवादों के सिलसिले में फ़ैज़ाबाद आई हूँ। कहानी 'गूँगी गवाही' में मैंने अवधी संवादों का इस्तेमाल किया है।

['जनमोर्चा' : 1 सितम्बर, 1996]

कृष्ण प्रताप सिंह, रघुवंश मणि*

नासिरा शर्मा अपने चिन्तन-लेखन और कहन में एक ऐसा तेवर रखती हैं जो ज़मीनी यथार्थ से जितना जुड़ा है, उतना ही सामाजिक चेतना से लैस है। उनका लेखन आपको चौंकाता है फिर उत्तरदायी बनता है। उनके अन्दर कां लेखक जितना बेचैन है, उनके चरित्र उतने ही प्रामाणिक हैं—जिसके दुख-दर्द से आप जुड़ते हैं और अपने अन्दर गहरे उतरते हैं और लगातार अपने से सवाल करते हैं कि स्थिति में बदलाव कब आएगा?

* लेखक, आलोचक, अध्यापक।

एकतरफ़ा लेखन हो रहा है स्त्रीवाद के नाम पर

कृष्ण प्रताप सिंह : पिछले दिनों आपने कहा कि आप न तो स्त्रीवादी हैं और न ही किसी स्त्री के लिए लिखती हैं। स्त्री के लिए इस अत्यन्त कठिन समय में, जब वह अपने पर जबरिया थोप दी गई दोयम दर्जे की नियति से मुक्ति के लिए छटपटा रही है और कुछ लोगों को उसकी छटपटाहट पर भी कई तरह के एतराज़ हैं, इस अलगाव से क्या जताना चाहती हैं आप? ख़ासकर जब इधर स्त्रीवादी लेखन प्रचुर मात्रा में हो रहा है हिन्दी में भी?

नासिरा शर्मा : हाँ, ग़लत समझे जाने का ख़तरा उठाकर भी मैं फिर कहना चाहूँगी कि मैं स्त्रीवादी नहीं हूँ, न ही सिर्फ़ स्त्रियाँ मेरे लेखन के केन्द्र में रही हैं। ऐसा इसलिए है क्योंकि मुझे नहीं लगता कि स्त्री की समस्याएँ, उनका रूप कुछ भी हो, सिर्फ़ स्त्री की समस्याएँ हैं। वे सीधे-सीधे हमारी समूची सामाजिक व्यवस्था से जुड़ी हुई हैं और उन्हें सीमित दायरे में देखने की जगह व्यापक सन्दर्भों में देखा जाना चाहिए। इसीलिए मैं जो कुछ भी लिखती हूँ, इनसान के लिए, मानव मात्र के लिए और कहती हूँ कि लेखन को ख़ानों में मत बाँटिए और चीज़ों को खुले नज़रिये से देखिए, इनसानी समझदारी के साथ...। इसके उलट स्त्रीवादी लेखन के साथ समस्या यह है कि वह एकदम एकतरफ़ा हो रहा है। स्त्रीवादी होने के नाम पर लोग व्यक्तिवादी हो रहे हैं। इस कारण स्त्रीवाद के नाम पर जिस तरह स्त्री के लेखन को सामने लाया जा रहा है, मैं उन्हें एप्रीशिएट नहीं करती।

रघुवंश मणि : यह 'जिस तरह की स्त्रियों' का मतलब? इस बँटवारे से तो स्त्री की ताक़त अन्ततः कम ही होगी? फिर आपको ऐसा क्यों नहीं लगता कि स्त्री की स्थिति बदलने के लिए, उसके लिए अलग से कुछ करने की ज़रूरत है?

नासिरा शर्मा : कहा न कि मैंने जो रास्ता चुना है, वह बहुत कठिन है। इसमें पग-पग पर ग़लत समझे जाने के ख़तरे हैं। स्पष्ट कर दूँ कि मैं भी बेबस और बेचारी स्त्री के

उतने ही समर्थन में हूँ जितने तथाकथित स्त्रीवादी बल्कि कई मामलों में मुझे लगता है कि यह कुछ ज़्यादा ही ठीक है कि मैं उस बेचारी स्त्री के सपोर्ट में उन स्त्रियों की आलोचना करती हूँ जो उसका नाम ले-लेकर उसकी ही लड़ाई को कमज़ोर करने और भटकाने में लगी हुई हैं। उनके भीतर एक चालाक क़िस्म की स्त्री उग आई है और वे भी सामन्ती स्त्रियों की तरह व्यवहार करने लगी हैं। मैं पूछती हूँ कि आज जो लेखिकाएँ स्त्रीवादी लेखन कर रही हैं, कौन-सा करप्शन है जो वे नहीं कर रहीं—पुरस्कार के लिए, मान्यता के लिए?

कृष्ण प्रताप सिंह : पर यह सारा करप्शन तो लेखक भी करते हैं। फिर सारा आक्षेप लेखिकाओं पर ही क्यों? क्या इसलिए कि वे स्त्रियाँ हैं?

नासिरा शर्मा : जब मर्द लिखता है तो वह पुरुष विमर्श के नाम से मुख्य धारा से पृथक् खेमा क्यों नहीं बनाता? क्या औरत चरित्र के बिना वह कहानी, कविता लिखता है? इसलिए मेरा कहना है कि वे ख़ुद को पढ़ी-लिखी और मज़बूत स्त्री के तौर पर साबित करने की जगह अपने मूल्यों और आदर्शों से समझौते कर रही हैं। वे भविष्य की स्त्री को कोई राह नहीं दिखा रहीं बल्कि नकारात्मक मुद्दों के उलझाव में फँस रही हैं। जिन्हें भी स्त्री से हमदर्दी है, उन्हें 'छिन्नमस्ता' उपन्यास को पसन्द नहीं करना चाहिए। स्त्री अपनी औलाद छोड़ मर्द के साथ प्रतिस्पर्धा में पड़ जाए तो क्या होगा? आख़िरकार स्त्रियाँ समाज का नैतिक प्रतीक होती हैं, मॉरल होती हैं। ऐसे में उनकी भूमिका भी कुछ ज़्यादा कठिन, कुछ ज़्यादा महत्त्वपूर्ण और साथ ही कुछ ज़्यादा स्ट्राँग होगी ही, होनी भी चाहिए। साहित्य के मूल्यों का सवाल भी इसी से जुड़ा है। आख़िर किन मूल्यों पर जिएगा वह?

रघुवंश मणि : स्त्रियों को विधायिका में आरक्षण देने की बात है।

नासिरा शर्मा : देखिए, जिस तरह यह आरक्षण दिया जा रहा है, मैं उसके ख़िलाफ़ हूँ क्योंकि मैं चाहती हूँ कि स्त्री की लड़ाई संजीदगी से लड़ी जाए—कुछ इस तरह कि उसकी ताक़त उभरकर सामने आ सके और अपना लोहा मनवा सके। यह नहीं कि कुल मिलाकर अन्त में यही सिद्ध हो कि स्त्री का अस्तित्व सामाजिक व्यवस्था की रियायतों की बैसाखियों पर टिका है। जब स्त्री अपनी क़ूवत पर आगे आ सकती है तो ये बैसाखियाँ क्यों? देना ही है तो आरक्षण सामाजिक, आर्थिक रूप से स्त्रियों को दिया जाना चाहिए। यह नहीं

कि बहादुरशाह ज़फ़र के परिवार की स्त्री इसलिए इससे वंचित रहे कि वह एक भूतपूर्व सम्राट के वंश से है।

रघुवंश मणि : लेकिन स्त्री के सन्दर्भ में बड़ा सवाल तो पुरुष वर्चस्व के ख़ात्मे का है। नहीं?

नासिरा शर्मा : स्त्रीवादियों का यही अतिरेक मुझे उलझन में डालता है। पुरुष के ख़िलाफ़ खड़ी होने में ही स्त्री की मुक्ति क्यों देखी जाती है? ऐसी स्त्री की कल्पना क्यों नहीं की जाती जो न अपने ख़िलाफ़ हो, न समाज के और न परिवार के? दिखावे की क्रान्तिकारिता के बजाय संयत सोच और समझदारी का रास्ता स्त्री को भी ज़्यादा रास आ सकता है, पुरुष को भी और समाज को भी।

रघुवंश मणि : लेकिन किसी वक़्त तो आप भी विद्रोही लेखिका के तौर पर पहचानी जाती थीं। याद कीजिए, शाहबानो मामले में अपनी भूमिका और ईरान के सन्दर्भ में...?

नासिरा शर्मा : पर बाद में मैंने देखा कि सिर्फ़ विद्रोह से कुछ हासिल होने वाला नहीं। रिवोल्ट-रिवोल्ट चीख़नेभर से कोई नई चीज़ नहीं उभरती। इसलिए अब मैं सन्दर्भों को बहुत रिवोल्यूशनरी दृष्टि से नहीं, दूसरों की समस्याओं के लिहाज़ से देखती हूँ ताकि सारी शक्ति उन्हें हल करने में लगा सकूँ। इसीलिए अब सेंध वाली कहानियाँ लिख रही हूँ और यह तो आप भी मानेंगे कि ज़्यादा महत्त्वपूर्ण बात यह है कि जो लोग बँधे हुए हैं, उन्हें कैसे मुक्त करा सकते हैं। उनके हक़ उन्हें कैसे समझा और दिला सकते हैं।

रघुवंश मणि : पर क्या इन हक़ों की सीमाएँ धर्मग्रंथों की उलट-पलट तक ही सीमित होंगी? आपकी कहानी 'ख़ुदा की वापसी'...।

नासिरा शर्मा : हाँ, इस कहानी को लेकर भी पिछले दिनों काफ़ी कुछ कहा व लिखा गया। ताज्जुब है कि इसे लेकर मुस्लिम महिलाओं से कहीं ज़्यादा ग़ैरमुस्लिम महिलाएँ एक्साइटेड हैं। अपना पक्ष कहूँ तो यह है कि मेरी चिन्ता में मज़हब से बुरी तरह डरा हुआ आदमी है। मैं उसके सोच में ख़ासे डरावने अन्दाज़ में बैठे मज़हब को तोड़ना चाहती हूँ, यह कैसे होगा? जहाँ तक मेरा सवाल है, मुझे मजहब का प्रचार नहीं करना है मगर सही बात तो आम आदमी तक पहुँचानी है और उसके लिए मेरे उक्त कहानी-संग्रह ने बुनियादी काम किया है। हाँ, साफ़ कर दूँ कि बक़ौल यादव जी के

न मुझे कोई ग्रंथि है और न ही मैं समस्याओं को मज़हब से हल करना चाहती हूँ। मगर बात हमारी-आपकी नहीं, आम इनसान की होनी चाहिए।

कृष्ण प्रताप सिंह : पर ऐसे लोग भी तो हैं ही जो ऐसा चाहते हैं। उनके प्रति उदारता का लाभ किसे मिलेगा? कल वे यह कहते हुए सुने जा सकते हैं कि नासिरा जी भी...।

नासिरा शर्मा : वे ऐसा नहीं कह सकेंगे। लोग अन्ततः तो बात को ठीक से समझेंगे ही।

कृष्ण प्रताप सिंह : आपकी बात ठीक है पर धर्म का बाज़ार तो साहित्य में भी फैल ही रहा है। सो बड़े-बड़े लोग इसमें फँस रहे हैं!

नासिरा शर्मा : जो फँस रहे हैं, वे बड़े चालाक लोग हुआ करते थे। कभी अरसे तक तौलते रहे कि इधर जाएँ या उधर जाएँ? पर उनकी बात कुछ बनी नहीं। एक बात और, उदार और अनुदार का झगड़ा कोई नई बात नहीं रही है। मुस्लिम समुदाय ने देश के विभाजन के दौर में भी इसकी तकलीफ़ झेली थी, तब जमातियों ने प्रगतिशील लोगों को काफ़ी परेशान किया था। आज भी करते आ रहे हैं।

रघुवंश मणि : फिर भी स्त्रीवाद से आपका परहेज़ समझ में नहीं आता?

नासिरा शर्मा : आप फिर से बात को वहीं ले आए हैं तो मुझे कहने दीजिए कि सिर्फ़ स्त्रियाँ ही तो शोषित नहीं हैं। पुरुष भी शिकार होते ही हैं समाज व्यवस्था के। अपनी मर्ज़ी से सब कुछ तो वे भी नहीं कर सकते। वे बेचारे तो अच्छी स्त्री को सपोर्ट करने के लिए भी लांछित किये जाने को मजबूर हैं। दूसरी ओर, व्यवस्था के कारण ही स्त्री स्त्री तक के ख़िलाफ़ खड़ी है सो मैं किसी स्त्री को फूलन बनाने का समर्थन नहीं कर सकती—स्त्रीवाद के नाम पर।

कृष्ण प्रताप सिंह : पर जो फूलन का प्रतिकार है...?

नासिरा शर्मा : उस प्रतिकार पर एतराज़ कहाँ कर रही हैं? पर इससे कहाँ पहुँचीं वे? शोषण में विश्वास कम कहाँ हुआ उनका? सामन्ती मनोवृत्ति के प्रतीकों को कहाँ छोड़ा उन्होंने? नहीं छोड़ा न! दूसरी ओर प्रगतिशील स्त्रियाँ इंटेलेक्चुअली शोषित हो रही हैं। ऐसे में ज़रूरत किसी वाद की नहीं बल्कि तर्कसंगतपूर्ण नज़रिये की है।

रघुवंश मणि : सोच की बात कर रही हैं तो बताइए कि आप अपने साहित्य में इतना वैविध्य कैसे ला पाती हैं? आपकी एक कहानी पढ़ी जाए और फिर दूसरी,

तो लगता ही नहीं कि दोनों एक ही कथाकार ने लिखी हैं। अपने पर किनका प्रभाव ज़्यादा महसूस करती हैं?

नासिरा शर्मा : ऐसा शायद मेरे व्यापक अनुभव संसार के कारण है। दरअसल हाईस्कूल के बाद का मेरा जीवन बहुत तकलीफ़ में गुज़रा। इससे मैं कुछ ओवर सेंसिटिव और कुछ ज़्यादा ही टची हो गई...। आप कल्पना कर सकते हैं कि जब एक ख़ुशहाल घर टूटता है तो कैसी स्थितियाँ बनती हैं। दूसरे, मैंने पढ़ा भी ख़ूब। आज भी पढ़ती रहती हूँ। गोर्की की 'मदर', मंटो का 'ठंडा गोश्त' और डी. एच. लारेंस का 'लेडी चैटरलीज लवर', यह तो बचपन में ही पढ़ गई थी। 'मदर' ने तो जैसे पगला दिया था मुझे। वाजदा तबस्सुम, कृष्ण बलदेव वैद और देवेन्द्र इस्सर से भी बहुत मुतास्सिर हूँ।

कृष्ण प्रताप सिंह : एक दृष्टिकोण यह है कि ज़्यादा पढ़ने से भी व्यक्ति कन्फ़्यूज हो जाता है?

नासिरा शर्मा : ऐसा उनके साथ ही होता है जिनमें पचाने की ताक़त नहीं होती। वैसे आज की समस्या ज़्यादा पढ़ना नहीं बल्कि यह है कि किताबें पढ़ी ही नहीं जा रही हैं।

कृष्ण प्रताप सिंह : आर्थिक दृष्टिकोण के कारण...?

नासिरा शर्मा : सही कहते हैं। बिकने के लिए छप रही हैं और बेचने वालों को इससे मतलब नहीं रहा कि वे पढ़ी भी जा रही हैं या नहीं। किसी पुस्तक की पाठकीय माँग भी हो तो प्रकाशक दूसरा संस्करण छापने को तैयार नहीं होते। व्यावसायिक-आर्थिक कारण भी हैं इसके।

रघुवंश मणि : लेखकों की ओर से भी कोई सचेत प्रयास देखने में नहीं आ रहा कि स्थिति बदले?

नासिरा शर्मा : लेखक नामधारी जीव मजबूरी का पर्याय होकर जो रह गया है। जैसे हालात हैं, उनमें बहुत महत्त्वाकांक्षी प्रयासों की गुंजाइश भी नहीं है। ईरान में फ़ुटपाथ तक पर किताबें बिकती दिखती हैं और अपने यहाँ...? किताबें ढूँढ़ने के लिए दूर-दूर तक जाना पड़ सकता है।

['दैनिक हिन्दुस्तान' : 1996]

विक्रान्त*

हिन्दी और उर्दू में समान गति रखने वाली प्रख्यात कथा-लेखिका नासिरा शर्मा के अब तक चार उपन्यास ('ज़िन्दा मुहावरे', 'ठीकरे की मंगनी', 'शाल्मली', 'सात नदियाँ : एक समन्दर') और आधा दर्जन से अधिक कहानी-संग्रह प्रकाशित हो चुके हैं। वे 'सारिका' एवं 'पुनश्च' के ईरानी साहित्य विशेषांक तथा 'वर्तमान साहित्य' के महिला कथाकार विशेषांक का सम्पादन भी कर चुकी हैं।

मूल रूप से पत्रकार नासिरा शर्मा हिन्दी और उर्दू में कोई ख़ास फ़र्क़ नहीं मानतीं। सामाजिक विसंगतियों एवं नारी पीड़ा का यथार्थ चित्रण उनके कथा-साहित्य की प्रधान विशेषता है।

पिछले दिनों 25 फरवरी से 13 मार्च तक नासिरा शर्मा ने फ़ैज़ाबाद जनपद में प्रवास किया और वहाँ उन्होंने विभिन्न कार्यक्रमों में भाग लिया। इस बीच विन्ध्यमणि त्रिपाठी 'विक्रान्त' ने अयोध्या में उनसे मिलकर साहित्य और समाज से जुड़े विभिन्न प्रश्नों पर विस्तृत बातचीत की। यहाँ प्रस्तुत हैं बातचीत के मुख्य अंश।

---
* पत्रकार।

नारों द्वारा लोग अपनी जगह सुरक्षित करना चाहते हैं

विक्रान्त : नासिरा जी, पहले आप अपने लेखन के शुरुआती दौर के बारे में कुछ बताएँ।

नासिरा शर्मा : मैं बचपन से ही लिखने लगी थी। पहली कहानी तीसरी कक्षा में कहानी प्रतियोगिता के लिए लिखी थी जिस पर मुझे पुरस्कार भी मिला था। सातवीं कक्षा में थी तब दूसरी कहानी लिखी जो 'राजा भय्या' नामक बाल पत्रिका में छपी। मेरे गम्भीर लेखन का प्रारम्भ 1976 में हुआ। 'सारिका' के नवलेखन अंक में 'बुतख़ाना' छपी थी।

विक्रान्त : आज की कहानियों से कथ्य ग़ायब हो रहा है। कथानकों में संस्मरण, आत्मकथा, रेखाचित्र की अजब घुसपैठ देखने को मिलती है। इस विषय में आपका क्या कहना है?

नासिरा शर्मा : यह बात सामूहिक रूप से सत्य नहीं है, परन्तु कुछ लेखकों की रचनाओं में क़िस्सागोई की कमी ज़रूर खलती है।

विक्रान्त : महिला होने के कारण आप यथार्थ चित्रण के समय अपने को किस स्थिति में पाती हैं?

नासिरा शर्मा : मैं उस समय केवल रचनाकार होती हूँ जो सृजन में व्यस्त होता है।

विक्रान्त : साहित्य में राजनीतिक दख़ल से पुरस्कार सन्दिग्ध व विवादित होते जा रहे हैं। आप इस पर कुछ कहना चाहेंगी?

नासिरा शर्मा : हाँ, इसी कारण पुरस्कार कभी-कभी उन लोगों को दे दिये जाते हैं जो सचमुच उसके अधिकारी होते हैं ताकि भ्रष्टाचार और पक्षपात पर पर्दा पड़ा रहे।

विक्रान्त : आपके लेखन में पाठक कहाँ रहता है? पाठक को आप किस रूप में देखती हैं?

नासिरा शर्मा : सृजन के समय पाठक हमारे सामने नहीं रहता, परन्तु रचना प्रकाशित होने के बाद पाठकों की प्रतिक्रिया हमारे लिए महत्त्वपूर्ण हो जाती है। क्योंकि वही हमारी ऊर्जा होती है। हम यह सोचकर सन्तुष्ट होते हैं कि हमारी बात लोगों तक पहुँच गई।

विक्रान्त : आप अपने नये कथा-संग्रह 'सबीना के चालीस चोर' द्वारा क्या बताना चाहती हैं?

नासिरा शर्मा : आपने जिस कहानी-संग्रह का उल्लेख किया, उसके ज़रिये हमने यह बताने का प्रयास किया है कि आज़ादी के पचास साल गुज़र जाने पर भी बहुत-से लोग ग़रीबी के कारागार में क़ैद हैं। उनकी तरफ़ न सरकार और न ही दूसरे लोगों का ध्यान जाता है।

विक्रान्त : कुछ लोग दलित लेखन के नाम पर साहित्य को बाँटना चाहते हैं। इस विषय में आपकी क्या राय है?

नासिरा शर्मा : मार्केटिंग का युग है। नारों द्वारा लोग अपनी जगह सुरक्षित करना चाहते हैं, वरना दलित वर्ग हमेशा कहानियों का विषय रहा है।

विक्रान्त : साहित्य की समाज के प्रति क्या ज़िम्मेदारी होनी चाहिए?

नासिरा शर्मा : साहित्य समाज-विरोधी न हो बल्कि समाज की जड़ मानसिकता को तोड़ने का प्रयास करे ताकि इनसान अपने द्वारा बनाए क़ानून की क़ैद में मर न सके।

विक्रान्त : मुस्लिम समुदाय में कई पत्नियाँ रखने का अधिकार क्या नारी की स्थिति को बुरा नहीं बना रहा है?

नासिरा शर्मा : हिन्दू रजवाड़े अनेक पत्नियाँ रखते थे। जिन हिन्दुओं की पत्नियाँ बीमार या बाँझ होती हैं, क्या वे दूसरी शादी नहीं करते? इन्हीं मजबूरियों के कारण इस्लाम धर्म में कई शादियों की अनुमति दी गई है, पॉलिगैमी की नहीं।

विक्रान्त : विरोध के बावजूद सलमान रुश्दी को भारत आने का वीज़ा देना कितना उचित है?

नासिरा शर्मा : पता नहीं, कौन विरोध करने वाला था! ईरान के लिए यह बात अच्छी लग सकती है, मगर भारत में नहीं। यह उसका मुल्क रहा है। उसने जो लिखा है, उसकी क़ीमत उसे चुकानी है, न कि दूसरों को।

विक्रान्त : हिन्दी कहानी की दशा और दिशा पर कुछ कहेंगी?

नासिरा शर्मा : हिन्दी कहानी की दशा परिपक्व हो रही है। डेढ़ सौ वर्षों में उसने अनेक ऊबड़-खाबड़ रास्ते तय किये हैं और आज वह बेहतर स्थिति में है। उसके पास कई बड़े नाम हैं—प्रेमचन्द, जैनेन्द्र, भीष्म साहनी, कृष्ण बलदेव वैद, देवेन्द्र इस्सर, कृष्णा सोबती, उषा प्रियम्वदा, मन्नू भंडारी, मृदुला गर्ग, ममता कालिया, सूर्यबाला और अनेक महत्त्वपूर्ण नाम...।

विक्रान्त : क्या अधूरा रह गया है जो आप अभी लिखना चाहती हैं?

नासिरा शर्मा : मैंने अभी लिखा ही क्या है, अभी तो बहुत दूर जाना है।

विक्रान्त : नये लेखकों के लिए आप क्या कहना चाहेंगी?

नासिरा शर्मा : हाँ, नये लेखक जल्दबाज़ी न करें। भाषा पर ध्यान दें। सच्ची कहानी लिखने की चेष्टा करें अर्थात् जिसमें ज़िन्दगी की धड़कन हो।

['वन्दे भारती' : 25 अप्रैल, 1999]

•

लालित्य ललित*

यूँ तो ज़िन्दगी का सफ़र चलता ही रहता है। प्रख्यात महिला कथाकार डॉ. नासिरा शर्मा इन दिनों जितना सफ़र कर रही हैं, उतना ही रचनात्मक कर्म भी कर रही हैं। भोपाल में 'दिल्ली शताब्दी' में की गई लम्बी बातचीत के कुछ अंश।

---

* कवि, सम्पादक, नेशनल बुक ट्रस्ट, नई दिल्ली।

रोने वाली कहानियाँ कब तक लिखी जाएँगी

लालित्य ललित : नासिरा जी, वर्तमान के महिला लेखन से आप सहमत हैं या नहीं?

नासिरा शर्मा : देखिए, मैं इस चीज़ से सहमत नहीं हूँ। महिला और पुरुष लेखन हिन्दी के अलावा और कहीं नहीं है। न उर्दू में है, न ही बाहर की भाषाओं में है। मैं आज तक समझ ही नहीं पाई कि ऐसा कहाँ है। मुझे जहाँ तक ख़याल है कि थोड़ा-सा नयापन लाने के लिए प्रकाशक और सम्पादक ने थोड़ा-सा शोशा छोड़ा है। मैं यह ज़रूर कहूँगी, जब साहित्य की बात चलती है तो मैं साहित्यकारों के साथ हूँ—चाहे वे मर्द हों या महिलाएँ। क्योंकि मूल चिन्तन है। वह एक कृति। लेकिन जब पीड़ित वर्ग की बात आएगी तो मैं शोषित और निम्न वर्ग के लिए रिएक्ट करूँगी—चाहे वह मर्द हो या औरत। आप ग़ौर से देखेंगे तो पाएँगे कि हमारे पुरुष लेखकों ने बहुत-से जीवन्त नारी किरदार दिये हैं।

लालित्य ललित : मसलन?

नासिरा शर्मा : देखिए, प्रेमचन्द की कहानियों के स्त्री पात्र अभी भी आपका पीछा नहीं छोड़ते। लोग तो यहाँ तक कहते हैं जो नारी किरदार 'रानो' और 'पारो' के रूप में आए हैं, वे आज भी ताज़ा हैं। उन चीज़ों को दूसरा कोई लिख ही नहीं सकता। मतलब कुछ लोग भावुक होकर ये बात कह देते हैं। हिन्दी में रमेश उपाध्याय का 'हरे फूल की ख़ुशबू' नॉवेल बहुत ज़्यादा उभरा नहीं है, पर उसमें जिस नारी का उन्होंने चित्रण किया है, वह एकदम मॉडर्न नारी है। कितनी ख़ुदग़र्ज़, कैसे अपने पति को ज़लील करती है!

लालित्य ललित : आज साहित्यिक राजनीति साहित्य पर हावी है। आपको नहीं लगता कि साहित्य की इस राजनीति से किसी का भला हो रहा है?

नासिरा शर्मा : मुझे लगता है, पहले जो दौर था कमलेश्वर जी का, साहित्यकार साहित्य से खिलवाड़ नहीं करता था। बेशक निजी जीवन में वह कुछ भी करें। किसी तरह के समझौते करें, कैसी भी नौकरी करें। देखिए, उर्दू और हिन्दी का सबसे बड़ा जो राइटर माना गया है, वह है सआदत हसन मंटो। उसने दस रुपये के लिए भी कहानियाँ लिखीं। लेकिन जो कहानियाँ लिखी हैं, उनको हल्का नहीं किया है। उसकी ज़िन्दगी बेशक जैसी भी गुज़री है। तो मुझे लगता है, आज बहुत ज़्यादा दबाव है यंग राइटर्स पर ज़िन्दगी जीने का। दूसरी तरफ़ यह भी है कि अगर मर गए तो किसी ने क्या देखा? तीसरी वो जो है साधना, वह ख़त्म होती जा रही है, ऐसा नहीं है कि पूरा वर्ग ही ऐसा है। बहुत संजीदा क़िस्म के यंग लोग हैं, पर वे सामने नहीं हैं। लेकिन लगता है कि इस तरह का माहौल जल्दी गुज़र जाएगा और संजीदा क़िस्म के लोग आगे आएँगे।

लालित्य ललित : नासिरा जी, आप अपने लेखन से आश्वस्त हो पाती हैं?

नासिरा शर्मा : देखिए, अभी तक जो लिखा है, उससे मैं मुतमईन तो हुई हूँ पर यह नहीं कहूँगी कि यहीं अन्त है। मैं नये तरीक़े से लिखना चाहती हूँ। जिसमें नये अनुभव हों और नई बातें हों और अक्सर कुछ चीज़ें मुझे परेशान करती हैं कि ये रोने वाली कहानियाँ कब तक लिखी जाएँगी? ठीक है, किसी ने कहा है कि हमारे दुख के जो गीत हैं, वे बड़े मीठे गीत हैं। मैं सोचती हूँ, जो मेरा समाज है, वह एक अजीब तरह से करवट ले रहा है। अब मुझे किरदार उठाने में थोड़ी गहरी नज़रों से देखना पड़ेगा। या मेरी अपनी सिटी है इलाहाबाद, वहाँ की ज़िन्दगी हो। जैसे जो गुंडे हैं, वे किन हालात में ऐसा करने पर मजबूर हुए, उनको रचना द्वारा उठाने में मैं कुछ कर सकूँ।

लालित्य ललित : आपकी पहली कहानी कब छपी और कौन-सी थी? उसकी विषयवस्तु क्या रही थी?

नासिरा शर्मा : मेरी पहली कहानी कमलेश्वर जी की पत्रिका 'सारिका' के नवलेखन अंक में 1976 में छपी थी। उसका नाम 'बुतख़ाना' था। वह एक ऐसे इनसान की कहानी थी जो एक क़स्बे से दिल्ली में आया था। वह एक तनाव भरी ज़िन्दगी में एक ताज्जुब-सा सम्बल था।

लालित्य ललित : समकालीन साहित्यिक पत्रिकाएँ धीरे-धीरे बन्द होती जा रही हैं। इसके पीछे कौन-सी ताक़तें हैं जो पाठकों के अहित में लगी हैं?

नासिरा शर्मा : मुझे लगता है कि हमीं लोग हैं जो 'लेग पुलिंग' करने में शुरू से अन्त तक लगे हुए हैं। 'टाइम्स ऑफ़ इंडिया' का भी यही हाल रहा। इसमें भी कोई शक नहीं है कि अब अपने फ़ायदे के लिए लोग पत्रिकाएँ या पत्र निकाल रहे हैं। 'संडे मेल' के मालिक डालमिया जी को जब तक फ़ायदा हुआ, चलाया, फिर उसे बन्द कर दिया। यही हाल 'संडे आब्ज़र्वर' का हुआ। लेकिन दूसरी तरफ़ जो पत्रिकाएँ आ रही हैं, उनकी ज़मीन पुख़्ता नहीं है। 'सारिका' में आप छपते थे तो सब जगह पता लग जाता था और अब एक पत्रिका है 'हंस', कभी सेंसेशनल हो जाती है, कभी कुछ हो जाती है। लेकिन इसमें कोई शक नहीं कि 'हंस' चीज़ों को दूर-दूर तक फैलाती है। अब 'हंस' कितना फ़ायदा कर रही है गम्भीर साहित्य का और दीर्घ लेखन का, यह एक अलग बहस का मुद्दा है।

लालित्य ललित : इधर कुछ नई पत्रिकाएँ आई हैं, उनका आप उल्लेख करना चाहेंगी कि वे पठनीय हैं या अपठनीय हैं?

नासिरा शर्मा : जैसे 'सद्भावना दर्पण' है, वह एक महत्त्वपूर्ण पत्रिका है। वह जहाँ से निकल रही है, उसने अभी दिल्ली ही कैप्चर नहीं किया है। क़ायदे की बात तो यह थी कि वे जितनी मेहनत कर रहे हैं, उसका हमको पता होना चाहिए था। हमें अफ़सोस है, हम सबकी रचनाएँ उसमें क्यूँ नहीं छपीं। 'वागर्थ' अच्छी है, 'अक्षरा' है, 'साक्षात्कार' है, लेकिन लगता है कि अब एक नई ज़मीन तैयार हो रही है। 'टाइम्स ऑफ़ इंडिया' या 'हिन्दुस्तान टाइम्स समूह' की पत्रिकाओं का जब जादू सिर से उतर जाएगा, तब ये पत्रिकाएँ उभर आएँगी।

लालित्य ललित : कुछ सरकारी पत्रिकाएँ भी हैं जिनमें साहित्य के प्रति सम्पूर्ण निष्ठा दिखाई देती है?

नासिरा शर्मा : 'गगनांचल' का भारतीय भाषाओं पर केन्द्रित अंक संग्रहणीय था। उसमें कितने ही रचनाकारों को लिया गया था। 'समकालीन भारतीय साहित्य' में हमें भारतीय भाषाओं में प्रकाशित साहित्य की ज़रूरी जानकारी मिलती है। अभी एक और पत्रिका निकली है 'कला' के ऊपर, जिसके सम्पादक प्रयाग शुक्ल हैं।

होता यह है कि पत्रिकाएँ किसी स्टॉल पर मुहैया नहीं होतीं। उससे यह होता है कि जो आम पाठक है, उसको वे सब चीज़ें नहीं मिल पातीं।

लालित्य ललित : आप भी मानती हैं, आज पुस्तकें महँगी हैं। इसके पीछे क्या कारण हैं?

नासिरा शर्मा : मुझे लगता है कि इसके पीछे दो कारण हैं—एक यह कि बाक़ी चीज़ें भी महँगी होती जा रही हैं। तकनीक भी हमने विकसित कर ली है। दूसरी बात यह है कि हमारे यहाँ किताब ख़रीदने का कल्चर अभी विकसित नहीं हुआ है। अमृतराय की किताब जब पाँच रुपये में बिकती थी, तब भी बिकने में परेशानी आती थी।

लालित्य ललित : नासिरा जी, विदेशों में लिटरेटी एजेंट काफ़ी सक्रिय हैं, हमारे यहाँ इस तरह की अभी तक कोई व्यवस्था नहीं हो पाई। इसमें आप किसको दोष देंगी?

नासिरा शर्मा : मुझे लगता है, लिटरेरी एजेंट होना चाहिए ताकि रचनाएँ शीघ्रता से प्रकाशित हो सकें और पाठकों तक पहुँच सकें। फिर पांडुलिपियों को तिजोरी में बन्द नहीं होना पड़ेगा। बेहतर तरीक़े से काम हो सकेगा। मगर हमारे संस्कार दूसरे हैं। भारत में यह सब कितना सफल होगा, पता नहीं!

लालित्य ललित : पुस्तक मेले की परिकल्पना आपको कैसी लगती है?

नासिरा शर्मा : दिल्ली में सारी किताबें मिल जाती हैं। क़स्बों से आए लोग ही मेले की शक्ति होते हैं। वे ही किताबें ख़रीदते हैं। मेले में एक छत के नीचे असंख्य किताबें देख मुझे हमेशा ख़ुशी मिलती है।

लालित्य ललित : अपनी किसी रचना को आप मील के पत्थर का खिताब देना चाहेंगी?

नासिरा शर्मा : अपनी? जी नहीं। मैं सोच ही नहीं सकती, क्योंकि अभी मैंने कुछ ज़्यादा नहीं लिखा है।

लालित्य ललित : वर्तमान दौर में आपकी पसन्द की महिला लेखिका कौन-सी हैं?

नासिरा शर्मा : मुझे कृष्णा दी (सोबती) अच्छी लगती हैं, सूर्यबाला बहुत पसन्द हैं, मृदुला गर्ग, उषा प्रियम्वदा, मन्नू जी, इसके अलावा उर्दू में इस्मत चुग़ताई, क़ुर्रतुल ऐन हैदर, और भी उर्दू में बहुत सारी लेखिकाएँ हैं जो मेरी पसन्द की हैं। महाश्वेता देवी

के अनुवाद मुझे पसन्द हैं। सच पूछिए तो बचपन में मैंने पुरुष लेखकों को ही ज़्यादा पढ़ा है। गोर्की, मंटो का 'ठंडा गोश्त', 'लेडी चैटरलीज लवर'—चाहे समझ में आए या न आए। उस समय मेरे दिमाग़ में न मर्द था और न ही औरत। जो मशहूर किताबें थीं, मैंने पढ़ डाली थीं।

लालित्य ललित : कोई ऐसी याद जो अक्सर आपको गुदगुदाती हो?

नासिरा शर्मा : मेरी दूसरी या तीसरी कहानी मैं कह सकती हूँ। उसका नाम था : 'ख़ुशबू का रंग'। उसका बहुत ही दिलचस्प बैकग्राउंड है। उसे मैंने पहले कमलेश्वर जी को भेजा तो उस समय वे काफ़ी टेंशन में थे कि उनको 'सारिका' छोड़ना था। ख़ैर, मैंने उसका लम्बा इन्तज़ार किया। फिर उसकी एक कॉपी मजबूर होकर लल्ला जी (योगेन्द्र कुमार लल्ला) को 'धर्मयुग' में भेजी और फिर एकदम से पता चला कि 'ख़ुशबू का रंग' 'सारिका' में छप रही है तो मैंने फिर 'धर्मयुग' में एक ख़त भेजा कि वो 'सारिका' में छप रही है, मेहरबानी करके उसे आप अपने यहाँ मत छापें। तब मुझे बहुत ही दिलचस्प जवाब आया। तब तक मैं लल्ला जी को नहीं जानती थी। उनका नाम मेरे ज़ेहन में तभी से अटक गया। देखिए नासिरा जी, 'अब आप 'ख़ुशबू का रंग' को भूल जाइए।' इसके बाद जिसने भी वह कहानी पढ़ी, सबने सराहा। कमलेश्वर जी की 'सिलेक्ट' फ़ाइल में थी वह। पाठकों ने ख़ूब चिट्ठियाँ लिखीं। कहानी पढ़कर घर पर एक साहब आए, उन्होंने घंटी बजाई और कहा कि 'मैं नासिरा जी से मिलना चाहता हूँ।' उनको स्टडी में नौकर ले आया। उस वक़्त मैं आपको बता नहीं सकती, मैं अपने सात-आठ साल के बच्चे का कान उमेठे हुए थी और कुछ समझा रही थी कि तुम बहुत शरीर हो और उसी वक़्त वह साहब आए, और कहा : 'नमस्ते!' ...मैंने कहा : 'आप कौन?' कहने लगे कि 'मैं आपका पाठक हूँ, मैं बस एक नज़र 'ख़ुशबू का रंग' की लेखिका को देखने आया था।' आज तक मैं हँस देती हूँ कि वे क्या देखकर गए जो मैंने इससे पहले कभी नहीं किया था। इत्तफ़ाक़ देखिए, न उन्होंने नाम बताया, न कोई बातें कीं, बस आए और चले गए। मैं तो बस सन्न-सी रह गई थी कि उन्होंने क्या सीन देखा?

लालित्य ललित : कितना समय आप अपने लेखन को दे पाती हैं?

नासिरा शर्मा : देखिए, मैं 'मूड' को टुकड़ों में बाँटकर नहीं जीती। इच्छा होती है तो सब काम छोड़कर पूरा दिन केवल पढ़ती हूँ। मैं बहुत लेट उठती हूँ। रात को

लिखती हूँ। तन्हाई मुझे पसन्द है। सन्नाटा मुझे प्रेरित करता है। कभी-कभी लिखती रहती हूँ तो पता नहीं चलता कि सुबह हो गई।

लालित्य ललित : पाठकों की प्रतिक्रिया किस अन्दाज़ में लेती हैं?

नासिरा शर्मा : कुछ पाठक गम्भीर क़िस्म के होते हैं, वे बड़ी मेहनत से चीज़ को पढ़ते हैं। प्रतिक्रियाओं से मुझे हमेशा बल मिलता है।

लालित्य ललित : पुरस्कार की राजनीति पर क्या कहेंगी?

नासिरा शर्मा : देखिए, मुझे भी तीन पुरस्कार मिले। अब जिन बुज़ुर्गों को नहीं मिले तो थोड़ी शर्मिन्दगी होती है। साहित्य में इस तरह की राजनीति नहीं होनी चाहिए। यह हवस ठीक नहीं है। अच्छा लेखक पुरस्कार, राशि और राजनीति से हमेशा दूर रहता है फिर भी चर्चा में रहता है।

लालित्य ललित : क्या आप मानती हैं, सेटेलाइट ने साहित्य पर सीधे-सीधे आक्रमण किया है?

नासिरा शर्मा : मुझे लगता है कि मैं इस माध्यम से बिलकुल नाराज़ नहीं हूँ।

पाकिस्तानी ड्रामा क्यों अच्छे हैं? ये मानकर चलिए कि वे ख़ूब अच्छा लिखते हैं। अपने यहाँ के लोगों को चाहिए कि वे मीडिया को सहयोग करें ताकि उनकी रचनाओं के पाठकों की श्रीवृद्धि हो सके।

लालित्य ललित : आपकी पसन्द के पुरुष लेखक कौन-से हैं?

नासिरा शर्मा : प्रेमचन्द जी, राजेन्द्र सिंह बेदी, निर्मल वर्मा, मंटो, भीष्म साहनी, रमेश उपाध्याय, पंकज बिष्ट मेरे प्रिय लेखक रहे हैं।

लालित्य ललित : नई पीढ़ी को कोई सन्देश देना चाहेंगी कि वे क्या मार्ग चुनें और क्या नहीं?

नासिरा शर्मा : देखिए, मैंने जो बुज़ुर्गों से सीखा है कि बहुत जल्दी किताब मत छपवाओ। भाषा की ओर ध्यान दो। चीज़ें पकने दो। पकने के बाद साहित्य निकलता है तो वह जीवन्त होता है। ये कुछ बातें हैं जिन पर सोचा जा सकता है।

लालित्य ललित : आलोचक सुधीश पचौरी का मानना है कि कविता का अन्त हो गया है। आप भी ऐसा मानती हैं?

नासिरा शर्मा : मुझे तो किसी चीज़ का अन्त हुआ नहीं लगता है। दुनिया चल रही है। इसी तरह कविता भी चलती रहेगी। हाँ, लोगों की सोच का ज़रूर अन्त हुआ है।

['सद्‌भावना दर्पण' : अप्रैल-जून, 1999]

अखिलेश सिंह मयंक*

नासिरा शर्मा एक ऐसी लेखिका हैं, जो एक लेखक की सारी क्षमताओं से लैस हैं। वह महिला और पुरुष लेखन में कोई भेद नहीं पाती हैं। उनके हिसाब से ऐसा लिंगभेद वर्जित है। उनकी लेखकीय क्षमताएँ अपने में उस तकलीफ़ को ख़ुद पैदा करती हैं, जो समाज और उसके वैश्विक सम्बन्धों को आख़िरी परत तक उघाड़कर पढ़-लिख सकने के कठिन संघर्ष की एक ज़रूरी परिणति होती है। उनके लेखन का फ़लक यहाँ के गाँव, क़स्बे और शहर से लेकर अन्तरराष्ट्रीय सीमाओं तक फैला है। उनके साहित्यिक सरोकार और लेखकीय दायित्व अन्तरराष्ट्रीय भाईचारे को महत्त्व देते हैं। इस लेखन में सभी देश, समस्त काल और समग्र समाज के सवाल उठते हैं, जवाब तलाशे जाते हैं और नये-नये विमर्श उठते हैं। इस मायने में नासिरा जी की रचनाएँ जीवन्त दस्तावेज़ बन जाती हैं। उनका लिखा साहित्य कमोबेश समाज के संवेदनात्मक ढाँचे का काग़ज़ी 'ब्लू प्रिंट' भी माना जा सकता है। काफ़ी हद तक उन्होंने अपना रास्ता ख़ुद-ब-ख़ुद एकाकी चुना है, लेकिन समाज की रग-रग को वह बख़ूबी पहचानती हैं। सामाजिक सम्बन्धों की जड़ में क़लम की निब चुभोकर, उसकी सिहरन से पाठक को परिचित कराती हैं। उनके पात्र ज़िन्दगी के उतार-चढ़ावों से सराबोर होते हैं और अपनी भूमिका व संघर्ष को रेखांकित करते हुए आगे बढ़ जाते हैं। नासिरा शर्मा से 'पत्रकार सदन' की यह लम्बी बातचीत विचारोत्तेजक न सही, लेकिन ग़ौरतलब ज़रूर है।

---

* पत्रकार।

बिना छटपटाहट के कोई अच्छी चीज़ नहीं लिखी जा सकती

अखिलेश सिंह मयंक : ईरान की क्रान्ति पर लिखा गया 'सात नदियाँ : एक समन्दर' (बहिश्ते-ज़हरा) सम्भवतः विश्व का पहला उपन्यास है, जिसमें आपने वहाँ की औरतों के माध्यम से ईरानी समाज की जद्दोजहद दिखाई है—इसके पीछे जो नज़रिया था, थोड़ा उसका खुलासा करें?

नासिरा शर्मा : 'सात नदियाँ : एक समन्दर' ईरान की क्रान्ति पर विश्व का पहला छपा उपन्यास माना जा सकता है। यदि किसी ईरानी ने लिखकर पांडुलिपि छुपा रखी हो, तो उसकी सूचना किसी को नहीं है। रहा सवाल औरत के नज़रिये का, तो वह आपकी अपनी पसन्द होती है कि आप क्या दिखाना चाहते हैं। मर्द का नज़रिया अपना लिया जाए तो सिर्फ़ सियासत पर बहस हो सकती है, ख़बरों को पेश किया जा सकता है मगर जब आप ज़िन्दगी की हक़ीक़त दिखाना चाहते हैं तो फिर उसे औरत की नज़र से ही देखना होगा, क्योंकि ज़िन्दगी औरत के चारों तरफ़ ही बिखरी होती है। उदाहरण के लिए दंगाग्रस्त इलाक़े में जाकर कई तरह के सच सुनने को मिल सकते हैं, लेकिन जब आप घरों में दाख़िल होकर वहाँ की सच्चाई को देखते हैं, तो आपको वह सब नज़र आएगा जो इनसानों के साथ वास्तव में घटा होगा। वही 'सच' दरअसल जीवन का सच होता है। मैंने उसी सच को अपने उपन्यास में पकड़ा है। उसमें केवल तय्यबा, परी, महनाज़, सूसन और शहनाज़ ही नहीं हैं, बल्कि कुरूश व अहमद जैसे महत्त्वपूर्ण पुरुष किरदार भी मौजूद हैं, जो उसी नज़र से समाज को देख रहे हैं जिस तरह ये औरतें देख रही हैं। इसलिए मेरे ख़याल से इनसानी दृष्टिकोण को औरत और मर्द में नहीं बाँटा जा सकता है।

अखिलेश सिंह मयंक : शाह रज़ा पहलवी का शाही साम्राज्य और इमाम ख़ुमैनी की इस्लामी सत्ता—इन दोनों राजसत्ताओं में से क़लम के लिए आप किसे ज़्यादा दमनकारी समझती हैं?

नासिरा शर्मा : दोनों को। लेखकों की दुर्गति दोनों सत्ताकाल में हुई। क़लम और ज़बान पर अंकुश रहा। अब स्थिति बदल रही है मगर लेखकों के लिए नहीं, बल्कि उन रूढ़ियों में बदलाव आ रहा है, जो पिछले बीस वर्षों से ईरान में इस्लामिक क्रान्ति के साथ वास्तविक क्रान्तिकारियों के विरोध में अपने पैर जमाने की कोशिश कर रही थीं। ईरान में पहली टकराहट साम्यवाद और धार्मिक नज़रिये के बीच थी। फिर धर्म को लेकर उसके अनुयायियों में रूढ़िवादिता को लेकर टकराहट थी, जिसके चलते अनेक तरह की भ्रान्तियाँ, अशान्ति व असुरक्षा देश में फैल रही थीं।

अखिलेश सिंह मयंक : आप विश्व की पहली पत्रकार हैं, जिन्हें ख़ुमैनी ने सत्ता में आने के बाद पहला साक्षात्कार दिया। क्या आपने उनसे युद्ध में भेजे गए उन लड़कों-बच्चों के बारे में भी पूछा, जिन्हें जन्नत की कुंजी गले में पहनाकर 'वार फ्रंट' पर भेजा गया था?

नासिरा शर्मा : हाँ, यह सच है। सत्ता में आने से पहले इटली की ओरियाना फलाची पहली पत्रकार थी और सत्ता में आने के बाद मैं। यह मुलाक़ात कई महीनों की मेहनत और लगातार कोशिश करने पर हासिल हुई थी। बच्चों के बारे में न पूछे जाने का मुझे अफ़सोस है। दरअसल उस समय तक मैं उन युद्धबन्दियों से नहीं मिल पाई थी जिन्हें वापस लेने से ख़ुमैनी ने इनकार किया था। बाद में उन बच्चों से मेरी मुलाक़ात इराक़ में रमादी कैम्प में हुई, उस पर मेरे साक्षात्कार पर आधारित फ्रेंच टीवी वालों ने एक सात मिनट की फ़िल्म भी बनाई थी। इस फ़िल्म की चर्चा पेरिस में 'सबूत' के बतौर हुई और रेडक्रॉस के ज़ोर देने पर ख़ुमैनी सरकार को उन कमसिन लड़कों को वापस लेना पड़ा, जिन्हें पहले वह यह कहकर इनकार कर रहे थे कि ये हमारे बच्चे नहीं हैं।

अखिलेश सिंह मयंक : इन ख़तरों से जूझने पर आपको क्या मिला—धन, शोहरत या कोई और उपलब्धि?

नासिरा शर्मा : अनुभव, दृष्टि, विचार, आयाम, एक खुला विस्तृत आकाश, जिस पर मैं क़लम द्वारा ऊँची उड़ान भर सकती हूँ। जहाँ तक धन का सवाल है, तो वह

मैंने स्वीकार नहीं किया। दो बार ईरान के राष्ट्रपति कार्यालय से जब जनाब खामनई राष्ट्रपति थे, 'ऑफर' आया था, जो मैंने उसी तरह इनकार कर दिया था जिस तरह से घुमा-फिराकर कहा गया था। ईरान की प्रत्येक यात्रा मैंने अपने ख़र्च पर ही की, इसलिए मेरी आलोचना को स्वयं ईरानियों ने भी महत्त्व दिया था। जहाँ तक शोहरत की बात है तो इसमें कोई शक नहीं कि इमाम से मुलाक़ात, दो क्रान्तियों पर मेरा काम, अफ़ग़ानिस्तान के विद्रोही नेता गुलबुद्दीन हिकमतयार से मुलाक़ात, युद्धबन्दी लड़कों की रिहाई जैसे कुछ काम ऐसे थे, जिनसे निश्चित रूप से मुझे विश्वस्तरीय पहचान मिली। मेरे लेख लन्दन की 'मिडिल ईस्ट' पत्रिका में छपने की वजह से उन्हें सभी पढ़ते थे।

अखिलेश सिंह मयंक : विदेशी परिवेश और विदेशी पात्र आपकी कई रचनाओं का मुख्य आधार बने हैं। ऐसा होने के पीछे कोई विशेष आकर्षण?

नासिरा शर्मा : विदेशी विषयवस्तु मैंने जानबूझकर नहीं चुनी। दरअसल मेरे विज़न का दायरा अपने विस्तार की सीमा रेखा से बाहर किसी भी इनसान को अपना और पराया कहकर ख़ारिज नहीं कर पाता। मैं यह मानती हूँ कि निर्मल वर्मा, उषा प्रियम्वदा और अब हर वह लेखक जिसके बच्चे विदेशों में बस गए हैं, उन्होंने अपने अनुभवों को भारतीय पात्रों द्वारा अनेक कहानियों में व्यक्त किया है। इनके बीच मेरा लेखन वास्तव में एक नया अनुभव-संसार पेश करता है। मगर इसमें आश्चर्य जैसा कुछ नहीं है। कहानी इनसान की होती है और वह पात्र जो मेरे लेखक मन को छू सके, उसकी चेतना को हिला सके, अपनी कहानी लिखवाने का दम रखे, मेरे लिए ऐसे पात्र का देशी या विदेशी होना कोई फ़र्क़ नहीं रखता।

अखिलेश सिंह मयंक : फिर भी वे विदेशी पात्र महज़ आपकी कल्पना की उपज तो नहीं ही हैं...?

नासिरा शर्मा : इन्हें आप मेरी यात्राओं की उपलब्धियाँ कह सकते हैं। ये यात्राएँ मुझे जीवन की उन सच्चाइयों के सामने लाकर खड़ा कर देती रहीं, जहाँ इनसान चौमुखी लड़ाई में रत था और साथ ही समाज, सियासत, परिवार और अर्थ-व्यवस्था के चौराहे पर खड़ा होकर वह हर मुश्किल से जूझता हुआ अपनी व्यक्तिगत मर्यादा को बचाए रखना चाहता था।

अखिलेश सिंह मयंक : लेखन का अन्तरराष्ट्रीय परिदृश्य होने के कारण क्या आप यह बताएँगी कि जिस देश में अभिव्यक्ति की स्वतंत्रता पर बन्दिशें लगाई गईं, वहाँ उस दौर का साहित्य पहले से ज़्यादा क्रान्तिकारी रहा है?

नासिरा शर्मा : यह बात सौ फ़ीसदी सच है। जहाँ-जहाँ इंक़लाबी दौर रहा है, अंकुश ज़्यादा रहा है, वहाँ उस दौर की जो राइटिंग रही है, चाहे वह फ़िलिस्तीन हो, ईरान हो, इराक़ हो, पाकिस्तान या बांग्लादेश हो, या कोई और देश—अंकुश के दौर में बहुत ही ख़ूबसूरत चीज़ें निकलकर सामने आई हैं। इसका कारण यह है कि ऐसे दौर में आदमी के अन्दर आज़ादी की छटपटाहट होती है और बिना छटपटाहट के कोई अच्छी चीज़ नहीं लिखी जा सकती। बनावटी चीज़ें लिखी जा सकती हैं, लेकिन ये चीज़ें बहुत देर तक ज़िन्दा नहीं रहतीं, इनमें स्थायित्व का अभाव होता है।

अखिलेश सिंह मयंक : जिन देशों के साहित्य की बात आपने की है, उनमें से किसी देश की किसी पुस्तक या रचना का नाम लें, जिसे आप मानक मानती हों?

नासिरा शर्मा : मेरे लिए मानक कोई एक रचना या पुस्तक नहीं है। मैं बाहर क्यों जाऊँ? सआदत हसन मंटो ने बँटवारे के बाद जो लिखा, ग़ज़ब का लिखा। उसे जितना उर्दू वाले स्वीकार करते हैं, उतना ही हिन्दी वाले। उनकी 'खोल दो' कहानी तो बँटवारे के बाद के साहित्य का निचोड़ है। इनसानियत के कुचले जाने के वक़्त जो राइटिंग हमारे यहाँ घुटन और परेशानी में हुई है, वह बहुत अच्छी हुई है। बाहर के लेखकों में ईरान के अहमद शामलू हैं, फ़रुख़ज़ाद थीं, बहुत सारे लोग हैं, जिनका उल्लेख किया जा सकता है। मैक्सिम गोर्की हैं, चेख़व हैं।

अखिलेश सिंह मयंक : लन्दन में भी आप तीन वर्ष रहीं, लेकिन वहाँ के परिवेश पर नहीं लिखा। इसका कोई विशेष कारण?

नासिरा शर्मा : (हँसकर) यह सच है कि मेरे दो बच्चों का जन्म वहीं हुआ। गृहस्थी का सुख मिला, मगर न जाने क्यों वहाँ के लोग मेरी सृजनशीलता के स्पर्श में नहीं आ सके। एक कहानी 'मिस्टर ब्राउनी' ज़रूर एडिनबरा के परिवेश पर लिखी थी, जिसका पात्र हरियाणा से वहाँ गया हुआ एक मज़दूर था, जो कोयला खदान में काम करता था। एक अधर में लटके इनसान की कहानी थी वह।...ख़ैर, सृजनशीलता या 'रचना की पैदाइश' का कोई तयशुदा फ़ार्मूला नहीं होता है। कभी-कभी बड़ी घटनाएँ कुछ भी नहीं लिखवा

पाती हैं मगर कभी कोई मामूली-सा हादसा, कोई छोटी-सी बात एकाएक आपके अन्तस को बदल डालती है और वह हल्की-सी ठेस किसी रचना का आरम्भ बन जाती है।

अखिलेश सिंह मयंक : भारतीय परिवेश पर लिखी आपकी कहानियाँ, विशेषकर 'पत्थर गली', 'सबीना के चालीस चोर' और 'ख़ुदा की वापसी' संग्रहों को पढ़कर लगता है कि आपके लेखकीय सरोकारों का दायरा काफ़ी व्यापक है, यह कैसे सम्भव हुआ?

नासिरा शर्मा : लेखक की दौलत उसके अनुभव होते हैं। यदि अनुभव है तो रचे जाने वाले साहित्य में मौलिकता होगी। मैंने अपने देश में भी ख़ूब यात्राएँ की हैं। वास्तव में अपने आसपास को लगातार देखना और नई अनुभूतियों से दो-चार होना लेखक के लिए ज़रूरी है।

अखिलेश सिंह मयंक : 'शाल्मली' और 'ठीकरे की मंगनी', इन दोनों उपन्यासों के विषय और किरदार एक-दूसरे से बिलकुल अलग हैं। महिला पात्रों के सन्दर्भ में महरुख (ठीकरे की मंगनी) और शाल्मली को रचते हुए आपकी दृष्टि में कौन-सा लय था?

नासिरा शर्मा : 'ठीकरे की मंगनी' में मैंने जो कुछ स्थापित करना चाहा है, वह सौ फ़ीसदी हक़ीक़त है। पहले पिता और पति का घर ही औरत का घर हुआ करता था, लेकिन अब ऐसा नहीं है। अब उसकी अपनी पहचान का भी घर होने लगा है। मेरी नज़र में वह औरत, औरत नहीं है, जो घर तोड़कर अपनी आज़ादी की बात करे या समाज में बावेला मचाकर कोई बात कहे, क्योंकि इस तरह चीज़ें मशहूर तो हो जाती हैं, लेकिन मानवता के फ़ायदे में नहीं जाती हैं।

आज़ादी के बाद भारत की विकास योजनाओं में एक अहम् मुद्दा नारी उत्थान का भी रहा है। उनकी शिक्षा, सामाजिक स्थिति और आर्थिक निर्भरता पर ज़ोर दिया गया, जिससे औरत का मानसिक विकास बड़ी तेज़ी से हुआ मगर उसकी सामाजिक स्थिति में सोच के धरातल पर वह परिवर्तन नहीं आया है जो आना चाहिए था। मर्द की दृष्टि नहीं बदली है, समाज का रवैया भी नहीं बदला है, जिसकी वजह से औरत को नया कारागार मिला है, जो घर के साइज़ से काफ़ी बड़ा था, अर्थात् आज़ादी और उन्नति के नाम पर ऐसा क़ैदख़ाना, जहाँ उसे अपनी स्वतंत्रता की क़ीमत भी ख़ुद चुकानी है और अत्याचार से भी ख़ुद को बचाना है। उसे अपना घर भी चाहिए और नौकरी

भी। उसे मर्द से नफ़रत नहीं बल्कि ऐसे साथी की ज़रूरत है, जो शौहर की शक्ल में उसे बराबरी और वह सब कुछ दे सके, जो एक पढ़ा-लिखा साथी दे सकता है। क्योंकि वह अब आत्मनिर्भर हो चुकी है। उसके पास अपना घर और अपनी पहचान है। नये तरह के सवाल, नई चेतना, नई अनुभूतियों और सोच की नई धरती पर खड़ी है। मेरे दोनों उपन्यास 'ठीकरे की मंगनी' और 'शाल्मली'—उन दोनों औरतों को सामने लाते हैं, जो पिछले पचास वर्षों का सच रहा है और शायद इसी वजह से ये उपन्यास आज भी सामान्य पाठकों और रिसर्च स्कॉलरों के बीच चर्चा में हैं। 'ठीकरे की मंगनी' की महरुख एक तीसरे घर की बात करती है, जो पिता और पति के घर से अलग उसकी मेहनत और पहचान का है और जब वह घर उसे मिल जाता है तो वह (दूसरे उपन्यास में) शाल्मली बनकर मर्द-औरत के सम्बन्धों के बीच सम्मान की माँग करती है। उस मोहब्बत को महसूस करना चाहती है जो किसी भी दबाव, तनाव और मजबूरी से परे दोनों इनसानों के बीच उनकी मौलिक माँग और आदिम इच्छाओं को एक नई परिभाषा दे सके।

दूसरी तरफ़ इन दोनों उपन्यासों के मर्द पात्र रफ़त और नरेश बहुत महत्त्वपूर्ण किरदार हैं। ये पात्र सहृदय और संवेदनशील तो हैं मगर औरत के मामले में उनका नज़रिया बहुत खुला नहीं है। इसका सबसे बड़ा कारण मर्दों की स्थिति पर काम न होना है। औरत की स्थिति में सुधार के लिए संस्था, योजनाएँ, लेख, फ़िल्म और बहस-मुबाहिसों का आयोजन तो होता रहता है, लेकिन उस मर्द का दर्द किसी ने नहीं समझा है, जो नये परिवर्तन से तालमेल नहीं बिठा पाता है। क्या उस मर्द को कुंठा की गिरह किसी ने खोलने की कोशिश की है, जो अपनी महिला बॉस की लताड़ सुनकर घर जाकर वहाँ अपनी पत्नी पर हाथ उठा देता है? आज मर्दों के सिलसिले में बहुत गहराई से सोचने की ज़रूरत है। उनके नज़रिये को बदलने का आग्रह करने से पहले शताब्दियों से उनके मन-मस्तिष्क पर पड़े जाले साफ़ करने होंगे तभी वे सहज होकर नई औरत से मर्द की तरह तालमेल बिठा पाएँगे। वरना ये दरारें मर्द-औरत को एक-दूसरे का दुश्मन बनाकर छोड़ेंगी।

अखिलेश सिंह मयंक : क्या आप ऐसा सोचती हैं कि इन दोनों उपन्यासों ने विचार के स्तर पर एक नया मोड़ पैदा किया है?

नासिरा शर्मा : हाँ, यह सच है। तभी शाल्मली का किरदार साहित्यकारों को स्वीकार नहीं था। उनका विचार था कि वह तलाक़ ले ले और दूसरा विवाह कर ले, जैसे

दूसरा विवाह मर्द-औरत के बीच की सारी गुत्थियाँ सुलझा देगा। महरुख के लिए भी चिढ़ थी कि वह मंगेतर को ठुकरा क्यों देती है और विवाह क्यों नहीं करती? मगर समय के साथ ये दोनों किरदार बहुत-से रचनाकारों की सोच को बदल पाने में कामयाब हुए और आज इकहरे बदलाव पर ज़ोर कम हो गया है। मर्द के विरोध का इंक़लाब या मुक्ति का अर्द्धसत्य अब पहले जैसा लुभावना नहीं लगता है, बल्कि मेरे दिये विचारों की ज़मीन, जो वास्तव में आज की पीढ़ी की सच्चाई है, उसको नज़रअन्दाज़ कर लेखक द्वारा दिया गया व्यक्तिगत सच कोई अर्थ नहीं रखता और इसीलिए ये दोनों किरदार महत्त्वपूर्ण बन जाते हैं। यह कुछ 'डिक्टेट' नहीं करते हैं, बल्कि जो परिवेश है, उससे हालात की मथानी से सहज प्रक्रिया के फलस्वरूप निकलते हैं। पाठक उसमें अपनी छवि देखता है।

अखिलेश सिंह मयंक : इसके विपरीत आपके उपन्यास 'ज़िन्दा मुहावरे' में कोई उल्लेखनीय औरत किरदार नहीं है, जिसके इर्द-गिर्द कहानी घूमती हो—इसके अलग शिल्प का सबब?

नासिरा शर्मा : सियासत हमेशा मर्दों के चारों तरफ़ घूमती है और ज़िन्दगी औरत के चारों तरफ़। इसलिए इस उपन्यास में प्रथम स्तर पर दो भाई हैं : एक भारत में और दूसरा पाकिस्तान में। उनके बीच विचारों की टकराहट है। दोनों संवेदना के धरातल पर घुटते रहे। इस घुटन में जब जीवन आता है तो अपने साथ उन सारे महिला पात्रों को भी लाता है, जो इससे पीड़ित या व्यथित हैं। शिल्प के लिहाज़ से एक अध्याय में कराची का वर्णन है तो दूसरे में फ़ैज़ाबाद के एक गाँव का, जहाँ दोनों भाई अलग-अलग रहते हैं। यह तजुर्बा लेखन के स्तर पर प्रभावी रहा।

अखिलेश सिंह मयंक : आपने बाबरी मस्जिद का ज़िक्र नहीं किया, सिर्फ़ कारसेवकों के मुँह से बुलन्द होते नारों का संकेत भर दिया, ऐसा क्यों?

नासिरा शर्मा : बँटवारे के बाद का हिन्दुस्तान पैंतालीस वर्ष बाद, स्वतंत्रता से पहले के हिन्दुस्तान से बिलकुल बदल चुका था और अब बाबरी मस्जिद-रामजन्मभूमि विवाद के बाद एक नया हिन्दुस्तान उभरा है, जिसको अभी ठीक से समझा जाना बाक़ी है। पहले भारत ज़मीन के स्तर पर दो फाँक हुआ था, अब विचार और संवेदना के स्तर पर सियासत ने उसे चार फाँक कर दिया है। उस नये भारत का दर्शन अगले किसी उपन्यास में पढ़िएगा।

अखिलेश सिंह मयंक : महिला लेखन की बात उठने पर आपका वह कथन याद आता है, जिसमें आपने कहा था कि भविष्य में महिला विशेषांकों (पत्र-पत्रिकाओं में) के दिन लद जाएँगे और महिला लेखन उन कहानियों और उपन्यासों को कहा जाएगा, जिनमें महिलाओं की स्थिति पर 'फोकस' किया गया होगा—चाहे वह पुरुष ने लिखा हो या महिला ने।

नासिरा शर्मा : जी, हाँ। मैं अभी तक इस कथन पर क़ायम हूँ। क्योंकि इस तरह का विभेद मुझे 'प्योर पॉलिटिकल' लगता है। 'पॉलिटिक्स' में इसी तरह तो महिलाओं का वर्गीकरण करते हैं। मैं चाहती हूँ कि महिला लेखन को थोड़ा व्यापक अर्थों में लिया जाए। वस्तुतः महिला लेखन वह नहीं है जो किसी महिला द्वारा ही अनिवार्य रूप से लिखा जाए। सच्चाई यह है कि कोई भी संवेदनशील व्यक्ति (पुरुष अथवा महिला) ऐसा लेखन कर सकता है। सार रूप में कहूँ तो महिला लेखन के लिए लेखक का महिला होना ज़रूरी नहीं है। मेरी ही रचनाओं में ज़्यादातर पुरुष चरित्र काफ़ी 'स्ट्राँग' हैं, तो फिर मुझे किस श्रेणी में रखेंगे?

अखिलेश सिंह मयंक : कहानी-संग्रह 'इब्ने मरियम' के बारे में भी कुछ बताएँ। साथ ही यह बताएँ कि आपको अपनी कौन-सी कहानी सबसे अच्छी लगती है और कौन-सा किरदार महान?

नासिरा शर्मा : 'इब्ने मरियम' कहानी-संग्रह की सभी कहानियाँ उस ग्लोबल परिदृश्य को दर्शाती हैं, जिससे हरेक राष्ट्र-नस्ल, जाति, धर्म, राजनीति के नाम पर गृहयुद्ध झेल रहा है। संग्रह के मुखपृष्ठ पर जो चेहरा है, वह ज़मीन से उजड़े हुए उसी पीड़ित इनसान का है, जिसकी आँखों समेत दिल और दिमाग़ पर पहरा है और हाथ कटे हुए हैं। इस संग्रह की दूसरी सुन्दर कहानी 'जैतून के साये' है। 'मोमजामा', 'काला सूरज' भी अच्छी कहानी हैं। यह सवाल कठिन है कि किस कहानी को मैं मान्यता दूँगी। लेखक के लिए लगभग हर कहानी अपना निश्चित मुक़ाम रखती है। तब भी अब तक की लिखी कहानियों में मैं 'इमाम साहब' को अपनी सर्वोत्तम कहानी मानती हूँ, हालाँकि सबसे अच्छी कहानी अभी लिखी जानी है। प्रयास जारी है। रहा सवाल महान किरदार का तो उसका सृजन भी अभी होना बाक़ी है।

['पत्रकार सदन' : जनवरी-मार्च, 2000]

जवाहर इन्दु*

नासिरा शर्मा विगत दिवस अपने पैतृक आवास ऊँचाहार, रायबरेली पधारीं, तो मिलने का सौभाग्य हुआ। कहानी पर बातचीत के सिलसिले में कुछ प्रश्न उठे तो उत्तर देने को सहर्ष तैयार हो गईं। इस बातचीत में जो प्रश्न उभरे, उनके उत्तर क्रमवार द्रष्टव्य हैं, जो समकालीन हिन्दी कहानी को विशद् व्याख्या के साथ समझने और जानने के लिए उपयुक्त हैं।

---

* लेखक और कवि।

साहित्य लिखना है तो समय को खाद बनाना होगा

जवाहर इन्दु : वर्तमान परिवेश में समकालीन हिन्दी कहानी की क्या स्थिति है?

नासिरा शर्मा : लगभग एक दहाई पहले कहानियों की पत्रिकाएँ एक के बाद एक बन्द हो रही थीं, जैसे 'सारिका', 'साप्ताहिक हिन्दुस्तान' वग़ैरह, जिनकी आदत पाठकों को पड़ गई थी। अजीब निराशा की स्थिति से लेखक दो-चार था। प्रकाशकों की रुचि कथा-संग्रहों को छापने में नहीं रह गई थी। मगर पिछले पाँच-छह वर्षों से माहौल बदला है। साहित्य फिर चर्चा में है और कहानी केन्द्र में...। उसका कारण है कई नई पत्रिकाओं का आना, जैसे : 'वागर्थ', 'कथादेश', 'कथाक्रम' इत्यादि। कुछ पुरानी पत्रिकाएँ फिर से छपने लगीं, जैसे : 'पश्यन्ति', 'कथा', 'शेष' इत्यादि। यहाँ पर एक सच और भी है कि प्रकाशक और पुरस्कार देने वाले मंच भले ही उपन्यास को महत्त्व दें मगर इस व्यस्त जीवन की भगदड़ के बीच साहित्यिक ललक रखने वालों के लिए कहानी एक महत्त्वपूर्ण ज़रूरत है जो कम समय में उनको वह रस प्रदान कर देती है जो उपन्यास नहीं दे पाता है।

जवाहर इन्दु : आज की कहानियों से पाठक दूर हो गया है, कहानी की पठनीयता का यह संकट क्यों है?

नासिरा शर्मा : आज कहानी सैकड़ों की संख्या में लिखी जा रही हैं और अक्सर लेखकों की कहानी में कहानीपन की कमी और उस सच की कमी होती है जो पाठकों को बाँधती है। लेखक अपने परिवेश से आतंकित है, भविष्य से चिन्तित, वर्तमान का दबाव, अतीत से अवसाद और कभी प्यार—ऐसी असन्तुलित मानसिकता में जब क़लम उठता है तो यथार्थ के नाम पर एक लेख पन्नों पर बिखर जाता है, जिससे पाठक का मन नहीं भरता। एक सच यह भी है कि आज हर कोई कहानी लिखना चाहता है। किसी एक विषय पर लिखी कहानी बार-बार पाठक नहीं पढ़ना

चाहता है। उसको वह पढ़ना अच्छा लगता है जिसमें उसकी ज़िन्दगी का अक्स हो, उसकी समस्याओं का वैचारिक हल हो। कोई रोशनी जो उसे 'फ़िल्टर' कर मासूम इनसान में बदल दे, चाहे कुछ पल कुछ दिनों के लिए ही सही। उस पर छाई आत्मा की थकन उतार दे।

जवाहर इन्दु : आज की हिन्दी कहानियाँ क्या पूर्व की कहानियों के कथ्य, शिल्प से इतना अलग हैं कि वे आम आदमी की पहुँच अथवा समझ से परे हो गई हैं या फिर ब्यूरोक्रेट के समक्ष आज जैसे आदमी की स्थिति है, उसी तरह कहानियों का भी स्थान सुरक्षित हो गया है?

नासिरा शर्मा : इनसानी भावनाएँ बुनियादी रूप से वही हैं जो आदिकाल से अब तक इनसान को परिभाषा बनाती आई हैं। मगर आज परिस्थितियों ने, जटिलताओं ने उसकी संवेदनाएँ शुष्क करनी शुरू कर दी हैं। मन पर दिमाग़ हावी हो चुका है और दिमाग़ असीमित दायरों की सीमाएँ तोड़ राई का पहाड़ बना एक दुनिया बसा लेता है और आज अक्सर उसी संसार का बयान कुछ लेखकों की रचनाओं में नज़र आता है। बात इतनी भोली भी नहीं है कि सरलता से निगल ली जाए क्योंकि इस हरक़त के पीछे भी दिमाग़ है कि उनकी रचना, उनका व्यक्तित्व आम लेखकों से ऊँचा नज़र आए। इस चतुरता ने अवश्य कहानीकार से उसके पाठक छीने हैं और उसको अपने किये की सज़ा में 'अकेलापन' दिया है।

जवाहर इन्दु : आज की उपभोक्ता संस्कृति और कथा-साहित्य पर आपके क्या विचार हैं?

नासिरा शर्मा : मुझे हमेशा इस बात पर एतराज़ होता है जब दो चीज़ों को एक पैमाने पर नापा जाता है। उपभोक्ता की दुनिया में नित्य नया करिश्मा ज़रूरी है मगर यह चमत्कार लेखन में आपको कहीं नहीं पहुँचाता है। जो लोग इस दौड़ में शामिल हो रहे हैं, वे थककर रुकेंगे, क्योंकि कथा-साहित्य टीवी सीरियल नहीं है—विशेषकर ऐसे सीरियल, जो हर हफ़्ते आपको एक नया दिमाग़ी झटका देते हैं। उसमें कथ्य का सिलसिला, किरदारों का चरित्र, घटनाओं का क्रम जेट रफ़्तार से बदलता है। वहाँ कुछ भी ठोस और टिकाऊ नहीं रहता है। जो देखा है, वह भूलने के लिए, केवल उस पल को जीने के लिए...। मगर साहित्य यह ख़तरनाक खेल नहीं खेल सकता

है। वह इनसान के दिल व दिमाग़ पर जाले नहीं बुनता है, बल्कि जालों को साफ़ करने में मदद करता है। उसे ज़िम्मेदारी सौंपकर उसकी रातों की नींद उड़ा देता है।

जवाहर इन्दु : आज भी देश की दो-तिहाई से अधिक जनसंख्या गाँवों में रहती है, पर कहानियाँ शहरी जीवन पर अधिक लिखी जा रही हैं। गाँव के बदलते स्वरूप और ग्रामीण जीवन-दर्शन पर नाममात्र ही लिखा जा रहा है, जो आम पाठक से बहुत दूर है। ऐसा क्यों?

नासिरा शर्मा : गाँव पर बहुत कुछ लिखा जा चुका था। वह गाँव साहित्य में कहीं ठहर गया था। उस गाँव से पढ़ा-लिखा वर्ग शहरों में आकर अपनी क़िस्मत आज़मा रहा था। शहर में हलचल थी, ज़िन्दगी थी। हज़ार नज़रिये थे। उस धड़कन और संघर्ष से कहानियों का जन्म ज़रूरी था। इस दौर में बेहतरीन कहानियाँ लिखी गईं। और अब दौर फिर गाँव की वापसी की ओर है—चाहे वह वोट बैंक हो, विकास योजना हो, पढ़े-लिखे रिटायर लोगों का लौटना हो, या फिर अतीत में झाँकने की ललक हो या फिर वह पुल हो जहाँ से आपका आर्थिक, सामाजिक, राजनीतिक, आध्यात्मिक सम्बन्ध शहर और गाँव के बीच बन गया हो। ऐसी स्थिति में कहानियों में गाँव फिर लौटा है। मगर ऐसी कहानियाँ जो ख़ालिस गाँव के परिवेश पर लिखी गई हैं और वे चर्चित किसी कारण से नहीं हो पाई हैं तो उसका अर्थ यह भी हो सकता है कि गाँव के जीवन में विभिन्नता, संघर्ष का वह तीखा तेवर, शोषण का नया मुखौटा नहीं बन पाया है जिसके आदी शहर वाले हो चुके हैं। साहित्य धीमी गति से मार्ग तय करता ज़रूर है मगर उसमें दोहराव पसन्द नहीं किया जाता है। जो प्रेमचन्द लिख चुके हैं, उसे नये लेखक की कहानी में पाठक नहीं पढ़ना चाहेंगे, वे कुछ ऐसा देखना चाहेंगे जो उन्हें फिर चुनौती से भर दे।

जवाहर इन्दु : भावी पीढ़ी की कहानियों से आपकी उम्मीद शिल्प, भाषा व सम्प्रेषणीयता को लेकर कितनी है और किस तरह?

नासिरा शर्मा : भावी पीढ़ी की कहानियों में नई तरह की अनुभूतियों एवं अनुभवों का अक्स झलकता है। कुछ के पास अच्छे भाव एवं गहरी नज़र भी है। इनमें से जिन्हें जल्दी नहीं है, वे ज़रूर आगे तक जाएँगे और लेखन परम्परा से जुड़ेंगे। मगर वे जो सब कुछ नकारकर रातोंरात लेखक बनना चाहते हैं, उनके बड़बोलेपन और

स्वार्थ भरी चाटुकारिता अपने आसपास वालों को पीछे धकेलने में सफल हो सकती है, मगर इस सफलता का काल क्षणिक है।

जवाहर इन्दु : महानगरों में रहने वाले रचनाकार प्रकाशन और इलेक्ट्रॉनिक मीडिया का भरपूर प्रयोग करके प्रकाश में आ जाते हैं, पर सुदूर ग्रामीण अंचल में बसे रचनाकारों की रचनाएँ प्रकाश में नहीं आ पाती हैं। इस बारे में प्रतिष्ठित रचनाकार क्या सोचते हैं? (या तो महानगरों में लिखी कहानियाँ ही अच्छी होती हैं, या गाँवों की भी)।

नासिरा शर्मा : यह बड़ा दुखद विषय है कि अच्छी रचना और रचनाकार का सही सम्मान और उचित मूल्यांकन न हो। मगर यह भ्रम मात्र है कि जो महानगरों में हैं, वे उपेक्षित नहीं हैं और उन्हें वह सब कुछ मिल रहा है जो वहाँ मौजूद है। ऐतिहासिक परम्परा रही है कि कोई एक स्थान कला-साहित्य का गढ़ बन जाता है, वही परम्परा आज उस सत्ता को भी जन्म देती है कि किसको कहाँ पर रखा जाए। यह दर्द गाँव, क़स्बे और छोटे शहर वाला लेखक केवल नहीं सह रहा है बल्कि महानगरों में रहने वाला लेखक भी दोधारी तलवार पर चल रहा होता है—क्या छोड़े और क्या पकड़े, तो भी उसकी स्थिति कुछ बेहतर तो है। इस बारे में न कोई सोचता है, न ध्यान ही उसका जाता है। यह बड़ी विडम्बना है मगर अपवाद भी मौजूद हैं, जैसे विजयदान देथा, जो राजस्थान के गाँव में रहने के बावजूद साहित्य की मुख्य धारा के प्रमुख लेखक हैं।

जवाहर इन्दु : वरिष्ठ पीढ़ी की कहानियाँ आम पाठक की ज़ुबान पर आज भी हैं किन्तु आज की किसी एक कहानी का ज़िक्र आम पाठकों में नहीं होता, ऐसा क्यों?

नासिरा शर्मा : यदि हमारे यहाँ बौद्धिक सम्पदा के कॉपीराइट का चलन होता तो यह स्थिति गम्भीर लेखकों को आज न झेलनी पड़ती। आज हालात उस मानसिकता के हैं जो हर रोज़ प्रतियोगिता में डाल आपसे पूछती है, तेरी कमीज़ मेरी कमीज़ से उजली क्यों? यह प्रतिस्पर्धा बाज़ार के उत्पादनों की खपत के लिए ठीक है मगर साहित्य के लिए हानिकारक है। आज एक कहानी किसी लेखक की चर्चित होती है तो कई लेखक यह सपना पाल लेते हैं कि बिलकुल उसी विषय, उसी घटना, उसी पीड़ा पर नाम-भाषा बदलकर कहानी लिखेंगे ताकि उसी चर्चा में शामिल हो जाएँ। इस ग़लत नज़रिये ने 'बेहतर' कहानी को धराशायी करने का जो षड्यंत्र अनजाने

में रचा उसने किसी भी कहानी की पहचान नहीं बनने दी। यदि आप समकालीन लेखकों के नाम हटा दें तो आपको कई लेखकों की रचनाएँ पहचानने में दिक़्क़त होगी कि आख़िर यह किसकी है। पहले ऐसा नहीं था। लेखक 'रचना' का सम्मान करता था। उस रचना की नक़ल की जगह वह उससे बेहतर, उससे अलग लिखने की कोशिश करता था। इसी कारण प्रेमचन्द की 'ईदगाह', जैनेन्द्र की 'पाजेब' और भीष्म साहनी की 'चीफ़ की दावत' का विषय आम होने के बावजूद ख़ास बना रहा, क्योंकि सीमा का उल्लंघन दूसरे रचनाकारों ने नहीं किया।

जवाहर इन्दु : आज की कहानियों में बौद्धिकता अधिक है। क्या कहानीकार यह मानकर लिख रहे हैं कि उन्हीं की सोच-समझ को लेकर आम पाठक भी कहानी पढ़ता है?

नासिरा शर्मा : पाठक भी चेतना के धरातल पर कई वर्गों में बाँटे जा सकते हैं। लेखक उनका स्तर देखकर रचना नहीं करता है। अगर ऐसा करने लगेगा तो उसका सृजन-स्रोत सूख जाएगा। परन्तु लगातार प्रतीकात्मक शैली में लिखा उलझा-परेशान गद्य भी उसे पाठकों से काटकर रख देगा, क्योंकि एक संवाद सरल या जटिल पाठक और लेखक के बीच कहानी के माध्यम से बनना बेहद ज़रूरी है।

जवाहर इन्दु : कहानी ने अनेक आन्दोलन झेले, आज जिस स्तर पर कहानी पहुँची है, उसमें विदेशी संस्कारों का प्रभाव है अथवा अपनी निजता?

नासिरा शर्मा : आन्दोलन विशेषकर वैचारिक संघर्ष दरअसल कहानी के खाद-पानी होते हैं, मगर कहानी वही पनपती है जो सच्ची हो। उधार ली पीड़ा, अनदेखी धरती, शौकिया संघर्ष का ताना-बाना एक असली कहानी का जन्मस्थल नहीं हो सकते हैं। उस पर बनावटी कहानी गढ़ी जा सकती है। इसमें कोई शक नहीं है कि एक दौर पुरानी पीढ़ी का था जो विश्व की मास्टर पीस कहानियों से आतंकित रूप से प्रभावित था, मगर अब वह बुख़ार कम हुआ है। अपनी पहचान का भूत सवार हुआ है मगर इससे किसी को इनकार नहीं होना चाहिए कि बेहतरीन कहानियों को—चाहे देशी हों या विदेशी, पढ़ना ज़रूर चाहिए और अपनी राह अलग बनानी चाहिए।

जवाहर इन्दु : अन्तिम प्रश्न के रूप में नई पीढ़ी के लिए आपकी राय?

नासिरा शर्मा : संघर्ष से न घबराएँ, भाई-भतीजावाद की राजनीति से बेहौसला न हों और जल्दबाज़ी में सब कुछ पाने की दौड़ से बचें। पता है, प्रतिस्पर्धा, प्रतियोगिता की अन्धी दौड़, गलाकाट भगदड़ में उन्हें मेरी बात उचित नहीं लगेगी, मगर साहित्य लिखना है तो फिर समय को खाद बनाना होगा।

['तपती ज़मीन', रायबरेली : 27 फ़रवरी, 2001]

अर्पण कुमार*

हिन्दी की सुपरिचित लेखिका नासिरा शर्मा का रचना-संसार एक व्यापक दायरे में पसरा हुआ है। विभिन्न साहित्यिक विधाओं में सक्रिय रहते हुए उन्होंने कई महत्त्वपूर्ण लेख और रिपोर्ताज़ भी लिखे हैं। अफ़ग़ानिस्तान और ईरान के सन्दर्भ में उनका काम हिन्दी में ख़ासा चर्चित और प्रशंसित रहा है। उन्हें हिन्दी-उर्दू की साझा रिवायत अपनी विरासत में मिली। उनके पिता प्रोफ़ेसर जामिन अली को इलाहाबाद विश्वविद्यालय में उर्दू विभाग शुरू करने का श्रेय जाता है। नासिरा शर्मा मानती रही हैं कि हिन्दी और उर्दू उनकी दो माँएँ हैं। उन्होंने अपनी स्नातकोत्तर की पढ़ाई फ़ारसी में की है। इस भाषिक समृद्धि का उपयोग उन्होंने कई महत्त्वपूर्ण अनुवादों में किया है और हिन्दी संसार को आमतौर पर यूरोपीय कृतियों के अनुवाद-संसार से बाहर लाकर उस एशियाई और सांस्कृतिक विरासत से जोड़ा है जो हमारे लिए कहीं ज़्यादा महत्त्वपूर्ण रही है। उनकी लेखकीय सक्रियता का प्रसार अपेक्षाकृत दूरस्थ समझे जाने वाले माध्यमों—टीवी और रंगमंच तक भी हुआ है। प्रस्तुत हैं उनसे हाल में हुई बातचीत के कुछ प्रमुख अंश।

---

* लेखक, पत्रकार।

साहित्य में चाहने से कुछ नहीं होता

अर्पण कुमार : क्या आप स्त्री लेखन, मुस्लिम लेखन जैसे विमर्शों में यक़ीन रखती हैं?

नासिरा शर्मा : नहीं, शिद्दत से कहती हूँ, बिलकुल नहीं! दरअसल इस तरह अपनी पहचान के संकट की मानसिकता के चलते हम स्वयं को बाँटते हैं। यह विस्तार को संकीर्ण कर विशेष परिधि में सीमित करना है। ऐसे में हमारा रचनात्मक सरोकार बुनियादी सवालों से हटने लगता है। प्रतिबद्धता की आड़ लेकर मौलिक सृजन-चेतना और ईमानदारी की सहजता को अनजाने में नकारकर कुछ लोग तत्काल किसी एक हिस्से पर क़ाबिज़ होना चाहते हैं। इससे न लेखन का, न समाज का, न स्वयं उनका कोई भला होता है। साहित्य में 'फ़ौरन' वाला फ़ार्मूला नहीं चलता! जिस लेखकीय गरिमा में मेरा विश्वास है उसमें किसी सनसनी के लिए कोई जगह नहीं है।

अर्पण कुमार : दिल्ली में रहते हुए आप क्षेत्रीय स्तर पर निरन्तर सक्रिय हैं—लेखन और संगठन दोनों में समान रूप से; मोटे तौर पर आप इनमें परस्पर क्या सम्बन्ध देखती हैं?

नासिरा शर्मा : यह बहुत जानबूझकर उठाया गया क़दम नहीं है...मगर हाँ, गाँव-क़स्बे और छोटे शहरों से जुड़ने की चाहत भी रही और मौक़ा भी मिला, जिसने बिलकुल अलग ऊर्जा और अनुभव दिये। कई वर्षों तक 'दैनिक भास्कर', 'जनमोर्चा', 'स्वतंत्र भारत' और लघु पत्रिकाओं में स्तम्भ, लेख, कहानियाँ लिखती रही हूँ जिसने मुझे पाठक दिये। 'मेवात डेवलपमेंट' नाम से डॉ. शर्मा की योजना है, जो कई वर्षों से चल रही है, उसमें अक्सर जाती हूँ। ज़रूरत के अनुसार वहाँ की ग्रामीण महिलाओं को सम्बोधित भी करती हूँ। राजस्थान के बाँदीपुर के इलाक़े में हिरोशिमा विश्वविद्यालय के भूगोल विभाग के प्रोफ़ेसरों के संग गाँव-गाँव जाने का अवसर मिला। अपने इलाक़े रायबरेली, उन्नाव, ऊँचाहार, जलालपुर घई, रामपुर कसिहा से न केवल आमदरफ़्त के स्तर पर मेरा सम्बन्ध बना बल्कि वहाँ के साहित्यकारों से भी वार्तालाप का अवसर मिला। दिनेश सिंह तिलोई जैसी जगह में रहकर गीतों पर

केन्द्रित पत्रिका 'नये-पुराने' निकालते हैं—उसका स्तर देखकर आश्चर्य होता है और समझ में आता है कि समर्पण के लिए केवल राजधानी में रहने की ज़रूरत नहीं है। फिर रायबरेली, रामपुर कसिहा, जलालपुर घई में खुलने वाली लाइब्रेरी में बड़ी संख्या में पुस्तकें भेंट कीं। आख़िर यह वह हिन्दी पट्टी है जिसने साहित्य दिया। दौलतपुर के महावीर प्रसाद द्विवेदी ने ही हमको यह भाषा दी जिसमें हम लेखन कर रहे हैं। बिहार एवं जयपुर के जनवादी एवं महिला मंच से भी मैं जुड़ी हूँ जिनमें जयपुर का 'मधुमाधवी' का मंच बहुत सक्रिय है। रानी चूड़ावत इस उम्र में भी गोष्ठी में आती हैं। मगर अफ़सोस कि हर शहर का साहित्यिक सच उसी शहर तक सीमित रह जाता है, चाहे वह इन्दौर हो या ग्वालियर या जयपुर या रायबरेली। छोटे शहर वाले बड़े साहित्यकारों से संवाद सेतु उन्हें बुलाकर बनाते हैं, मगर यह काम दूसरी ओर से शून्य है। जैसे राजस्थान का महिला मंच 'मधुमाधवी' पत्रिका द्वारा राजेन्द्र यादव से लेकर निर्मला जैन तक को आमंत्रित करता है, मगर उन्हें कोई नहीं बुलाता। यह परिदृश्य कभी-कभी मुझे ख़ासा बेचैन करता है।

अर्पण कुमार : कई बार कथाकार एक उम्र के बाद अपनी पुरानी चीज़ों को ही दोहराने लगते हैं। वही भाषा, प्लॉट भी मिलता-जुलता-सा। आप इस बारे में क्या सोचती हैं?

नासिरा शर्मा : ख़ुदा ने मुझे वह सब कुछ नहीं दिया जिससे मैं इस भौतिक दुनिया की परिभाषा में दौलतमन्द कहलाऊँ मगर मेरे मन-मस्तिष्क के ख़ज़ाने अनुभूतियों, अनुभवों और संवेदनाओं से लबरेज़ हैं। उनमें तर्क है, आक्रोश है, अक्सर अपने लिए प्रताड़ना भी होती है। इस सबके बावजूद मैं इनसानों से मोहब्बत करना, उनके साथ जुड़ना बन्द नहीं करती हूँ। अपने को फ़िल्टर करते रहने की मेरी कोशिश रहती है। मेरा विश्वास है कि मेरी इस कोशिश में जो व्यथा को सृजन से जोड़ती है—एक नयेपन की गुंजाइश रहती है। सूखे पत्ते गिरते हैं तभी नई कोंपलें फूटती हैं।

अर्पण कुमार : आपके जीवन का कोई ऐसा प्रसंग जिसने आपके लेखन को कोई राह दिखाई या उसे किसी और तईं प्रभावित किया?

नासिरा शर्मा : मेरी शुरू की ज़िन्दगी के दो टुकड़े थे जिनसे मैं पूरी तरह मुतमईन थी। पहला मेरे बचपन वाला इलाहाबाद का घर, दूसरा, विवाह के बाद वाला घर जो ब्रिटेन के हसीन शहर एडिनबरा में था। दोनों जगह मैं छोटी थी—उम्र में भी और पढ़ाई-लिखाई में भी। मगर जब दो बच्चों की माँ बनने के बाद मुझे ईरान जाने

का मौक़ा मिला—वह भी फ़ारसी में एम.ए. करते समय—तो मुझे समय गँवाने का शदीद अहसास हुआ कि मैं अभी तक थी कहाँ? यहाँ तो तीस-बत्तीस बरस की उम्र में लोग दो-तीन किताबें भी लिख गए और शहीद भी हो गए; और मैं अट्ठाईस साल की उम्र में सिर्फ़ चन्द कहानियाँ और एक-दो लेख ही लिख पाई हूँ, आख़िर क्यों? ईरान से लौटकर मैंने यात्रा-संस्मरण लिखे। घर और पढ़ाई के साथ अनुवाद कार्य में डूब गई। मेरी पहली पुस्तक खुरासान प्रान्त की लोक-कथाओं के अनुवाद के रूप में 'क़िस्सा जाम' के नाम से आई। पहला कहानी-संग्रह 1980 में 'शामी काग़ज़' के नाम से आया। दूसरी बार जब मैं बहुत बेचैन हुई, वह थी 1983 में फ्रांस की यात्रा जिसने मुझे झिंझोड़कर रख दिया कि हमारा पूरा परिवेश विकसित देशों के समक्ष कितना पिछड़ा हुआ है—विशेषकर लेखन, शोध एवं तकनीक में, और वहाँ से लौटी तो तीन-चार माह तक कुछ लिख नहीं पाई थी। देश और अपनी स्थिति, दोनों को लेकर मैं गम्भीर रूप से आहत हुई थी, कि हम इस तरह ठहरे हुए क्यों हैं? हमने लिखे और बोले शब्द के मर्म को किस हद तक अपनाया है?

अर्पण कुमार : इस स्थिति से निकलने के लिए आपने क्या किया?

नासिरा शर्मा : नौकरी छोड़कर पूर्ण रूप से लेखन-कार्य में जुट गई। अनुभव का तीसरा पड़ाव 1987 में अफ़ग़ानिस्तान की यात्रा थी। अमेरिका ने मुजाहिदीन को मिसाइलें दे रखी थीं जिनका शौक़ उड़ते जहाज़ों को गिराना था। अफ़ग़ानिस्तान पर लिखना कितना मुश्किल था, यह मैं ही जानती थी जिसको हक़ीक़त की तलाश थी। पूर्व प्रधानमंत्री हिकमतयार से जब मैं साक्षात्कार लेने सूबा-ए-सरहद पाकिस्तान गई तो मुजाहिदीन के अन्य गिरोह मेरी जान के दुश्मन...और दूसरी तरफ़ से पाकिस्तान सरकार की खुफ़िया पुलिस की सुरक्षा का अन्दाज़—दोनों ने मुझे चुनौती के तवे पर जैसे भूनकर रख दिया था।

अर्पण कुमार : ईरान क्रान्ति पर लिखे आपके उपन्यास 'सात नदियाँ : एक समन्दर' और भारत-पाक बँटवारे पर लिखे उपन्यास 'ज़िन्दा मुहावरे' की तरह अफ़ग़ानिस्तान या इराक़ पर भी इस तरह का कुछ लिखने की योजना है क्या?

नासिरा शर्मा : ऐसी कोई योजना नहीं है, मगर मेरी कहानी 'पुले सरात' इराक़ पर और 'काग़ज़ी बादाम' अफ़ग़ानिस्तान पर है, उसी तरह जैसे तीन वर्ष का लम्बा अरसा स्कॉटलैंड में गुज़ारने के बावजूद चन्द साल पहले यानी पचीस-छब्बीस वर्ष

बाद—मैं एक छोटी कहानी 'मिस्टर ब्राउनी' लिख पाई थी। फ्रांस, जापान, नेपाल—कई देशों ने मुझे सोच के स्तर पर झिंझोड़ा ज़रूर मगर सृजन के लिए जिस संवेदना की ज़रूरत होती है, उसका स्रोत फूटा नहीं। इलाहाबाद पर मेरा संग्रह 'पत्थर गली' है, परन्तु श्रीपत जी के बेहद इसरार पर कई बार नोट्स लेने, ऊँचाहार घूमने के बावजूद मैं अपने परिवार एवं परिवेश पर क़लम न उठा सकी। पता नहीं, यह कैसा करिश्मा है कि साहित्य में आपके चाहने से कुछ नहीं होता, मगर 'आमद' को रोकना भी कहाँ मुमकिन होता है?

अर्पण कुमार : हाल के एक कार्यक्रम में आपने कहा था 'कि मेरे जीवन पर किसी भी शख़्स का हस्ताक्षर नहीं है और न ही किताबों के अतिरिक्त मेरा कोई ख़ुदा है।'—इससे आपका आशय क्या था?

नासिरा शर्मा : मैंने किसी के नाम या अपनी विरासत का कभी कोई फ़ायदा नहीं उठाया, न उसने मुझे ऐसे अवसर दिये कि मुझे मेरा अधिकार—जो मैं चाहती थी—बिना मेहनत के मिल जाता। दूसरी रही किताबों की बात, तो समझना बहुत सरल है कि जो ज्ञान को पा जाता है, वास्तव में वह उस रचनाकार को पहचान लेता है जिसका पता अभी पूरी तरह लग नहीं पाया है, जिसकी खोज वैज्ञानिकों द्वारा जारी है। इस खोज की आस्था मूर्ति भी हो सकती है और ऐतिहासिक व्यक्तित्व भी और पुस्तक भी। पुस्तकें असंख्य होती हैं और आप उन्हें पढ़ते जाते हैं, मगर धर्म और धार्मिक मान्यताएँ जड़ होती हैं, उनमें दुहराव होता है और मुझे एक ही विचार या विश्वास का बार-बार दोहराया जाना आकर्षित नहीं कर पाता है जबकि यह बात पुस्तकों के साथ नहीं है। आप हर लेखक की लेखनी के साथ चेतना और संवेदना के स्तर पर लगातार नये-नये आयामों से गुज़रते हुए विस्तार पाते रहते हैं और यही निरन्तरता जीवन है और जीवन ही अनुभव है। अनुभव ही ज्ञान है। ज्ञान ही पुस्तक है और पुस्तक ही भगवान् है।

अर्पण कुमार : आजकल क्या लिख रही हैं?

नासिरा शर्मा : एक उपन्यास पर काम चल रहा है। नाम कई हैं ज़ेहन में मगर तय नहीं किया है, और जो पुस्तक पांडुलिपि का रूप धर प्रेस जाने वाली है, उसका नाम 'औरत की आवाज़' है। वह महिलाओं के मुद्दों पर लिखे मेरे सामाजिक लेखों, साक्षात्कारों एवं स्तम्भों का संग्रह है जो पिछले बीस-पचीस वर्षों के दौरान लिखे गए हैं।

['जनसत्ता', दिल्ली : 8 अप्रैल, 2001]

शशिकांत*

दक्षिण दिल्ली के महरौली स्थित ऐतिहासिक कुतुब मीनार से चार-पाँच किलोमीटर दूर छतरपुर पहाड़ी। यह रोज़ी-रोटी की जुगाड़ और केन्द्रीकृत विकास के कारण दिल्ली आनेवालों की बढ़ती भीड़ के कारण आसपास के गाँवों, खेत-खलिहानों, जंगलों, पहाड़ियों आदि को अपने आगोश में लेती हुई तेज़ी से फैलती दिल्ली का अंग बन चुकी है। रिहायशी मुहल्ले के रूप में बस रही इसी छतरपुर पहाड़ी पर बने एक मकान में रहती हैं चर्चित लेखिका नासिरा शर्मा।

फ़ारसी भाषा और साहित्य में एम.ए. कर चुकी और दिल्ली के जामिया मिलिया इस्लामिया में पढ़ा चुकी नासिरा शर्मा का हिन्दी, उर्दू, फ़ारसी, पश्तो, अंग्रेज़ी आदि भाषाओं और साहित्य पर समान अधिकार है। ईरानी समाज और राजनीति की विशेषज्ञ नासिरा शर्मा का अफ़ग़ानिस्तान पर किया गया अध्ययन 'अफ़ग़ानिस्तान : बुजकशी का मैदान' दो खंडों में छप चुका है। अपनी आज़ादख़याली के कारण हिन्दू और मुस्लिम कट्टरपंथियों को लगातार कठघरे में खड़ा करने वाली इस लेखिका की रचनाओं में जितनी सामाजिक चेतना है, उतनी ही गहरी मानवीय संवेदना और इनसानी जटिल प्रवृत्तियों को अभिव्यक्त करने की विशुद्ध लेखकीय क्षमता भी। 'लेखक के साथ' कॉलम के लिए बातचीत की शुरुआत मैंने अभी हाल में प्रकाशित उनकी चर्चित पुस्तक 'राष्ट्र और मुसलमान' से ही करना उचित समझा।

---

* पत्रकार, अध्यापक।

दिलों का ख़ामोश बँटवारा जारी है

शशिकांत : कुछ लोगों ने तय कर लिया है राष्ट्र का स्वरूप।

नासिरा शर्मा : किताब लिखने के लिए मैंने सोचा कि अखंड है भारत। और अगर यहाँ अखंडता है तो मुसलमान भी यहाँ बराबरी से रहने के हक़दार हैं। दूसरा ये कि माइनॉरिटी साइकी को बहुत भुनाया गया है यहाँ। मैं इसके ख़िलाफ़ हूँ। जनगणना को सामने ज़रूर रखें लेकिन बार-बार अल्पसंख्यक-बहुसंख्यक कहकर न पुकारें। तीसरी बात ये कि वर्तमान हालात ने हमें अतीत से काटकर रख दिया है। अतीत का मतलब यह कि हिन्दू और मुसलमान साथ-साथ रहते आए हैं। और चौथा प्वाइंट ये था कि अगर ये सब दंगे-फसाद चलते रहे जो सन् '47 के बाद से लगातार हालात बदतर होते गए हैं, तो देश की आर्थिक स्थिति क्या होगी और आने वाली पीढ़ी की स्थिति क्या होगी—ये मुद्दे मैंने किताब में उठाए।...और इसमें ज़्यादातर मुद्दे हमने जोड़ने वाले उठाए हैं। अभी ज़्यादा देर नहीं हुई है कि हम खाई पाट न सकें। दंगे के बाद यू.पी. में कारख़ाने बन्द हुए, मज़दूर बेकार हुए। गुजरात में करोड़ों रुपये राहत कैम्पों को दिये जा रहे हैं। मुल्क में बेकारी है। अच्छी शिक्षा के नाम पर स्कूल का बाज़ार खुल गया है। अस्पताल में दवाएँ नहीं हैं—ये सारे बुनियादी मसले हैं, जिनको नकारकर हम एक नये और पुराने धर्म की बहस में उलझ गए हैं।...इस किताब का मुख्य लेख ('राष्ट्र और मुसलमान') मैंने 1996 में लिखा था, जो 'जनमोर्चा' (फ़ैज़ाबाद से प्रकाशित) में चार अंकों में प्रकाशित हुआ था। ताज्जुब की बात ये है कि हर अंक में शीतला प्रसाद की टिप्पणी जाती थी कि हम बहस आमंत्रित करते हैं लेकिन कोई बहस नहीं हुई, लेकिन आज वही लेख सबसे चर्चित है।

शशिकांत : इस पुस्तक पर मिली अब तक की प्रतिक्रियाओं के बारे में बताएँ।

नासिरा शर्मा : देखिए, मैंने तो अपनी बात कह दी है। अब ये समाचार-पत्रों के सम्पादकों, पत्रकारों, लेखकों और पाठकों पर है कि वे इस पर कैसे रिएक्ट करते हैं। यह किताब मेरी नहीं, उनकी है और ये मुद्दे मेरे नहीं, हम सबके हैं। अच्छी रेस्पांस मिली है लेकिन एक दिलचस्प बात मैं ज़रूर बताना चाहूँगी। जयपुर में अभी हाल में पुस्तक पर 'समय माज़रा' द्वारा आयोजित एक सेमिनार में एक साहब का अजीब रेस्पांस था। वे शाहबानो चैप्टर से एग्री नहीं थे, इसलिए उन्होंने कटाक्ष करते हुए कहा कि 'आप धीरे-धीरे तसलीमा नसरीन और सलमान रुश्दी की तरफ़ बढ़ रही हैं।' मेरा कहना है, इस मुल्क में मैं न कभी तसलीमा नसरीन बन सकती हूँ, न रुश्दी, क्योंकि हमारा प्रेस आज़ाद है। लिखने-पढ़ने की आज़ादी है यहाँ। हमारा संविधान इसकी आज़ादी देता है। इससे पहले भी मेरी शिकायत ईरानी एम्बेसी से फ़ॉरेन मिनिस्ट्री पहुँची थी। मुझे फ़ख्र है कि मिनिस्ट्री ने जवाब दिया था कि 'हम नासिरा शर्मा की क़लम नहीं रोक सकते।' यह घटना 1979 की है। दूसरी बार रज़ा शाह के ख़िलाफ़ लिखा था तो शाह समर्थकों ने कहा था कि 'वे जब ईरान में पावर में आएँगे तो सबसे पहले हैंग होने वालों में आप होंगी।' 1980 में अयातुल्लाह ख़ुमैनी से मिली थी तो साम्यवादी गुरिल्लाओं ने भी पसन्द नहीं किया था और मुझसे कहा था कि 'इतिहास आपको कभी माफ़ नहीं करेगा।' 'क़ौमी आवाज़' में उर्दू में छपे मेरे लेखों को कई बार जलाया गया। ये सब चलता रहा...मैं इस तरह के रिएक्शन को खुले मन से स्वीकार करती हूँ क्योंकि यहीं से संवाद बनता है। इसलिए देखिए, मैं 1980 के बाद ईरान नहीं गई हूँ। मेरी शक्ल वहाँ पहचान ली गई है। अभी वहाँ के हालात बदले नहीं हैं कि मैं जा सकूँ, लेकिन ईरान पर मेरा लेखन बन्द नहीं हुआ है।

शशिकांत : धार्मिक कट्टरता का आप जमकर विरोध करती रही हैं—ख़ासकर मुस्लिम कट्टरता का। हिन्दुस्तान में पिछले वर्षों में भाजपा और अन्य कट्टरपंथी हिन्दूवादी संगठनों को आप किस रूप में देखती हैं?

नासिरा शर्मा : मेरे पास एक ज़माने में बहुत-से सवाल थे। मैं लगातार आडवाणी साहब से इंटरव्यू के लिए समय माँगती रही क्योंकि मैं मुस्लिम कट्टरवाद से भिड़ चुकी थी। 1990 के बाद आज तक उनसे नहीं मिली। आज हालात बहुत अफ़सोसनाक हो चुके हैं। अभी मैं हरियाणा गई हुई थी। वहाँ किसी के भाषण द्वारा अफ़वाह फैली थी कि गाय का थन काट लिया गया है। उसके कारण हिन्दू-मुस्लिम के बीच तनाव बढ़ा हुआ था। ये छोटे-छोटे क़स्बे में, जहाँ आदमी लड़ाइयाँ लड़ रहा है और बेजा

बहाने ढूँढ़ता है, वो कितना ख़ौफ़नाक होगा! कुछ पुराने जानने वाले अयोध्या में रहते हैं और जब-जब मैं अयोध्या से अपने गाँव ऊँचाहार लौटी और मेरे परिवार के लोगों को पता चला कि मैं अयोध्या से आ रही हूँ तो यह सुनकर बहुतों के चेहरे पीले पड़ जाते हैं।...तो ये जो एक ख़ामोश बँटवारा हो रहा है, जिसमें भय है, अविश्वास है, असुरक्षा है, भविष्य का अन्धकार है...। इस चीज़ को जब मैं पकड़ती हूँ तो मुझे बहुत गहरी घुटन होती है और मानसिक पीड़ा भी, क्योंकि कहीं पर इन सारे जालों को साफ़ करने का काम उतने प्रभावी ढंग से हमारी क़लम नहीं कर पाई जितना राजनेता समाज को काटने और दिलों को बाँटने में कामयाब हुए हैं।

शशिकांत : साम्प्रदायिकता बेशक आज के हिन्दुस्तान की एक बहुत बड़ी समस्या है। हिन्दुस्तान में साम्प्रदायिकता और हिन्दू-मुस्लिम समस्या पर आपका क्या नज़रिया है?

नासिरा शर्मा : अगर पीछे मुड़कर हम देखें तो कांग्रेस के राज में भी हमेशा दंगे-फसाद होते रहे हैं। और उस वक़्त कुछ पढ़े-लिखे मुसलमानों का कहना था कि बीजेपी पावर में आएगी तो वो लाख हिन्दू सोच की होगी लेकिन मुसलमानों का काफ़ी ख़याल रखेगी। वो कांग्रेस की तरह एक साथ मारने और आँसू पोंछने का काम नहीं करेगी, लेकिन उनका ये विश्वास पिछले कुछ वर्षों में टूट गया। अब स्थिति ये है कि रोज़ी-रोटी से जुड़े आम मुसलमान का विश्वास किसी एक पार्टी पर नहीं है। इस समय गुजरात की घटना के बाद जो सिचुएशन बनी है देश में, उस पर बहुत वैचारिक बहस छिड़ी हुई है और ये बहस अब रुकने वाली नहीं है, क्योंकि जिस चीज़ की कमी मुसलमान समाज में थी कि यहाँ पर मध्यवर्ग नहीं था, वो सब पाकिस्तान चला गया था, अब पिछले पचास सालों में न केवल मध्यवर्ग बन गया है बल्कि मुख्य धारा में भी आ गया है। वह अपने देश, अपनी स्थिति और अपने साथ किये गए अत्याचार और सदाचार को लेकर बिना लाग-लपेट के प्रश्नों से भरा संवाद रखेगा। और इत्तफ़ाक़ से वही प्रश्न, वही मुद्दे देश की मुख्य धारा के बुद्धिजीवियों का भी मसला है इसलिए जो डायलॉग राष्ट्रीय स्तर पर शाहबानो से शुरू होता है, वो गुजरात आते-आते बहुत मौखिक हो गया है और यह देश के बुद्धिजीवियों और अन्य क्षेत्र के महत्त्वपूर्ण जागरूक लोगों को चैन से नहीं बैठने देगा।

शशिकांत : मुसलमानों में विश्वास जगाने के लिए क्या किया जाए?

नासिरा शर्मा : सबसे बड़ी बात ये है कि अभी मुस्लिम समाज यदि 80 प्रतिशत डरा हुआ है तो हिन्दू समाज भी 80 नहीं तो 40 प्रतिशत डरा हुआ है। गुजरात में सिर्फ़ मुसलमान ही नहीं, हिन्दू भी मरे हैं। ये फेज सबको डराये हुए है। ये ठहरने वाला नहीं। और ये फिर दोहराया न जाए, इसके लिए हमें बहुत बुनियादी मसलों पर ग़ौर करना होगा और सियासत के स्तर पर ही ये दूर होगा। बात चाहे लेखक, पत्रकार, चिन्तक, वकील और आम आदमी की हो लेकिन बिना प्रशासन के कोई दूसरा यह काम अंजाम नहीं देगा और देगा भी तो बहुत स्लोली। कुछ ऐसे शहर भी हैं जहाँ पहले बहुत दंगे होते थे लेकिन अब वहाँ दंगे नहीं होते। मेरठ, भागलपुर, इलाहाबाद आदि इसके उदाहरण हैं। इसका मतलब ये है कि जब आप चाहेंगे तो दंगे करवाएँगे और जब नहीं चाहेंगे तो नहीं करवाएँगे। आज हर समाजसेवी के पास एक विकल्प है कि क़लम-काग़ज़ के साथ आम आदमी से मिले और उन्हें समझाए कि एक-दूसरे पर मत झपटो क्योंकि रीढ़ की हड्डी आप ही की टूटेगी। ये काम है मुश्किल लेकिन हमें करना पड़ेगा।

शशिकांत : टेलीविज़न पर दिखाए जा रहे धारावाहिक, धार्मिक आयोजन आदि देश के साम्प्रदायिक सौहार्द को बिगाड़ने में किस तरह की भूमिका निभा रहे हैं?

नासिरा शर्मा : सास-बहू वाले सीरियल में एक गुजराती फ़ैमिली के लोग 'जय श्रीराम', 'जय कृष्णा' बोलते हैं, जबकि 'पाँय लागूँ', 'प्रणाम' आदि जुमले ख़त्म हो गए हैं। इसका असर पड़ रहा है। और इन सीरियलों में इतना ज़्यादा भजन, इतने डीटेल्स में पूजा-पाठ दिखाए जाते हैं जो देश के साम्प्रदायिक सौहार्द को बिगाड़ रहे हैं और हमें बाँट रहे हैं। ये बड़ी अजीब बात है कि 'जय श्रीराम', 'जय कृष्णा' सिर्फ़ गुजराती फ़ैमिली में ही दिखाया जा रहा है। 'महाभारत' और 'रामायण' भी एक रचना थीं, एक इतिहास था लेकिन...

शशिकांत : कुछ महीने पहले भारतीय ज्ञानपीठ के एक कार्यक्रम में आपने कहा था कि आपके जीवन पर किसी का हस्ताक्षर नहीं है?

नासिरा शर्मा : मेरी पसन्दीदा किताब से सम्बन्धित था वह कार्यक्रम। उसमें मैंने ये बात कही थी। किताबों की चर्चा करते हुए, उन्हें पढ़ते हुए मेरी सोच और अनुभव को कई तरह की दिशाएँ मिलती थीं। चूँकि मेरे घर में कवियों और शायरों का सिलसिला था, गद्य-लेखन में शायद मैं पहली हूँ। एक तो शायद यह बात रही होगी दिमाग़ में।

दूसरी बात शायद यह रही होगी कि जिस तरह के विषयों को मैंने अपने लेखन और पत्रकारिता में उठाया है, उसमें हिन्दी में पहले बहुत ज़्यादा नाम नज़र नहीं आते। बहुत साल पहले ईरान पर राहुल सांकृत्यायन का काम है।...शायद इन्हीं सब चीज़ों को लेकर मैंने कहा होगा।

शशिकांत : हिन्दी में स्त्री विमर्श या स्त्रीवादी लेखन को आप ज़्यादातर महिला लेखिकाओं से अलग नज़रिये से देखती हैं?

नासिरा शर्मा : स्त्री लेखन को मैं दो हिस्सों में बाँटना चाहूँगी। मेरा मानना है कि कहानी औरत के चारों तरफ़ घूमती है। क्योंकि जीवन स्त्री के चारों तरफ़ है। मर्द जब क़लम उठाता है तो औरत से ही शुरू करता है। माँ से शुरू होती है कहानी। हमारे यहाँ के सम्पादक बाज़ार को देखते हुए स्त्री विमर्श की बात करते हैं। और ये अच्छी बात है लेकिन जो बात परेशान करती है, वह है स्त्री विमर्श की ठेकेदारी। राइटर औरत और मर्द में बँटे जा रहे हैं। ये सारी चीज़ें बहुत सेहतमन्द नहीं हैं। स्त्री विमर्श के नाम पर समय की माँग के साथ जो कहानियाँ छपेंगी, वो आज पढ़ी जाएँगी मगर वो पीढ़ियों के साथ नहीं चलेंगी। आज भी प्रेमचन्द की बूढ़ी काकी इतने वर्षों बाद भी जूठी पत्तल चाटती हमें किसी शहर, किसी चौराहे, किसी गली में मिल जाएगी... ।

शशिकांत : 'दूसरा ताजमहल' शीर्षक से आपका एक कहानी-संग्रह अभी हाल में छपा है। इसमें एक चचेरे भाई-बहन के प्रेम और शादी पर लिखी गई एक कहानी है : 'पंचनगीना वाले'।

नासिरा शर्मा : इस कहानी को लिखने की प्रेरणा शायद इसलिए आई कि जिस तरह के अफ़सोसजनक हालात मुजफ़्फ़रनगर में उभर रहे थे, उन्हें देखकर इलाहाबाद की एक सच्ची घटना ने मुझे कहानी लिखने के लिए बाध्य किया। इंग्लैंड से लौटने के बाद जब मुझे घटना का पता चला तो मुझे लगा कि वीणा इस तरह की परम्परा के ख़िलाफ़ उठती है, तो समाज और उसके माँ-बाप का क्या मानवीय पक्ष होना चाहिए? यह घटना ज़रूर एक अपवाद है और अपवाद पर कहानी लिखी जा सकती है लेकिन मुझे ताज्जुब हुआ जब हिन्दी के चार-पाँच प्रगतिशील सम्पादकों ने भी मेरी इस कहानी को छापने से इनकार कर दिया और अन्ततः यह कहानी-संग्रह में ही छप सकी।

शशिकांत : स्त्रियों पर आपकी एक किताब आ रही है : 'औरत के लिए औरत'। इसके अलावा?

नासिरा शर्मा : 'अक्षयवट' शीर्षक से एक उपन्यास लिख रही हूँ। यह इलाहाबाद पर आधारित है।

शशिकांत : आप ईरान, इराक़, अफ़ग़ानिस्तान, इंग्लैंड, बैंकाक, हांगकांग, नेपाल, जापान, पाकिस्तान, फ्रांस आदि देशों में घूम चुकी हैं। सबसे ज़्यादा कौन-सा देश भाया?

नासिरा शर्मा : इनमें पेरिस और ईरान! ईरान के लोग पसन्द आए और पेरिस का नेचर। इसके अलावा इराक़ के आर्टिस्टों का आर्ट और वहाँ का लिटरेचर भी अच्छा लगा। हिन्दुस्तान में इलाहाबाद मुझे सबसे अच्छा लगता है।

शशिकांत : आजकल आप क्या पढ़ रही हैं?

नासिरा शर्मा : कमलेश्वर का उपन्यास 'कितने पाकिस्तान' अभी-अभी पढ़कर ख़त्म किया है। बहुत ज़बर्दस्त नॉवेल है। जाबिर हुसैन की 'डायरी' पढ़ी है और फ़िलहाल फ़ारसी की एक किताब पढ़ रही हूँ...।

['राष्ट्रीय सहारा' : 29 सितम्बर, 2002]

महेश दर्पण*

नासिरा शर्मा अपने लेखन में चौकन्नी, जागरूक और प्रखरता की मालिक हैं। अपने समय की प्रतिबद्ध रचनाकार हैं। वह हिन्दी साहित्य की तन्हा लेखिका हैं जिन्होंने पत्रकारिता में ऐसा काम किया है जो उस समय के पुरुष पत्रकार भी नहीं कर सकते थे, न सोच सकते थे। साहित्य में उनके योगदान का इस दृष्टि से विशेष महत्त्व है कि अपने लेखन में हाशिए पर पड़े लोगों को उन्होंने अपनी कहानियों का पात्र बनाया और विदेश की धरती पर केवल यात्रा-वृत्तान्त, भारतीयों की दशा का वर्णन न करके, उन देशों के जनमानस में गहरे पैठ करके उनके मनोविज्ञान को समझा। उनकी रचनाओं में मानव-अधिकार का स्वर सबसे प्रमुख व प्रबल है जो उन्हें केवल एशियन नहीं बल्कि वैश्विक दृष्टि का लेखक बनाता है। उनकी प्रमुख रचनाएँ—'सबीना के चालीस चोर', 'ज़िन्दा मुहावरे', 'जहाँ फव्वारे लहू रोते हैं' और 'सात नदियाँ : एक समन्दर' हैं।

---

* लेखक, पत्रकार, आलोचक।

रात के बाद सुबह होना यक़ीनी है

महेश दर्पण : साहित्य और रचना के संस्कार आपको शुरुआती दौर में कहाँ से मिले? इसमें इलाहाबाद की ज़मीन का रोल अहम् है या कुछ लोग ऐसे रहे हैं जिन्होंने आपका रुझान इस तरफ़ किया है?

नासिरा शर्मा : घर का माहौल ऐसा था जिसमें साहित्य और भाषा के साथ जीवन-मूल्यों एवं नैतिकता पर ज़ोर था। क्या अच्छा है, क्या बुरा है; क्या करना है, क्या नहीं करना है—यह बहुत साफ़ तरीक़े से घर का वातावरण हमको समझा देता था जिसमें भाषण, उपदेश, डाँट-फटकार, सज़ा, मारपीट का कोई रोल न था। मुझे किसी ने कभी मारा हो, ऐसा याद नहीं पड़ता मगर मेरी हरक़तों पर जो हँसी उभरती या बड़े आपस में बात करते, उसका संकेत ही हमारे लिए काफ़ी होता कि हमने वह हरक़त की है जो मुनासिब नहीं थी। घर में ड्रामा, बैतबाज़ी, तालीम, ताश, डिबेट और किसी मुद्दे पर बहस के लिए काफ़ी जगह थी। प्रोत्साहन बड़ों का मिलता ही था, साथ ही उनकी आलोचना भी। मुझे याद आता है कि हमारे संयुक्त परिवार में सनसनाहट, शोर, लड़ाई-झगड़े का कोई प्रस्तुतीकरण नहीं पेश किया जाता था बल्कि ख़ामोशी, नज़रों द्वारा अपनी बात कह जाना या फिर शारीरिक मुद्राओं द्वारा अपना रोष, विरोध, विद्रोह और इनकार का इशारा दूसरों तक बात पहुँचाने में ख़ासा सक्षम होता था। मेरे संस्कार ऐसे वातावरण में पुख़्ता हो चुके थे जब संयुक्त परिवार पिता के देहान्त के बाद बिखरा और तब शुरू हुआ शीतयुद्ध का दौर जिसमें वैचारिक कटाक्ष थे। विधवा माँ को परिवार के वे पुरुष अपने दबाव में रखना चाहते थे जो पिता के रहते माँ से एक ख़ास दूरी और लिहाज़ रखते हुए बातचीत करते थे। माँ को मकान 'मेहर' में मिला और बैंक बैलेंस उनके नाम पिता ने अपनी बीमारी के दौर में ही ट्रांसफर कर दिया था। उनके बीच कौन-सा अनुबन्ध था, मैं नहीं जानती मगर जो देखा, वह इतना कि माँ ने पिता की तरह घर की सत्ता सँभाली। उनके आदर्श पर चलीं और हमको बेहतरीन तालीम दी। इसका नतीजा साफ़ था कि थका-हारा पुरुष

वर्ग उनके प्रति ग़ैर-संजीदा हो अफ़वाह उड़ाने लगा। परतदार चट्टानों जैसा समय, जिसको मैंने सात वर्ष की अवस्था से लेकर अठारह वर्ष की आयु तक देखा, उसने मुझे अहसास के धरातल पर जहाँ संवेदनशील बनाया, वहीं पर चेतना के धरातल पर चौकस। धन से नफ़रत करना और रिश्तों को सँभालना सिखाया। घर और माँ ही मेरे लिए शहर था। इलाहाबाद के चन्द मोहल्लों के अलावा मुझे शहर का कोई अनुमान न था। उन्हीं लोगों तक मेरा आना-जाना था जहाँ परिवार का उठना-बैठना था। इसलिए न इलाहाबाद शहर ने और न किसी व्यक्ति विशेष ने मेरे जीवन पर कोई ख़ास असर डाला मगर मिट्टी तो अपना रूप गढ़ती है इसलिए इलाहाबाद की हवा, पानी, मिट्टी के प्रभाव से कैसे बच सकती थी! उसने मुझे वैसा ही गढ़ा होगा, जैसे बाक़ी लोगों को पालती-पोसती आई थी।

इस तरह के वातावरण में पलकर बढ़ी मैं अपनी कहानियों में भी उसी सन्तुलन और अनुशासन का प्रयोग करती रही। चीख़ते-चिल्लाते पात्र, ज़िन्दगी के चौखटे के बाहर गिरे संवाद, सच्चाई से हटकर सनसनी पैदा करने और रोंगटे खड़े कर देने वाली घटनाओं का बेजा विवरण मुझे हमेशा अटपटा लगता है। आवेग के क्षण किसी भी इनसान का पूरा सच और किसी भी वैचारिक या सामाजिक आन्दोलन का सम्पूर्ण सच नहीं होता है। हर इनसान का एक मनोविज्ञान होता है। उसकी मानसिकता के पीछे उसका परिवेश होता है जो उसके व्यवहार को बनाता है। इसलिए मैंने हमेशा पात्र और परिवेश को अलग कर नहीं देखा, इसलिए मेरे पाठक यदि मेरे द्वारा उठाए परिवेश को नहीं समझ सकते तो वह मेरे पात्रों के नज़दीक भी नहीं पहुँच सकते। 'पत्थर गली' संग्रह की कहानियाँ उसी इलाहाबाद की हैं जिसमें मेरा बचपन बीता और 'अक्षयवट' उपन्यास के पात्र भी उसी इलाहाबाद के हैं मगर पढ़ने वालों को शहर का दोहरा चेहरा नज़र आएगा। जिन पात्रों को मैंने उठाया है, उनका जो परिवेश था, उसी ने उनकी मानसिकता गढ़ी और भाषा-बोली बनाई। दोनों सच मेरे सामने हैं। तर्क और तथ्य प्रमाण के रूप में शहर के मोहल्लों में बिखरे पड़े हैं। 'अक्षयवट' का इलाहाबाद पिछले बीस वर्ष का इलाहाबाद है। वह इलाहाबाद पहले भी मौजूद था मगर बीस प्रतिशत और वही बीस प्रतिशत धीरे-धीरे करके अस्सी प्रतिशत में कैसे बदला, उस बदले माहौल की कहानी है 'अक्षयवट'! उसका नायक 'माहौल' है, कोई पात्र विशेष नहीं। क्योंकि मुझे इलाहाबाद का वह माहौल जो पत्थर गली, नख़ास कोना, रानी मंडी, दरियाबाद, हिम्मतगंज, बताशा वाली गली, कोतवाली में था और घंटाघर के आसपास फैला बाज़ार प्रभावित करता रहा है। वहाँ ज़िन्दगी बहुत कुछ कहती, समझाती नज़र आती है।

महेश दर्पण : अपने लेखन का मूल उद्देश्य और सरोकार क्या मानती हैं?

नासिरा शर्मा : संक्षेप में कहूँ तो पहले चरण में अपने अन्दर की बेकली, बेचैनी, परेशानी और आक्रोश को बाहर निकालने की शीघ्रता। दूसरे चरण में सहज हो उन लिखे शब्दों की पड़ताल कि अंजाम जो निकाला है, वह कितना कारामद है। दूसरे के लिए...जिन तक यह पहुँचना है और किस हद तक इस लायक है कि ये छपे। इनसान और समाज की संरचना और उसकी आपसी टकराहट ही मेरे लिए महत्त्वपूर्ण मुद्दा है मगर मुझसे ज़्यादा मेरे पाठक इस प्रश्न का उत्तर दे सकते हैं जो लगातार मुझे पढ़ते आए हैं। सच कहूँ तो इस सवाल ने मुझसे उत्तर माँग तो लिया है मगर हक़ीक़त यह है कि इसका कोई उत्तर अपने में पूर्ण नहीं है, जो मैं दे सकूँ।

महेश दर्पण : भाषाओं का अपना अलग-अलग संस्कार होता है। हिन्दी, अंग्रेज़ी, फ़ारसी, उर्दू और पश्तो पर अधिकार तो आपका है, लेकिन किसी भाषा-विशेष के माध्यम से काम करते हुए जब दूसरी भाषाओं के संस्कार भी ज़ोर मारते हैं तब विचारों को कैसे साधती हैं आप? रचते वक़्त और अनुवाद करते वक़्त शायद अलग-अलग क़िस्म की दिक़्क़तें होंगी आपको?

नासिरा शर्मा : शुरू में काफ़ी परेशानी लगती थी। ख़ासकर फ़ारसी, जो उर्दू से भी ज़्यादा मीठी और बहुअर्थी अभिव्यक्ति वाली भाषा है, हिन्दी लिखते हुए मुझे दोराहे पर खड़ा कर देती थी। इस स्थिति से निकलने की राह अपने-आप साफ़ होने लगी। फ़ारसी की जो रचना—चाहे वह नज़्म हो या कहानी या फिर कोई क्लासिक कृति, उसको मैंने हिन्दी में अनुवाद करना शुरू कर दिया। यह अनुवाद खुरासान की लोककथाओं से शुरू हो शाहनामा-ए-फ़िरदौसी तक पहुँचा। यह 1976 की बात है। उस समय हिन्दी में अनुवाद का इतना चलन नहीं था मगर स्वागत ज़बर्दस्त था। इसके अलावा जो शब्द मुझे फ़ारसी का पसन्द आता, उसको मैं कहीं-न-कहीं प्रयोग ज़रूर करती थी और करती हूँ। इसका लुत्फ़ सबसे ज़्यादा श्रीपत जी के साथ आता था, जो ऐसे शब्दों को लेकर पहले प्रश्न करते फिर बताते कि यह शब्द उन्होंने पहले कब पढ़ा या वह हिन्दी भाषा या स्थानीय बोली का है। बतौर मिसाल, जैसे 'कीसा' जो थैले के लिए इस्तेमाल होता है। अभी हाल में सोनीपत से कृष्णचन्द्र दइया हैं जिनका विषय गणित है मगर 'हिस्ट्री ऑफ़ जाट' पर काम कर रहे हैं, उनको यह प्रेरणा मिली अफ़ग़ानिस्तान पर बरसते अमेरिकन बम से तबाहहाल अफ़ग़ानियों को देखकर कि उन औरतों ने जाट औरतों की तरह कपड़े पहन रखे हैं, आख़िर ये कौन

हैं? उन्हीं दिनों मेरी पुस्तक 'अफ़ग़ानिस्तान : बुजकशी का मैदान' के कुछ हिस्से 'ट्रिब्यून' में छप रहे थे, वह पढ़ा फिर मेरी पुस्तक हाथ लग गई। उन्होंने 'हिस्ट्री ऑफ़ जाट' लिखने का इरादा किया और मेरी कहानियों, उपन्यास, अनुवाद के ज़रिये वह भारतीय जाटों के व्यवहार का तुलनात्मक अध्ययन करने लगे।

उसी तरह सेंट्रल एशिया के लेखकों की रचनाओं को भी बेस बनाया। यह मेरे लिए जहाँ पर ताज्जुब की बात थी, वहीं पर यह संतोष भी मिला कि मैंने जाने-अनजाने में एशियाई संस्कृति की वही राह पकड़ी जो बहुत अरसे से वजूद रखती थी। रूसी पत्रकार डॉ. इवानीको ने अफ़ग़ानिस्तान में मेरा बायोडाटा देखकर एक बात कही थी कि आप इतिहास लेखिका हैं। उस वक़्त मुझे उनका यह रिमार्क कोई ख़ास पल्ले नहीं पड़ा था, जैसे वह फ़ारसी में बात करते हुए मुझे जन-ए-अजीबी (अद्‌भुत-विचित्र के बीच की एक अभिव्यक्ति) से सम्बोधित करते थे अर्थात् स्पेशल या अद्‌भुत महिला...। बहरहाल संक्षेप में यह कहना मुनासिब होगा कि कई भाषाओं को जानना एक सुखद अनुभव है जो आपके एकाकीपन, जड़ता, संकीर्णता को न केवल तोड़ता है बल्कि आपका वैचारिक एवं संवेदना के धरातल पर असीमित संसार से परिचय कराता है। रूसी पत्रकार फ़ारसी के अलावा भी कई भाषा जानते थे। वह मेरे ज़रिये और बहुत कुछ देख रहे थे जिसको मैं पकड़ नहीं पा रही थी। विश्व स्तर पर सभ्यताओं, संस्कृति, भाषा, साहित्य, नस्ल, भौगोलिक परिस्थितियों में विभिन्नता हो सकती है मगर एक स्तर पर उनके अन्दर बहने वाली अन्तर्धारा का मूल स्वर एक होगा। उनका पारस्परिक सम्बन्ध युगों के अन्तराल के बाद भी एक सिलसिलेवार प्रतिध्वनियों का क्रम होगा। मेरे कहने का मतलब सिर्फ़ इतना है कि जब आप एक ऐसे स्थान पर दिमाग़ी तौर पर पहुँच जाते हैं जहाँ आप सारे फ़र्क़ भूलकर केवल मानवीय संवेदनाओं, विचारों और प्रवृत्तियों को बिना किसी भेदभाव के देखने लगते हैं तब अपना और पराया कहीं गुम हो जाता है और मानव विरासत पूर्णता में आपके सामने आन खड़ी होती है। इनसानों के दिल व दिमाग़ के अन्दर का सफ़र शुरू हो जाता है। इस सच्चाई को भाषा-विद्वान जानते हैं कि एक भाषा का शब्द दूसरी भाषा तक की यात्रा कैसे करता है और किस तरह अजनबी भाषा में जाकर रच-बस जाता है।

महेश दर्पण : उर्दू की मौजूदा स्थिति और समाज में उसकी भूमिका के बारे में आप क्या सोचती हैं? क्या भाषा को किसी मज़हब से जोड़ा जाना चाहिए? आज़ादी से पहले तो ज़्यादातर लोग पढ़ाई-लिखाई उर्दू में ही किया करते थे!

नासिरा शर्मा : उर्दू भाषा आज भी लोग बोलना-सुनना पसन्द करते हैं, भले ही लिखना-पढ़ना न जानते हों। उर्दू का अपना एक समय था। बेहतरीन अदब लिखा गया। लिखा जा रहा है। यह अलग बात है कि एक दौर ऐसा था जब उर्दू-फ़ारसी पढ़े-लिखों की भाषा कहलाती थीं। पंडित होने की दलील थीं। हिन्दी भाषा धोबी के कपड़े लिखने वाली भाषा कहलाती थी। आज राष्ट्रभाषा है। उर्दू भारत की एक ज़बान है जो कई भाषाओं के मिश्रण से बनी। उर्दू का अर्थ है कैम्प! फ़ौजियों को बाज़ार करते समय अपनी भाषा में बोलना एक मजबूरी थी। उसी मजबूरी ने एक नई ज़बान पैदा कर दी। उत्तर प्रदेश के मुसलमानों की मातृभाषा उर्दू है मगर सारे भारतीय मुसलमानों की नहीं। यह एक बहुत बड़ा सच है मगर सियासत, वह भी वोट की राजनीति, इसको मुसलमानों से जोड़ देती है जबकि लखनऊ का हिन्दू इतनी ख़ूबसूरत उर्दू बोल सकता है जो उसके मुक़ाबले में कई प्रदेशों के मुसलमान शुद्ध उर्दू बोलना तो दूर, शब्दों का सही उच्चारण और व्याकरण की दृष्टि से भी दुरुस्त उर्दू नहीं बोल पाते हैं। आज यह बात लोग भूल चुके हैं कि उर्दू भाषा के पंडित, भाषाविद्, लेखक, कवि अधिकतर हिन्दू रहे हैं। उन्होंने उर्दू को ऊँचाई पर पहुँचाया है। सियासत करने वाले यह भूल जाते हैं कि उर्दू को भारत की ज़बान न कहने का मतलब है, उर्दू साहित्य के बहुत बड़े ख़ज़ाने को पाकिस्तान के हवाले करना, जबकि यह भी सच है कि स्वयं पाकिस्तान में उर्दू की स्थिति बहुत अच्छी नहीं है। जो भी हो, ये सतही बातें जो वक़्ती होती हैं और काफ़ी हद तक नुक़सान भी पहुँचाती हैं मगर एक सच अपनी जगह है कि उर्दू में लिखने वाले हिन्दू-मुसलमान साहित्यकार अदब लिखना बन्द नहीं कर बैठे हैं, आज भी बेहतरीन ग़ज़लें, नज़्में लिखी जा रही हैं। उपन्यास और कहानियाँ छप रही हैं। और एक बहुत अहम् तब्दीली पिछले दस वर्षों में आई है कि उर्दू की रगों में जो मुर्दनी छा रही थी, अदब रिसाले छपना बन्द हो रहे थे, अख़बार ज़्यादा निकल रहे थे, कहानी और शेरी मज़मुओं की जगह छापेख़ाने मज़हबी किताबें छाप पैसा कमा रहे थे क्योंकि कई देशों में जहाँ छपाई महँगी पड़ रही थी, उनका काम यहाँ शुरू था। बहरहाल वह दौर गुज़र गया। आज अनेक पत्रिकाएँ उर्दू में छप रही हैं। सलाउद्दीन का इस्तआरा, साजिद रशदी का नया वरक़, जुबैर रिज्वी का ज़ेहन-एज़दीद, जाबिर हुसैन का किताबनामा और तरजुमान अनीस अमरोही का क़िस्से, मलिकज़ादा मंजूर अहमद का इमकान आदि-आदि चन्द नमूने हैं जो जागरूक लेखकों, कवियों, पत्रकारों की एक जमात को हमारे सामने न केवल लाते हैं बल्कि किसी भी भाषा का उर्दू अनुवाद छापकर

पाठकों को बेहतरीन सामग्री जुटाते हैं। एक बेहद संजीदा सम्पादक उर्दू अदब में आज भी मौजूद है क्योंकि उसकी साहित्यिक एवं भाषाई परम्परा की जड़ें बहुत गहरी हैं। और मेरा व्यक्तिगत विश्वास है कि हिन्दुस्तानी परम्पराएँ दम नहीं तोड़तीं, जब तक वे जड़ होकर सचमुच निर्जीव न हो जाएँ, इसलिए उर्दू अदब का बेशक़ीमती ख़ज़ाना केवल इनसानी जज़्बात व अहसास का तर्जुमा भर नहीं बल्कि अपने अन्दर ऐतिहासिक घटनाओं को उसने दफ़न कर रखा है, जो हमारी मिली-जुली तहज़ीब का आईना है क्योंकि उसमें नज़ीर अकबराबादी भी हैं और चकबस्त भी हैं। रामलाल और कृश्न चन्दर हैं तो शिब्ली नेमानी और नज़ीर अहमद भी मौजूद हैं। आज की तारीख़ में कृष्ण बलदेव वैद, देवेन्द्र इस्सर जैसे लेखक भी हैं जो प्रेमचन्द के बाद उर्दू से हिन्दी में आए। सआदत हसन मंटो जैसा लेखक भी है जो हिन्दी-उर्दू वालों द्वारा मान्य है।

महेश दर्पण : अफ़ग़ानिस्तान की तरफ़ आपका ध्यान उस वक़्त चला गया था जब हिन्दी पत्रकारिता में उसकी जगह कभी-कभार एडिट पेज में हुआ करती थी। लेकिन 'अफ़ग़ानिस्तान : बुजकशी का मैदान' सरीखी किताब दो भागों में लिखकर एक तरह से आपने नये क़िस्म का इतिहास दिया जिसमें हम लोगों ने उस वक़्त के अफ़ग़ानिस्तान का क्लोज़अप तो देखा ही, उसके अतीत को भी पहली बार तरीक़े से समझा। लेकिन आज के अफ़ग़ानिस्तान में और 11 सितम्बर, 2001 के बाद के अफ़ग़ानिस्तान में जो तब्दीलियाँ आई हैं, उनके बारे में आप क्या कहेंगी? क्या इस किताब का शीर्षक ख़ुद उसके लिए एक सटीक प्रतीक नहीं बन गया है?

नासिरा शर्मा : 11 सितम्बर, 2001 के बाद का अफ़ग़ानिस्तान अमेरिका के सितम का एक ऐसा नमूना है जिसमें विश्व के अन्य देश भी शामिल हैं—चाहे डरकर या अपने दिल के फफोले फोड़ने के लिए, मगर वे भूल जाते हैं कि इलाक़ाई शान्ति-सुरक्षा के लिए आतंक से छुटकारा पाने का यह तरीक़ा मुनासिब नहीं है। आज जब किसी भी स्तर पर संवाद स्थापित करने की सहूलियतें मौजूद हैं तब बम द्वारा किसी को सन्देश देने का क्या अर्थ है? एक आदमी को पकड़ने के लिए आपने एक देश की टोपोग्राफ़ी, इकोलॉजी को बेदर्दी से तबाह कर दिया, फिर भी वह आदमी आपके हाथ नहीं लगा है कोई ऐसा न्यायालय जहाँ पर इस बड़े जुर्म की सुनवाई हो सके? मुक़दमे से पहले सज़ा तय हो गई। सज़ा भी ऐसी जिसमें आम इनसान बेघरबार हुआ। अफ़ग़ानिस्तान के ऊपर लाल फ़ौजों ने कहर ढाया, फिर उसके हुक्मरानों की आपसी रस्साकशी ने आम जनता का जीवन नर्क किया और एकाएक अमेरिका ने

कमर कस ली। उसका वायदा कहाँ गया कि वह अपने द्वारा तबाह अफ़ग़ानिस्तान को फ़ौरन अपनी बेहतरीन योजनाओं द्वारा विकसित और आबाट कर देगा?

महेश दर्पण : आपने अफ़ग़ानिस्तान के सन्दर्भ में बड़ी ताक़तों की नीति की तो अपनी किताब में ही आलोचना की है, लेकिन बदले हालात में अमेरिका के रुख़ के बारे में आप क्या कहना चाहेंगी? आज तो लगता है, सारी दुनिया अफ़ग़ानिस्तान के बजाय अमेरिका के लिए आँसू बहा रही है। वर्ल्ड ट्रेड सेंटर पर तो माना कि आतंकवादी हमला हुआ था, लेकिन बाक़ायदा अफ़ग़ानिस्तान पर जो हमला बोला गया, उसे किस रूप में लिया जाना चाहिए?

नासिरा शर्मा : अमेरिका ने अपना एक पैर पाकिस्तान में जमा ही रखा था। जब तक सोवियत लैंड मोर्चे पर डटा रहा, अमेरिका अपना दूसरा पैर अफ़ग़ानिस्तान में जमा नहीं पा रहा था। ईरान ने अमेरिका का पहले ही बायकाट कर रखा था। इराक़ का कुवैत पर हमला और अमेरिका हस्तक्षेप ने इराक़ में भी अमेरिका के प्रति द्वेष पाल लिया। सऊदी के शासनकर्ता का जो भी सम्बन्ध अमेरिका से हो मगर वहाँ की जनता तो अमेरिकन विरोधी है। फ़िलिस्तीन की नफ़रत को अमेरिका जानता था। इसलिए एक ग़रीब मुल्क उसको दूसरा पैर जमाने के लिए मिल गया। उसके इस काम में संसार के अनेक राष्ट्रों ने आँख बन्द कर हाँ-में-हाँ मिलाई क्योंकि सभी आतंकवाद से तंग आ चुके थे मगर यह मानने और समझने को तैयार न थे कि उनके द्वारा जो सिस्टम लागू हुआ है, वह बदलें। उसके बदलते ही आतंकवाद अपने-आप दम तोड़ जाएगा, मगर वे यह सच मान नहीं सकते थे। वे मानते तो सत्ता से हाथ धोते! इसलिए उन सबने एक सकारात्मक नारे में अपनी आवाज़ मिलाकर अपने तरीक़े को बदलना ज़रूरी नहीं समझा क्योंकि वे सब अपनी-अपनी तरह से अपनी जनता पर आतंक बने हुए थे। उनकी सत्ता की बुनियाद लोकप्रियता पर नहीं बल्कि ग़लत कूटनीति के दाँव-पेंच पर आधारित थी। इसने न केवल मानवीय स्तर पर बल्कि राजनीतिक स्तर पर नैतिकता को गहरा आघात पहुँचाया है जिससे कोई भी छोटा राष्ट्र या वे देश जो अमेरिका की नीतियों को नहीं मानते, वे किसी भी बहाने के ज़रिये कुचल दिये जाएँगे। आज इराक़ पर तबाही के बादल लहरा रहे हैं, कल कोई और ख़ुशहाल देश इसका निशाना बन सकता है। सबसे ज़्यादा हैरत इस बात पर हो रही है कि इस सारी दादागीरी के ख़िलाफ़ कहीं कोई आन्दोलन विश्व स्तर पर अमेरिका के मुक़ाबले में नहीं खड़ा हुआ। यह अमेरिका से भय खाने की जगह इस बात को बताता है कि नैतिकता का

न अब कोई पैमाना बचा है, न ही कोई राष्ट्र इस तरह का जोखिम उठाने का दमखम रखता है। यह अलग बात है कि कई देशों के क्रान्तिकारी संगठनों, बुद्धिजीवी वर्ग, पत्रकार एवं समाजसेवी संस्थाओं ने अपने पुरज़ोर एतराज़ दर्ज कराए हैं मगर उनकी आवाज़ अमेरिका के बिगुल के आगे दबकर रह गई है या यह कहिए कि वे उपकरण जो इस तानाशाही का जवाब बन सकते हैं, वे लेखन, विचार में नहीं मिलेंगे बल्कि 'लोहा लोहे को काटता है' के मुहावरे के अनुसार इस व्यवस्था की काट के लिए दूसरी व्यवस्था लानी पड़ेगी। सियासत के ज़रिये ही ग़लत सियासत को आगे बढ़ने से रोका जा सकता है। डरकर बैठने से काम नहीं चलेगा। आख़िर बकरे की माँ कब तक ख़ैर मनाएगी? आज वे लोग जो अफ़ग़ानिस्तान की आग में हाथ सेंक रहे हैं, वे दरअसल एक बहुत बड़े पैमाने के आतंकवाद को 'आतंकवाद के विनाश' के नाम पर बढ़ावा दे रहे हैं—उसी तरह, जैसे अमेरिका ने अफ़ग़ान मुजाहिदीनों को लाल फ़ौजों के ख़िलाफ़ हथियार थमाए, पाकिस्तान को हथियार गोदाम बनाया, शरणार्थियों के नाम पर भारी पैमाने पर धन दिया गया।

ओसामा बिन लादेन की मदद ली गई। मगर जब अफ़ग़ान तेवर अमेरिका को नकार स्वावलम्बी बनने लगा तो तालिबान की ख़ैर नहीं रही। कल तक जो तालिबान भूतपूर्व प्रधानमंत्री हिकमतयार जैसे आतंकवादी से अफ़ग़ान जनता को छुटकारा दिलवाने वाले माने गए थे, वही एकाएक पिछड़े, जाहिल, जड़वादी बना दिये गए, जैसे पहले वाले हुक्मरान बड़े प्रगतिशील विचार वाले थे! यह सारी सियासत एक देश के लिए कितनी महँगी पड़ रही होगी, यह वही जान सकता है जो या तो अफ़ग़ानिस्तान में रह रहा होगा या फिर अफ़ग़ानिस्तान के बदलते परिदृश्य को गहराई से समझ रहा होगा। संक्षेप में जो बात चिन्तित करती है, वह है किसी भी समस्या के सुलझने की जगह उलझते जाना। अमेरिका ने मुस्लिम राष्ट्र, जो बौद्धिक एवं खनिज सम्पदा से परिपूर्ण थे, उनको तबाही के कगार तक पहुँचा दिया है—चाहे वह ईरान हो, इराक़ हो, अफ़ग़ानिस्तान हो, फ़िलिस्तीन हो, सऊदी अरेबिया हो, या कि सीरिया। इन देशों का शोषण उसने किस तरह किया और कर रहा है, वह सब इन देशों के बारे में जाने बिना समझा नहीं जा सकता है। मगर अफ़सोस, आज समय है प्रचार और प्रसार का। उपभोक्ता और बाज़ार का। उसमें वही जीतेगा जो सबसे ऊँची आवाज़ में सबसे ऊँची बोली लगाएगा। किसी को फ़ुर्सत नहीं है सच की तलाश की और न ही सच का साथ देने की क्योंकि सबसे बड़ा दुख का सच है—भैंस उसी की, जिसके हाथ में डंडा।

महेश दर्पण : ईरान से लौटकर आपने 'क़िस्सा जाम का' जैसी पठनीय किताब में वहाँ के क़िस्से प्रस्तुत किये हैं। आपने बताया है कि ये क़िस्से मूलत: खुरासानी में थे। उनका तर्जुमा कैसे किया? फ़ारसी तो आप जानती हैं लेकिन खुरासानी से कैसे निबटीं?

नासिरा शर्मा : ईरान और भारत कोई अलग देश नहीं हैं और यह सच है कि दोनों देशों में बहुत कुछ साझा है। फ़ारसी में लिखे इन क़िस्सों में जहाँ ख़ुरासानी जो फ़ारसी की ही एक स्थानीय बोली है, उसको समझने और जानने के लिए मुझे अली फक़ीही से, जो ईरानी थे, बहुत मदद मिली थी।

महेश दर्पण : इन्हें पढ़कर लगता है, जैसे अपने ही देश की लोककथाएँ पढ़ रहे हों! दोस्त साहब ने यह अच्छा काम किया खुरासानी में, जैसा हमारे यहाँ देवेन्द्र सत्यार्थी या विजयदान देथा ने किया है। क़िस्सा जाम का हो, या सात सिर कटे वालों का या फिर सात बहनें, बेहद आकर्षक इन लोककथाओं में ईरान की सभ्यता और संस्कृति के सूत्र भी खुलते हैं, भारतीय सभ्यता और संस्कृति से इसका साम्य भी नज़र आता है।

नासिरा शर्मा : इस पुस्तक का नाम 'समन्दर चहलगीस' था। आपके तीसरे पूछे गए सवाल की रस्साकशी मेरे ज़ेहन में नाम को लेकर बेहद ज़बर्दस्त तरीक़े से चली थी। पुस्तक की यह लोककथा भी सुन्दर थी और नाम भी मुझे आकर्षित कर रहा था, 'चालीस लटों का समन्दर' मगर तय पाया 'क़िस्सा जाम का', जो अपने-आपमें बेहतरीन क़िस्सा था मगर मेरा दिल व दिमाग़ बार-बार 'चहलगीस' में उलझ जाता था। आप लोककथाओं की समानता की बात करते हैं, मैं कहती हूँ, हमारे रोज़ बोलचाल के मुहावरे ज्यों-के-त्यों फ़ारसी में मौजूद हैं। कृश्न चन्दर, दइया ने भी यही बताया कि जहाँ-जहाँ जाकर हरियाणा में उन्होंने यह क़िस्से सुनाए, सबने कहा कि यह तो हमारा अपना क़िस्सा है। लोककथाओं की इस समानता पर मैंने एक लेख भी 1978 के आसपास लिखा था।

महेश दर्पण : ईरान में यात्राओं के दौरान मिले अनुभव को आपने 'शामी काग़ज़' कहानी-संग्रह में बख़ूबी उतारा है। लेकिन पाशा के ज़ेहन में कैसे उतर पाईं आप कि वह अपने महबूब से कह सके कि मैं कोई शामी काग़ज़ थोड़े हूँ कि जब ज़रूरत पड़ी, उसे धोकर दूसरा फ़रमान लिख दिया। संवेदना के स्तर पर यह गहरा लगाव कैसे हासिल किया आपने नासिरा जी?

नासिरा शर्मा : संवेदना के स्तर पर अक्सर ऐसा होता है कि आप जो चीज़ें सुनते, देखते, पढ़ते हैं, अक्सर वे आपको सोचने पर मजबूर कर देती हैं, फिर उनमें एक सिलसिला क़ायम हो जाता है जो रचनात्मक बन कहानी में ढल जाता है। कहा जा सकता है कि 'कहीं का रोड़ा, कहीं की ईंट' मगर फिर भी इमारत को बनना है तो वह बन जाती है। एक किरदार मुझे ईरान में टकराया था जो पाशा के बिलकुल उलट था मगर उसकी पीड़ा को मैं समझ न पाई थी। वह पीड़ा मुझे अक्सर झिंझोड़ती थी। उन्हीं दिनों इतिहासकार हमीदा नकवी के साथ अमीर ख़ुसरो को लेकर कुछ फ़ारसी गद्य के ग्रंथ देखने को मिले। वह कुछ ढूँढ़ रही थीं। मैं उनके लिए फ़ारसी गद्य पढ़ते हुए ख़ुद भी बहुत कुछ सीख रही थी। उसी के बीच में बात शामी काग़ज़ की आ गई। मुझे मालूमात बड़ी दिलचस्प लगी। मन में उथल-पुथल-सी मची कि इस शीर्षक से कुछ लिखना है। ईरान में कई शहरों में हमारा रहना विश्वविद्यालय हॉस्टल में भी था। वहाँ लड़कियों से मुलाक़ात फिर मोहसिन मीहन दोस्त की सहकर्मियों से मिलने, बैठने और लम्बी बातचीत के दरमियान ईरानी औरत के अहसास की नज़ाकत, नफ़ासत और चाहत को समझने का मौक़ा मिला जिससे मैं प्रभावित भी हुई थी। ईरान के कई घरों में जाने का मौक़ा भी मिला था जिसने परिवेश की पकड़ मज़बूत की और एक किरदार कई औरतों से मिलकर 'पाशा' के रूप में क़लम से निकल आया। श्रीपत जी ने यह कहानी अपनी पत्रिका 'कहानी' में छापी फिर किताब भी इस शीर्षक से छापी थी। यह उनकी पसन्दीदा कहानियों में से एक कहानी थी।

महेश दर्पण : आधुनिक ईरानी भाषा और साहित्य से आपका पढ़ाई का नाता भी रहा है। लेकिन 'सात नदियाँ : एक समन्दर' पढ़कर तो लगता है कि बरसों ईरान में रह चुकी हों। ईरानी औरतों का ज़ेहन कैसे पढ़ लिया आपने? इस मुश्किल काम को आपके औरत होने ने भी कुछ आसान किया था?

नासिरा शर्मा : ईरान का जो हुस्न मैंने देखा था, उसको मेरे साथ अनेक विदेशी पत्रकार, लेखक भी देख रहे थे। फ्रांस में सबसे ज़्यादा इस क्रान्ति पर काम हुआ है। अंग्रेज़ी में बनी वह फ़िल्म तो भारत में भी दिखाई गई थी : 'नॉट विदाउट माइ डॉटर'। ईरान में जो दूसरे प्रोफ़ेशन में थे, जैसे डॉक्टर, इंजीनियर, दूतावास के कर्मचारी इत्यादि, उनका अवलोकन भी मुझसे अलग आप नहीं पाएँगे क्योंकि ईरानी पारदर्शी क़िस्म के इनसान होते हैं। मगर वह तरलता आपको तभी नज़र आएगी जब आप ज़बान जानते होंगे वरना ईरानी लोग आपकी समझ में नहीं आ सकते हैं। 'सात नदियाँ :

एक समन्दर' में बेशुमार मर्द पात्र हैं मगर आपने अपना प्रश्न महिलाओं तक ही सीमित रखा तो भी मैं कहना चाहूँगी कि मेरा स्त्री होना महत्त्वपूर्ण था। क्योंकि संवेदना को गहराई से पकड़ सकती थी मगर जो बात सबसे ज़्यादा अहम् थी, वह थी फ़ारसी भाषा को जानना। भाषा हमेशा दो लोगों के बीच की दीवार को गिरा देती है। जिन घरों से दोस्ती हुई, वहाँ पर औरतों के संग गई रात तक गप्पें मारना और सुबह मर्दों के बीच में सियासी बातें करना और समझना। सरकारी और इंक़लाबी समाचार और बुलेटिन को पढ़ना, सीधे रेडियो, टेलीविज़न को सुनना, देखना, समझना। यह सारी बातें बहुत कम समय में समझ में आ गईं—केवल भाषा जानने के कारण। मुझे एक दिलचस्प घटना याद आ रही है कि 1983 में पेरिस में भूतपूर्व प्रधानमंत्री शाहपुर बख़्तियार से मुलाक़ात कर उनके ऑफ़िस से जब चलने लगी तो लंच टाइम देख एकाएक वहाँ ऑफ़िस के एक वरिष्ठ अधिकारी ने मुझे दोपहर के खाने पर रोका और पास ही कमरे में, जहाँ कई महिलाएँ काम कर रही थीं, वहाँ ले जाकर मेरा परिचय देते हुए बोले कि आप लंच पर रुक रही हैं। उनमें से एक लड़की ने परेशान होकर कहा कि जनाब, आपने खाने पर रोक तो इन्हें लिया है मगर मुनासिब खाना कहाँ है? मैंने उनकी बात का फ़ारसी में जवाब दिया कि जो भी हाज़िर है, वही मेरे लिए काफ़ी है। इतना सुनना था कि वह लड़की लज्जित हो बोली, 'पहले क्यों नहीं बताया कि इन्हें फ़ारसी आती है?' दूसरा क़िस्सा वहीं एक ईरानी कालीन की दुकान पर घटा जिसको याद कर मुझे आज भी ताज्जुब होता है कि वह औरत किस हद तक संवेदनशील थी? वहाँ बैठे एक फ्रेंच कर्मचारी से मैं कालीन देखते-देखते कुछ अंग्रेज़ी में पूछने लगी। वहीं एक औरत कालीन लपेट रही थी। मैंने उसे तब तक देखा नहीं था। एकाएक वह पलटी और बोली, 'आप फ़ारसी में कुछ पूछ रही थीं?' मैंने और उस आदमी ने एक साथ उसकी तरफ़ ताज्जुब से देखा और कहा कि यह तो अंग्रेज़ी बोल रही थीं, फ़ारसी नहीं।

महेश दर्पण : सियासी वजहों से हुए पार्टीशन क्या इनसानी लगाव को ख़त्म कर सकते हैं? उपन्यास 'ज़िन्दा मुहावरे' का निज़ाम और उसकी दास्ताँ सवाल करती है। यह चरित्र आपको कहाँ मिला? इसे लिखते हुए आपके ज़ेहन में कौन-सी चीज़ हलचल मचाए हुए थी? क्या यह विभाजन वापस लिया जा सकता है?

नासिरा शर्मा : बँटवारे पर बहुत ज़ोरदार उपन्यास लिखे गए। आज भी बँटवारे के विषय पर लिखना बन्द नहीं हुआ है। उसके कष्ट आज भी कई पीढ़ियों की

याद का हिस्सा बने हुए हैं जो साबित करते हैं कि इनसान उस जगह को कभी नहीं भूल पाता है जहाँ उसका बचपन गुज़रा हो। एक सच इस बँटवारे का और भी था कि जो नस्ल बँटवारे के बाद पैदा हुई हो, जिसका कोई लेना-देना उस सियासी फ़ैसले से न हो मगर वह लगातार उस नाकरदा गुनाह के लिए प्रताड़ित हो तो उसकी पीड़ा केवल मानसिक होती है। यह पीड़ा लगातार मुसलमान क़ौम झेल रही है। उत्तर प्रदेश की राजनीति, समय-समय पर होने वाले दंगे उसी बँटवारे की प्रतिक्रियाएँ हैं। घर-आँगन बँटा, एक घर के सदस्य बँटे, माँ के बेटे बँटे। यह एक ऐसा दर्दनाक हादसा था जिसको समझने की जगह राजनेताओं ने इस ज़ख़्म पर नमक-मिर्च छिड़का। रिश्तेदारी को पाकिस्तान से लगाव का नाम दिया। रिश्तेदारों को तड़पने पर जासूसी का आरोप लगा और अपने रिश्तेदारों के जीत से ख़ुश होने पर और युद्ध में अपने नातेदारों के मरने पर बहने वाले आँसुओं को ग़द्दारी का नाम दिया गया, जबकि पंजाब भी दो टुकड़े हुआ था। उनके भी आँगन-दालान बँटे थे लेकिन वहाँ उत्तर प्रदेश की सियासत नहीं चली, मगर उत्तर प्रदेश का मुसलमान कलंकित हुआ। बचपन से अनेक क़िस्से-कहानियाँ पढ़ते-देखते-सुनते एक आक्रोश मन में था कि आख़िर इन बातों का अन्त कहीं तो होना चाहिए। मेरी एक कहानी 'सरहद के इस पार' का रेहान कई तरह के सवाल करता है कि आय, बँटवारे के बाद यह सब क्या हो रहा है? लगभग दस वर्ष बाद यह उपन्यास मैंने लिखा उसी सवाल को पूरे इलाक़े का सवाल बनाकर और उन सारे देशों को सामने रखकर जो दो टुकड़े हुए या टुकड़े-टुकड़े होने के लिए व्याकुल हैं। मेरे सामने मेरी पूरी पीढ़ी थी जिसने निज़ाम का किरदार गढ़वाया। पाकिस्तान में रह रहे मुहाजिरों ने भी बहुत कुछ सोचने पर मजबूर किया था जब मैं पाकिस्तान गई। उनके ख़यालात, उनके तौर-तरीक़े और भारतीय मुसलमानों से ईर्ष्या देखी, जो इस मुद्दे पर थी कि वे वतन से दरबदर हुए भले ही, ख़ुशहाल हों और उनके रिश्तेदार ज़मींदारी उन्मूलन से दुखी मगर सिन्धी लोगों ने उनका नातक़ा फ़िलहाल बन्द कर रखा है, पठान अलग तेवर लेकर घूम रहे हैं। पंजाबी सत्ता का अपना ज़ोर है। जिस पाकिस्तान के सपने को वे लेकर गए थे, वह बेशक पूरा हुआ मगर उनको वहाँ का नागरिक नहीं माना गया और आज तक मुहाजिर ही कहा जाता है। इन सारी पेचीदगियों से गुज़रकर लगता है कि दो देशों का मिलना एक भावनात्मक उद्‌गार है जो व्यावहारिक क़तई नहीं है। दोनों राष्ट्र अपनी-अपनी तरह से विकसित हुए हैं जिनका मिलना अब एक नई तरह के तनाव एवं टकराहट का कारण बनेगा। बेहतर है कि हम अन्तरराष्ट्रीय सीमा-रेखा

का सम्मान करते हुए पाकिस्तान से सम्बन्ध सहज बनाने की कोशिश करें। लेकिन ऐसी कोशिश सतही तौर पर होती ज़रूर है मगर दोनों देशों की सरकारें ऐसा नहीं करती हैं, क्योंकि आपसी दुश्मनी का मुद्दा दोनों तरफ़ की जनता को उलझाकर मुख्य मुद्दे ग़रीबी, बेकारी से हटा देता है। हरदम एक नये युद्ध के तेवर ले दोनों देश एक बनावटी युद्ध जारी रखते हैं जिसमें ख़ून बहता है बेगुनाहों का।

महेश दर्पण : 'शाल्मली' पढ़ते हुए लगता है कि आपने स्त्री-पुरुष के समसम्बन्धों पर विस्तार से सोचा है। सरोज और शाल्मली की डिबेट में उपन्यास कहता है : 'हर इनसान की ज़रूरत दूसरे इनसान से भिन्न है। समस्या को वर्गों में मत बाँटो।' इस समस्या का हल कैसे होगा? क्या बहुत कुछ खोकर भी शाल्मली का मनुष्य बना रहना?

नासिरा शर्मा : विवाहित जीवन में औरत-मर्द किस हद तक ग़ैरइनसानी, ग़ैरक़ानूनी हरक़त करते हैं, यह पिछली शताब्दी में औरतों के द्वारा खुलकर बयान हुआ है और होता रहा था। औरतों में जब से शिक्षा बढ़ी, वे स्वावलम्बी हुईं, तब से वे अपने प्रति होते अत्याचार को न केवल सहने से इनकार करने लगीं बल्कि मुखर हो उसका विरोध भी। ऐसी स्थिति में इनसान का पशु में परिवर्तित होने से अच्छा है कि वह इनसान बना रहे। यदि पति, बच्चे, घर एक झूठी ज़िन्दगी जीने की उपलब्धि हो तो उसको एक विवेकशील व्यक्ति किसी हालत में स्वीकार नहीं करेगा परन्तु एक सेवक और दासी, जो यह जीवन व्यतीत करने के लिए मजबूर है, वह केवल छटपटाकर रह जाएगा। इस छटपटाहट से अब औरत काफ़ी हद तक स्वतंत्र कर दी गई मगर उसके अन्दर की समझ, शक्ति, चेतना पर निर्भर करता है कि वह समस्या से कैसे जूझे और कैसे निबटे। क़ानून या समर्थन किसी को इंक़लाब करना नहीं सिखाता है बल्कि सुन्दर बदलाव की तड़प ही उसको विद्रोह पर मजबूर करती है और हर व्यक्ति का विरोध उसके अपने परिवेश, व्यक्तित्व एवं विचार के अधीन होता है इसलिए कोई एक 'फ़तवा' देना जहाँ मुनासिब नहीं लगता, वहीं पर सर्वमान्य भी नहीं होगा, औरत-मर्द सम्बन्ध तब तक समस्या बने रहेंगे, जब तक उनमें एक-दूसरे के प्रति बराबरी, आदर, प्रेम और क्षमाभाव नहीं होगा। जहाँ यह है, वहाँ पर औरत-मर्द सम्बन्ध अपनी पूरी गरिमा और सौन्दर्य के साथ देखने को मिलते हैं और ऐसे ही जीवन की तलाश शाल्मली की तरह सोचने-विचारने वाली स्वावलम्बी परन्तु परिवार के दायरे में रहने वाली औरतों को है। एक दौर था जब डाल्स हाउस की नोरा को घर का दरवाज़ा खोलकर बाहर निकलना एक रूमानी क्रान्ति जैसा लगता था। तब

बाहर की दुनिया का कोई अनुभव नहीं था, मगर जब समाज ने, औरत-मर्द ने वह तजुर्बा कर लिया तो यह अहसास जागा कि यहाँ तो और भी तोताचशमी और ख़ून सफ़ेद है लोगों में और यह अनुभव भी छल गया। तब विवेक जागा कि अब औरत ने दोनों का मज़ा चख लिया है सो सन्तुलन की ज़रूरत है और उसी समझ ने मुझसे शाल्मली का पात्र गढ़वाया।

महेश दर्पण : इधर आप इलाहाबाद की ज़मीन पर कुछ लिख रही हैं। कहीं हिन्दी लेखकों के प्रिय, नास्टेल्जिया ने आपको भी गिरफ़्त में तो नहीं ले लिया?

नासिरा शर्मा : पूरे संसार का हाल बेहाल है। अपने देश में भी बम संस्कृति ने एक बदहवासी पैदा की है। इनसान अब इनसानी ख़ूबियों की जगह भौतिक तड़क-भड़क की तरफ़ भाग रहा है। अहसास को मूर्खता, ईमानदारी को ग़रीबी, क़ुर्बानी को मज़ाक़ समझा जाने लगा हो तो रोटी, कपड़े, मकान से हटकर नये तरह का संघर्ष शुरू हो जाता है। उसी बदहवास माहौल को, जो कहीं का भी हो सकता है, दर्शाने के लिए मैंने इलाहाबाद चुना। इस चुनाव के कई कारण थे। सबसे बड़ा कारण था कि वहाँ के जिस विश्वविद्यालय ने एक से एक महारथी को पैदा किया हो, आज उस शहर की अपनी क्या दुर्दशा है? शायद इस उपन्यास को पढ़कर उन पुराने विद्यार्थियों को धक्का लगेगा जो अपने दिल व दिमाग़ में इलाहाबाद की एक अलग तसवीर बसाए दुनिया के विभिन्न शहरों में रह अपने-अपने क्षेत्र में अपना लोहा मनवा रहे हैं। कुछ स्थानीय पाठकों के तेवर खिंचे कि मैंने इलाहाबाद का वह सच क्यों उजागर किया? वे सारे लेखक, कवि, पत्रकार जो अपनी लेखनी से अपनी-अपनी तरह इलाहाबाद को दर्शाते रहे हैं, अब वे मेरी नज़र से भी उस इलाहाबाद को देखें जो पिछले पन्द्रह-बीस वर्ष में किस तेज़ी से बदला है। शहर के ऊपर एक और शहर कैसे अपना सिक्का जमा रहा है, यह समझने की चीज़ है और अफ़सोस की भी।

महेश दर्पण : 'अगर खालिद मेरी गोद न भर पाते तो क्या मैं दूसरी शादी करती? उस समय गोद लेने की बात उठती?' 'बावली' शीर्षक कहानी का यह सवाल समाज (मुस्लिम) के एक बड़े सच से साक्षात्कार करते हुए दरअसल औरत की हैसियत के सवाल को बड़ी गहराई से उठाता है। 'बावली' के अन्त में सलमा का गर्भवती होना कहानी को नाटकीय नहीं बना देता?

नासिरा शर्मा : ऐसे हादसे या इनसे मिलती-जुलती घटनाएँ अचानक जब जीवन में यथार्थ बनकर आती हैं तो मैं आपसे पूछना चाहूँगी कि उनके बारे में आपकी

क्या राय है? क्या वे सब हमको नाटक ही लगते हैं? कहानी इन्हीं मोड़ों का नाम है जहाँ से ज़िन्दगी लगातार घूमती आगे बढ़ती रहती है। जो चीज़ आपको नाटक लग रही हो, वह शायद बहुतों का सच हो और इसी सच को मैंने कहानी में उठाने की कोशिश की है।

महेश दर्पण : आपने कई कहानियों में उन मान्यताओं और रस्मो-रिवाज को एक्सपोज़ करने की कारगर कोशिश की है जो मुस्लिम औरत के लिए ज़ंजीर बनी हुई हैं। फ़रीदा को देखकर यही लगता है। 'पत्थर गली' की यह लड़की जब विवेकशील बातें करने लगती है और अपनी तरह से जीने की माँग करती है तो यह मान लिया जाता है कि वह पागल हो गई है। 'स्त्री विमर्श' की इस आँधी में स्त्री जीव का यह यथार्थ कहीं अनदेखा तो नहीं रह जाएगा?

नासिरा शर्मा : आपका सन्देह सही भी हो सकता है। जिस तेज़ी से स्त्री विमर्श के नाम पर खुलापन आया है, उसने बहुत-सी मुश्किलें आसान भी की हैं और कुछ जटिल सवाल भी छोड़े हैं। मसलन कि इस खुलेपन या बेजा मुखरता का अन्त क्या होगा? सब कुछ कह जाने के बाद क्या बचेगा? क्या बारीक़ बातें समझने का दौर समाप्त हुआ? चीख़-चीख़कर बोलना ही आज का सफल मुहावरा है? नंगेपन पर उतर आने का मतलब ही इंक़लाब है? कहानी को पढ़कर पाठक के अन्दर आक्रोश उमड़े, उसकी जगह स्वयं कहानी का किरदार पाठक की भूमिका निभा बैठे? दुनिया की औरतें सिर्फ़ हंटर वाली नहीं होतीं और न ही घर छोड़कर भागने वाली। सही टकराहट अपनी जगह पर खड़े होकर होती है। जैसा आपका माहौल होगा, वैसा ही आपका व्यवहार होगा। उसी के अनुसार आप विरोध दर्शाएँगे। जब अपनी बात समझा नहीं सकते तब आप कोई ऐसा क़दम उठाते हैं जो आपके मान-सम्मान, मर्यादा और स्वतंत्रता का रक्षक बन जाता है—तब तक, जब तक अगला क़दम उठाने का मुनासिब अवसर न मिले। इस बात को लेखक अनकहा छोड़ेगा या फिर पाठक की अक़्ल पर भरोसा न करते हुए सब कुछ खोलकर कह देगा? कला उसी को कहा जाता है जो बार-बार पढ़ी और समझी जाए। हर बार उसमें समझ का नया दृष्टिकोण उभरे। साफ़गोई अच्छी बात है मगर साहित्य कला में उसका ग़ैरमुनासिब प्रयोग वक़्ती तौर से तो आपको जड़ बना सकता है मगर किसी ख़ामोश ज़हर की तरह धीरे-धीरे करके आप पर हावी नहीं होता है और साहित्य का अर्थ है—बरसों तक साथ निभाना। 'पत्थर गली' अस्सी में लिखी कहानी थी। बीस वर्ष बाद उस पर

नाटक बना और मुक़ाबले में हर जगह उसने प्रथम पुरस्कार जीता। प्रशंसा दिनेश खन्ना की करनी चाहिए जिनकी डायरेक्शन थी और उन लड़कियों की, जिन्होंने न केवल एक्ट किया बल्कि निदा फाज़ली और ग़ालिब की ग़ज़लें जगह-जगह गाकर कहानी को अनेक डायमेंशन दिये। इसका मतलब साफ़ है कि चीख़-पुकार के बीच भी ऐसी चीज़ों की समझ लोगों में न सिर्फ़ मौजूद है बल्कि उस पर कला की नई अभिव्यक्ति अपनी ज़मीन भी रच लेती है।

महेश दर्पण : 'इनसानी नस्ल' जैसी कहानी हमारे वक़्त का एक ज़रूरी सवाल उठाती है। 'साझी संस्कृति पर बँटा हिन्दुस्तान?' ऐसे सवालों का जवाब मिलेगा कहाँ से? यह समय तो काफ़ी ख़राब नज़र आ रहा है।

नासिरा शर्मा : एक सच जो सत्ता हमको दिखाना चाहती है और ज़बर्दस्ती हम पर लादना चाहती है, उसका समय-काल कम या ज़्यादा हो सकता है मगर वह भारतवर्ष की सच्चाई नहीं बन सकती है। बरसों से जो लोग साथ रहते आए हैं, जिन्होंने एक परम्परा को जन्म दिया है, उसको मुट्ठीभर लोग अपने स्वार्थ के चलते मिटा नहीं सकते हैं। मिसाल आपके सामने ईरान और अफ़ग़ानिस्तान की क्रान्तियों की है। अमेरिकन नंगापन जो ईरान की सभ्यता एवं संस्कृति को निगलने लगा था, उसके विरोध में संघर्ष कई दहाइ वर्षों तक चला। जब समय आया कि क्रान्तिकारी अपनी जगहें सँभालते तो महान शक्तियों ने ज़िलावतन आयतउल्लाह ख़ुमैनी को इराक़ से बुला पेरिस में जगह दी जबकि एक समय था कि इस मौलाना के लिए हर देश ने अपने दरवाज़े बन्द कर लिये थे। मौलवियों ने सत्ता सँभाली।

नर्म-गर्म दलों में व्यवस्था को लेकर कटा-छनी मची और देखिए, परिदृश्य बदल रहा है। जो जनता शाह और अमेरिका को नहीं झेल पाई, वही मुल्ला और उसके समर्थक अमेरिका को नहीं झेल पा रही है। अमेरिका को मुँह की खानी पड़ी और खुले दिमाग़ के मुल्लाओं ने अपने ईरानी विकसित सोच और धर्म के सही दर्शन को अपनाकर कट्टरवाद का जमकर मुक़ाबला किया। अफ़ग़ानिस्तान में लाल फ़ौजों को वे अफ़ग़ान नहीं सह पाए जो अपने को पख़्तूनवली का समर्थक मानते थे। अमेरिका का भी डटकर उन्होंने मुक़ाबला किया है। भारत में भी वही हाल है कि मुसलमानों में रूढ़िवादी विचार वालों के विरोध में खुले दिमाग़ के मुसलमान खड़े हुए। उसी तरह आज हिन्दुत्व की जड़ता, संकीर्णता एवं अवसरवाद के विरोध में स्वयं हिन्दू बुद्धिजीवी एवं धार्मिक लोग भी सकारात्मक सोच को लेकर सामने आए।

जब पंजाब में अतिवादी सिर उठा रहे थे, ख़ालिस्तान बनाने का एक जुनून उनके सिर पर सवार था—1984 के दंगे, उनमें हुई हिंसा। प्रधानमंत्री की हत्या। हमारा देश कई बार भावनात्मक झंझावात से गुज़रा है, केवल इसलिए कि हमने ग़लत नीतियों का सहारा अपनी सत्ता में जमे रहने के लिए लिया और उसका परिणाम मासूम जनता को भोगना पड़ा। इसी सियासी नीतियों के दाँव-पेंच के कारण कश्मीर समस्या उलझकर ऊन का गोला बन चुकी है। इन हालतों से निपटने वाले और भारत की अखंडता को बरकरार रखने वाले किसी-न-किसी रूप में 'इनसानी नस्ल' जैसी कहानियाँ, लेख आदि लिखकर भटकाव और बिखराव से लोगों को बचाते हैं। इन सवालों का जवाब हमारे अन्दर छुपा रहता है जिसको 'इनसानी नस्ल' जैसी रचनाएँ कुरेदती हैं, झिंझोड़ती हैं, फटकारती हैं और उस धूल-मिट्टी को साफ़ करने में अक्सर कामयाब हो जाती हैं जो इनसान के दिल व दिमाग़ पर ग़लतफ़हमी का जाला ताने रहती है। पिछले दस वर्ष इसका बेहतरीन नमूना हैं। जो बाबरी मस्जिद गिराने के पक्ष में थे, वे ढह जाने के बाद विचलित हुए क्योंकि वे वास्तव में ऐसा नहीं चाहते थे। जो मुसलमान से घोर घृणा करते थे, उनका बर्ताव बदला मगर वे नहीं बदले जो जानबूझकर प्रलय का दृश्य उत्पन्न करके अपने लाभ पर नज़र रखते हैं। उन्हीं से हमारी लड़ाई है कि हम तुम्हें जीतने नहीं देंगे, भले ही उसकी क़ीमत हमें जान-माल से देनी पड़े। इसलिए यह रात चाहे जितनी सियाह हो मगर इसकी सुबह होनी यक़ीनी है।

महेश दर्पण : वैसे तो हमारे यहाँ एक बहुत बड़ा मर्ज़ है कि हम अपनी किताबें तो दूसरों को ख़ूब पढ़वाना चाहते हैं लेकिन दीन-दुनिया की ख़बर ख़ुद नहीं रखना चाहते। ऐसे में आपकी कृति किताब के बहाने देखकर ख़ुशी होती है। आपने दुनिया-जहान की किताबें पढ़ी हैं। इधर की सबसे ज़रूरी किताब आपको कौन-सी लगती है?

नासिरा शर्मा : आपने 'किताब' पूछकर मुझे अफ़सोस में डाल दिया। किसी एक किताब का सबसे ऊपर चुनना या बेहतर होना एक बहुत अफ़सोसनाक स्थिति को दर्शाता है। सच पूछें तो इधर अनेक किताबें हैं जिनको मैं बेहतरीन 'किताबें' कह सकती हूँ—'बेदखल', 'सूरज सबका है', 'कितने पाकिस्तान', 'दिव्यवाणी', 'समुद्र पर बारिश'। यह किताबें इसलिए मुझे बेहतर लगीं कि इन किताबों ने मुझे 'दिमाग़ी ग़िज़ा' भी दी। इन्होंने संवेदना के स्तर पर ही नहीं छुआ बल्कि विचार के स्तर पर कई कोणों से सोचने पर मजबूर किया। कुछ और भी बेहतर किताबें आई हैं जिनका नाम न ले पाना इस बात की दलील नहीं है कि वे अच्छी नहीं हैं। कुछ

किताबें तो आपने मेरे लेख-संग्रह 'किताब के बहाने' में देख ही ली हैं, उनका ज़िक्र करना यहाँ दोहराव होगा। एक किताब और भी महत्त्वपूर्ण होनी चाहिए गोकि मैं अभी पढ़ नहीं पाई हूँ, केवल उसका एक टुकड़ा राजकमल प्रकाशन के समाचार-पत्र में पढ़ा, वह है प्रभाष जोशी की 'हिन्दू होने का धर्म', जिसकी भाषा-शैली ने मुझे बाँधा, अब पूरी किताब पढ़ना ज़रूरी है।

महेश दर्पण : मौखिक और लिखित के फ़र्क़ के प्रति संकेत तो आपके यहाँ मौजूद हैं लेकिन क्या आपको ऐसा नहीं लगता कि अधिकार, दबदबे और रोबदाब के बीच लिखित में भी जेनुइन के लिए बहुत कम जगह बची है?

नासिरा शर्मा : जी, सही कहा आपने। जब हम मौखिक झूठ के आगे लिखित शब्द रखते हैं तो उसकी सच्चाई को नापने की सनद हमारे पास होती है मगर जब दो लिखित पाठ हमारे सामने होते हैं तो उसका झूठ और सच भी हम पकड़ लेते हैं। मगर जिस ओर आपका इशारा है, वह दरअसल एक बहुत बड़े षड्यंत्र का हिस्सा है। आज के दौर में कुछ देशों में आप व्यक्तिगत टाइपराइटर नहीं रख सकते हैं। वही लिख सकते हैं जो विषय आपकी सरकार ने आपको दे रखे हैं। सरकार या नेता की आलोचना तो क़तई नहीं। कार्टून बनाना तो आप सपने में भी नहीं सोच सकते हैं। कुछ देशों में प्रेस और लेखनी स्वतंत्र हैं तो वहाँ ख़ानाबन्दी है। पार्टी के बुलेटिन अपनी बात कहते रहते हैं। विपक्षी दल कुछ बोल-लिख रहे होते हैं और संवाददाता की रिपोर्ट स्वयं सम्पादक एडिट करता है क्योंकि उसका किसी घराने या किसी व्यक्ति विशेष से सम्बन्ध है या फिर उसके मालिकान का किसी नेता से मधुर व्यापारिक सम्बन्ध हैं सो वह ऐसी रिपोर्ट कम-से-कम अपने पेपर में तो नहीं जाने देगा जो सच्ची तो है मगर उससे उनके व्यक्तिगत सम्बन्धों पर आँच आती है और यही मूल्य तसवीर के दूसरे रुख़ में झूठ छापकर किसी पर भी कीचड़ उछाल अपने किसी अहसान का बदला किसी से उतारते हैं या फिर काम निकलवाते हैं। ऐसी स्थिति या पीत-पत्रकारिता का सच भी सबको समझ में आ जाता है, चाहे वह सात परतों में छुपाकर रखा गया हो। अधिकार, रोबदाब, दबदबे के अलावा भी एक और बेईमानी आजकल लेखन में वजूद में आई है, वह इनसान की निज की लालसा से उपजी है। उसका अपना वजूद, अपनी सोच साफ़ नहीं है कि मैं इधर जाऊँ या उधर जाऊँ? इस चक्कर में लिखे पाठ, छपे शब्द हर पैराग्राफ़ में नया रूप धरते हैं। यह सिर्फ़ इसलिए कि पता नहीं, कौन कल सत्ता में हो, उस समय परेशानी में पड़ने

से अच्छा है कि चन्द पंक्तियों के झापड़ मारो फिर आगे सिर सहला दो, फिर कुछ कड़वा बोलो फिर लीपापोती कर दो ताकि कल गंगा जाना पड़े तो उन पैराग्राफ़ को दिखाकर गंगामय हो जाए वरना यमुना गए तो यमुनामय बनने में कोई रुकावट न आए। इस तरह के लेखन करने वालों का कितना भला हुआ होगा मगर यह सच है कि पाठक का विश्वास अवश्य लिखित शब्द से डिग गया। इस सारे षड्यंत्र में यदि सबसे ज़्यादा हानि किसी को पहुँची है तो वह है 'जेनुइन' लेखन। उसको धकेलकर पिछली बेंच पर बिठा दिया गया। इस खेल में कुछ सम्पादक, पत्रकार, आलोचक बराबर के शरीक़ रहे हैं। सतही किताबों की बड़ी-बड़ी चर्चा, किताब से बड़ी उनकी समीक्षाएँ। अच्छी किताबों पर ख़ामोशी या फिर भिंचे-भिंचे अन्दाज़ में कुछ टूटे-फूटे शब्दों का उच्चारण। पुरस्कार देते हुए इस बात का ख़याल कि इस पत्रकार ने अपनी पार्टी को चुनाव के समय सहयोग दिया या फिर फलाँ लेखक से कौन-सी भौतिक सुविधाएँ प्राप्त की जा सकती हैं या फिर अधिकार, ओहदे और दबदबे के चलते मन की बात दबा चापलूसी में लिखे झूठे शब्द। मगर अफ़सोस कि यह चतुराई भी पकड़ में आ जाती है, सिर्फ़ इसलिए कि कुछ जेनुइन पारखी, रचनाकार, समाज-सुधारक, नेता, पत्रकार, सम्पादक, संक्षेप में जिनका भी सरोकार लिखित शब्दों से है, वे शब्दों को ख़ुदा के बराबर का दर्जा देते हैं और ऐसे ही लोगों ने दुनिया सँभाल रखी है वरना बाक़ी हवा है, जिस तरफ़ मुड़ जाए। और अपना अस्तित्व कहीं दर्ज न करा पाए तो भी मैं कहूँगी कि लिखित शब्द फिर भी सच और झूठ की सनदें साबित होते हैं, मगर बोले शब्द का कोई प्रमाण नहीं मिलता। इसी मौखिक झूठ पर मैंने अपनी कहानी 'दूसरा ताजमहल' लिखी है, जिसकी तरफ़ आपने इशारा किया है और यह बड़ा दर्दनाक है कि बोले शब्द लिखित शब्द से कहीं गहरी भूमिका निभाते हैं। उसका असर देखना है तो गुलेरी की 'उसने कहा था' कहानी पढ़ें और दूसरी ओर 'दूसरा ताजमहल'। एक में गहरी निष्ठा है, दूसरे में ग़ैरज़िम्मेदाराना तरीक़े से बोले गए शब्द। ये कैसे और किस हद तक दूसरों को चोट पहुँचाते हैं? शायद इसीलिए आज शब्द अपना असर खोते जा रहे हैं। उनकी तासीर में अब वह असर बाक़ी नहीं बचा क्योंकि जिन्होंने उसको सच समझा, वे सब 'नैना' की तरह एक ज़ेहनी सदमे का शिकार हुए। शब्दों को रेज़गारी की तरह लुटाना और पतंग की तरह लूटना मेरी नज़र में एक बेहद ग़ैरज़िम्मेदाराना काम है। उतना ही बोलिए जिसको वाक़ई आप कहना चाहते हैं।

महेश दर्पण : 'ख़ुदा की वापसी' जैसी कहानी जहाँ एक तरफ़ स्त्री को एजुकेट करने का काम करती है, वहीं वह ज़बरन बनाई गई रिवायतों के ढोंग को भी बेनक़ाब करती है। इसे लिखने का विचार कैसे बना?

नासिरा शर्मा : यह 1995 की घटना है। मेरी सहेली की ममेरी बहन की शादी थी। शादी ठीक-ठाक हो गई मगर लड़की चिन्तित-सी लगी। पूछने पर कहने लगी कि मुझे आपसे बात करनी है। मौक़ा निकालकर जब बातचीत का सिलसिला बना तो पता चला कि पहली रात को शौहर ने 'मेहर' की रक़म माफ़ करा ली है। सुनकर गहरा धक्का लगा। वह लड़की बहुत परेशान थी। पढ़ी-लिखी, समझदार, गुणवान लड़की किस सवाल से शादी के बाद टकराई, उसने मुझे झिंझोड़कर रख दिया। दूसरी तकलीफ़ मुझे यह हुई कि मैं मुसलमान होकर मुस्लिम समाज को कितना कम जानती हूँ। ये कौन लोग हैं जो ऐसा करते हैं? पूछने पर और भी बातें पता चलनी शुरू हुईं और बात साफ़ नज़र आने लगी कि मेरे आसपास के मुसलमानों से अलग मुसलमान भी अपनी तरह जीते हैं, बेहतर है कि मैं शरीअत क़ानून का अध्ययन कर सच का पता लगाऊँ, मुझे यह कहते ज़रा भी शर्म नहीं आ रही है बल्कि यह सच क़बूल करने में मुझे झिझक नहीं है कि मैं अधिकार पर बोलने के बावजूद औरत के हक़ के बारे में कुछ ज़्यादा नहीं जानती थी। इस ज्ञान-प्राप्ति के बाद अहसास जागा कि कैसे यह सच फैलाया जाए। लेख तो मैंने लिखे हैं मगर कहानी नहीं। सो दो मौलानाओं को फ़ोन किया कि क्या वे मेरी कहानी के पात्र बनेंगे और समय पड़ने पर वे दोनों आगे बढ़कर 'औरत' के लिए लड़ेंगे? दोनों ने मंज़ूरी दे दी। कहानी लिखने से पहले यह डर दिल व दिमाग़ से निकाल फेंका कि ये कहानियाँ कला पर खरी उतरती हैं या नहीं। मेरे अन्दर उठा जुनून कह रहा था कि हरदम साहित्य-सेवा की जगह इनसानियत की सेवा में मुझे पीछे नहीं हटना चाहिए। क्या होगा अगर लोग नाक-भौं चढ़ाएँगे? कहानी 'ख़ुदा की वापसी' लिखी गई, इसका अन्त ख़ुशगवार था। उस पर भी लम्बी बहस हुई और आख़िर मैंने कहानी के अन्त को सपने में बदल उसका अन्त दूसरा कर दिया। मुझे इस कहानी ने एक विश्वास दिया। मुसलमान औरतों से ज़्यादा उसको हिन्दुओं ने पढ़ा क्योंकि वह हिन्दी में छपी थी और जिस तरह हिन्दू औरतों ने उसको लेकर अपनी प्रतिक्रियाएँ दीं, अपना कन्सर्न दिखाया, उसने यह साबित कर दिया कि औरतें 'महिला मुद्दे' पर हिन्दू-मुसलमान में नहीं बँटी हैं। इसी मुद्दे पर नेशनल बुक ट्रस्ट के लिए मैंने 'सच्ची सहेली' के नाम से नवसाक्षरों के लिए छोटी-सी कहानी लिखी जो सात भाषाओं में छपी और उसका भरपूर स्वागत हुआ। पिछले पाँच वर्षों

में 'ख़ुदा की वापसी' के पाँच एडिशंस हुए और सारी कहानियाँ कला की दृष्टि से ख़ूब पसन्द की गईं, यह मेरे लिए ताज्जुब की बात थी।

महेश दर्पण : 'नई हुकूमत' जैसी कहानी लिखकर आप अपेक्षित यथार्थ की ओर संकेत करना चाहती हैं या परिवार की इकाई के महत्त्व को रेखांकित करना? बेटा अनवर यहाँ अपेक्षित को उपलब्ध यथार्थ बनाने की ताब तभी रख पाया न, जब वह आर्थिक रूप से मज़बूत था। न होता तो?

नासिरा शर्मा : 'नई हुकूमत' दूसरी कहानी है जो बेहद पसन्द की गई थी। ये सारी कहानियाँ एक झटके में दिल व दिमाग़ से निकली थीं, जैसे 'शाल्मली' उपन्यास। इनके न कई ड्राफ्ट बने न काट-छाँट करनी पड़ी। शायद इसका कारण यह भी था कि मैं अन्दर से इस विषय को लेकर कुछ ज़्यादा ही बेख़ौफ़ हो उठी थी। यदि अनवर न आता तो अनवर की माँ लाखों औरतों की तरह, अपनी माँ की तरह अकेली जीवन गुज़ारती। बच्चे भी माँ-बाप के बीच होती लड़ाई से कभी-कभी बहुत फ़ायदा उठाते हैं। अक्सर लड़के-लड़कियाँ माँ-बाप की हैसियत देख अपने रहने क़ा फ़ैसला करते हैं कि कहाँ वे भौतिक सुख-सुविधा अधिक पा सकते हैं। ऐसे में अनवर एक अपवाद हो सकता है, मगर आपका कहना सच है कि वह जिस सच्चाई से टकरा, इस यथार्थ को पकड़ने के बाद कि माँ और घर ही उसका सब कुछ है, उसने स्वावलम्बी होने के कारण फ़ैसला लिया और स्वावलम्बी न होने पर यह भी हो सकता था कि वह बाप का साथ छोड़ माँ के साथ नानी के घर रह जाता, तब एक दूसरी तरह की कहानी का जन्म होता। दरअसल कहानी भी पात्र के मुताबिक़ ही अपना रास्ता चुनती है। वैसे मैं माँ और बच्चे के रिश्ते के महत्त्व को भी उजागर करना चाहती थी जो मेरी नज़र में इकलौता सच्चा रिश्ता है, बाक़ी मजबूरी या समझौता।

महेश दर्पण : हालात का बच्चे के दिलो-दिमाग़ पर कितना गहरा असर होता है, यह 'सबीना के चालीस चोर' पढ़कर समझ आता है। मरजीना बनी यह बच्ची क्या पिता के समझाने भर से समझ सकती है? हमारे देश से साम्प्रदायिक दंगों का सफाया कैसे सम्भव है?

नासिरा शर्मा : बेकारी, जहालत और ग़लत प्रचार जब तक बन्द नहीं होगा, तब तक हालात इसी तरह चलते रहेंगे। गुजरात में जो भी हुआ, वह धार्मिक उन्माद में हुआ। अच्छे घरों की औरतों ने लूटमार में हिस्सा लेकर यह विश्वास तोड़ दिया कि

औरतें ग़ैरइनसानी काम नहीं करती हैं। पचीस साल पुराने साक्षात्कार में लोकनायक जयप्रकाश नारायण ने अपने जवाब में जो बातें कही थीं, उसको पढ़कर लग रहा था कि हम आज के गुजरात के हादसे के बारे में पढ़ रहे हैं। अपनी पुस्तक 'राष्ट्र और मुसलमान' में भी मैंने यह मुद्दा उठाया है कि हमको बच्चों को संस्कार में एक-दूसरे से प्यार करना सिखाना होगा। अपने संकीर्ण विचारों, व्यवहार और हावभाव पर अंकुश लगाना होगा तभी हम उस पीढ़ी का निर्माण कर सकते हैं जो एक-दूसरे को लूटने की जगह बचाने की कोशिश करे।

आज इस सारे तूफ़ान में आख़िर बचाने वाले भी तो हमारे बीच से ही उठकर आ रहे हैं। इसका मतलब है कि उनके संस्कार दूसरे हैं। वे मानवता पर विश्वास रखते हैं। अपने देश और देशवासियों से प्यार करते हैं, केवल अपने से नहीं।

महेश दर्पण : हिन्दुस्तान में किसी क़ौम या धर्म की हालत उतनी ख़राब नहीं है जितनी ग़रीब की, चाहे वह शेख हो या ब्राह्मण। आपकी यह बात तो ठीक है, लेकिन इस हालत से निजात कैसे मिले? 'उसका बेटा' जैसी कहानी क्या समृद्ध वर्ग की आत्मालोचना भी है?

नासिरा शर्मा : आपके इस सवाल का जवाब ऊपर वाले सवाल-जवाब में मौजूद है। हम अपना कितना धन, शक्ति, समय राहत रसदों, सुरक्षा और बर्बाद हुए मोहल्लों को फिर से आबाद करने में लगा देते हैं। इसी धन से कम क़ीमत वाले घर बनवाकर हम ग़रीब मेहनतकशों को दे सकते हैं। लड़कों की ऊँची शिक्षा पर ख़र्च कर सकते हैं। यह बात न ग़रीबों को समझ में आती है और न अपने ही देशवासियों से कुढ़े रहने वालों के पल्ले पड़ती है कि ज़रा-ज़रा-सी बात पर भड़क उठना क्या उचित है? आम इनसानों की शामत हर तरफ़ से उनकी मुसीबत बनकर उन पर टूटती है। 'उसका बेटा' यक़ीनन उन नवदौलतियों की भी कहानी है जो हर चीज़ ख़रीदने का दम भरते हैं। उन्हीं के लिए डॉक्टरों ने अपनी क़सम भुला दी। धर्मशाला, मुसाफ़िरख़ाना, प्याऊ, अस्पताल खोलने की जगह पैसे वाले अब होटल, रेस्त्राँ, बाज़ार खोलने और ज़्यादा-से-ज़्यादा पैसा कमाने की सोचने लगे हैं। नर्सिंग होम ने अपने ताम-झाम के आगे खैराती अस्पताल को कूड़ेखाने में बदल दिया है। छोटे शहरों की बात क्या, जब मेडिकल इंस्टीट्यूट दिल्ली में, डॉक्टर, नर्स यदि सेवा करना भी चाहें तो इंजेक्शन की सिरिंज जैसी मामूली चीज़ भी उपलब्ध नहीं। ऐसी हालत में आम ग़रीब आदमी अस्पताल की जगह घर में ही मरना पसन्द करेगा। गाँव के अस्पतालों में महीनों,

वर्षों तक डॉक्टर झाँकता तक नहीं। दवा की जगह लाल पानी चलता है। यह सब बातें किसी भी संवेदनशील आदमी के लिए गहरी टीस से ज़्यादा कुछ नहीं, क्योंकि भावना और निष्ठा तो उसके पास हैं मगर ग़रीबों की सहायता के लिए पैसे नहीं हैं, न ही इतना धन जिससे वह एक बढ़िया मुनासिब अस्पताल खोल सके!

महेश दर्पण : आपकी किताब 'राष्ट्र और मुसलमान' कई कारणों से महत्त्वपूर्ण है। यह इस बात को गहराई से रेखांकित करती है कि अब तक चला आ रहा पार्टीशन दरअसल सियासी है। धर्म कैसे इनसानों को इसके तहत ही बाँटने का काम कर रहा है? आम आदमी (वह चाहे हिन्दू हो या मुसलमान) इस बात को हमारे देश में समझ क्यों नहीं पाता? क्या आपको यह नहीं लगता कि इसकी जड़ें कहीं और हैं?

नासिरा शर्मा : इसकी गहरी जड़ जहाँ है, उसके बारे में बहुत-सी दलीलें दी जा सकती हैं मगर जो सबसे बड़ा कारण समझ में आता है, वह यह कि हम एक-दूसरे के बारे में बहुत कम जानते हैं। दूसरा कारण भी मेरे सामने आन खड़ा होता है जब सब कुछ जानते-बूझते होता है या कराया जाता है, वहाँ आर्थिक कारण होता है। यह दोनों कारण ग़लत सियासत नामक चने की दो दालों के समान हैं। अपने ही देश में रहते हुए अपने पड़ोसी से पड़ोसी डरता है, अगर डरता नहीं है तो धार्मिक, आर्थिक, भाषाई विभिन्नता आड़े आती है। आख़िर भारतवर्ष एक धर्म, एक भाषा, एक नस्ल रखने वाला देश तो है नहीं कि सब कुछ इकहरा हो और सहज हो।

अनेकता है तो टकराहट भी होना स्वाभाविक है। परेशानी तब शुरू होती है जब यह टकराहट हिंसक रूप धर दूसरों की क़ब्र पर अपना घर बनाने लगती है। प्रतिस्पर्धा रचनात्मकता खोकर आरोपों में बदलने लगती है। इस किताब में मैंने बताने की इतनी-सी कोशिश की है कि मुसलमान एक सच है और विरासत में बराबर का हक़दार। जब वह हिन्दू था तब भी और जब इस्लाम आने के बाद उसने धर्म परिवर्तन किया, तब भी। मुसलमानों के यहाँ एक लाख चौबीस हज़ार पैग़म्बर बताए गए हैं। इनकी संख्या को लेकर अक्सर लोग भ्रम में पड़ जाते हैं और सोचने लगते हैं कि अब तक के सारे देवी-देवता उसमें शामिल हैं। यह भ्रम इसलिए विश्वास में बदलता है क्योंकि इतनी बड़ी संख्या के नाम नहीं दिये गए हैं। इस्लाम का खुलापन समय और स्थानीय सियासत से मिलकर अपनी ज़रूरत के मुताबिक़ बदलता रहा। शिया को सुन्नी से अलग दिखना है। मुसलमान को ईसाई और हिन्दू से अलग दिखना है। इस कशमकश में बहुत-से नये सन्दर्भ जुड़ते चले गए। धर्म को दीवानगी की तरह तारी करना और

पागलपन अपने ऊपर सवार कर घृणा और तिरस्कार से दूसरों को देखना मेरी नज़र में न केवल अपने को छोटा करना है बल्कि अपने धर्म को भी कलंकित करना है।

अपने धर्म एवं देश का अध्ययन यदि स्वयं व्यक्ति करता है तो उसको वे सत्य हाथ लगते हैं, जो वास्तव में इतिहास होता है, मगर एक ज़बान से दूसरी ज़बान तक पहुँचते-पहुँचते चीज़ें इतनी बदल जाती हैं कि अर्थ का अनर्थ हो जाता है। इससे बचने के लिए शिक्षा प्राप्त करना बेहद ज़रूरी है। शिक्षा आपको कई तरह के भय से मुक्त कराती है। आपके अन्दर की जड़ता तोड़ती है। आपकी समझ को बढ़ाती है कि हम भारतीय एक-दूसरे पर निर्भर हैं। किसी एक को समाप्त करने का अर्थ है—अपनी ही विरासत को अपंग बनाना। हिन्दू क़ौम के अपने गुण हैं और मुसलमानों की अपनी ख़ूबियाँ हैं। बात इन ख़ूबियों और गुणों पर होनी चाहिए कि आख़िर ऐसा क्यों है? मगर हम इन बातों पर ध्यान न देकर हिन्दू और मुसलमानों के घर छाँटते रहते हैं और ढूँढ़कर उनको लूटते और जलाते हैं। उनकी बर्बादी पर ख़ुश होते हैं कि हमने अपने को सुरक्षित किया है। गुजरात में जो भी हुआ है, वह सब एक आवेग के चलते। विवेक गुम हो चुका है। अभी गुजरात भूकम्प के सदमे से निकल नहीं पाया था कि आर्थिक रूप से भी चरमरा गया। एक प्रकृति की मार थी, दूसरी इनसानी मार थी।

कुछ लोग लगातार प्रोवोकिंग वाक्य लिखते, बोलते रहते हैं। उनको इस बात की ज़रा भी चिन्ता नहीं रहती कि उनकी इन बातों से दूसरे के मन-मस्तिष्क को किस हद तक धक्का पहुँचा है और उनमें से कुछ लोग पलटकर उससे भी अधिक कटु बात कह जाते हैं। नतीजा यह निकलता है कि एक ग़ैरज़रूरी बहस छिड़ जाती है जिससे किसी भी पक्ष को न लाभ पहुँचता है, न उसकी जानकारी में कोई इज़ाफ़ा होता है। ऐसे मुद्दों को तूल देने वाले भी साफ़-सुथरी सोच वाले नहीं होते हैं बल्कि इस तरह के शिगूफ़े छोड़ वे अपने चैनल या समाचार-पत्र के दर्शक और पाठक बढ़ाते हैं। लेकिन यह उनका भ्रम है। कुछ अरसे बाद लोग इन बातों से ऊब जाते हैं। आज पढ़े-लिखों की ज़िम्मेदारी ज़्यादा है कि वे ज़हर फैलाने की जगह गूढ़ से गूढ़ मुद्दों पर तथ्य व तर्क के साथ बहस जारी रखें और अपने गुणों और अवगुणों को साझा करें। तभी रोज़-रोज़ की मुठभेड़ों से हमें निजात मिलेगी और हम ज़्यादा बेहतर काम कर सकते हैं, वरना मारने और ख़ुद अपनों को दफ़नाने का यह सिलसिला कभी ख़त्म नहीं होगा।

['सम्बोधन' : 2003]

नीलाभ मिश्र*

भारत और उसके पश्चिमी पड़ोस के सामाजिक जीवन की अध्येता तथा कथाकार नासिरा शर्मा ने अपनी हाल की पुस्तक 'औरत के लिए औरत' में बदलते स्त्री-पुरुष सम्बन्धों पर विस्तार से विचार किया है। 'आउटलुक' साप्ताहिक के सहायक सम्पादक नीलाभ मिश्र के साथ बातचीत में पेश है उनका नज़रिया।

---

* पत्रकार।

आज़ादी बदन के बेजा इस्तेमाल की नहीं है

नीलाभ मिश्र : भारत में औरत-मर्द के बदलते रिश्तों के बारे में आपके क्या ख़यालात हैं?

नासिरा शर्मा : अपनी किताब 'औरत के लिए औरत' में मैंने इन रिश्तों को बदलते हालात में देखने की कोशिश की है। स्त्री को प्रेम राग में परिभाषित करने की मैंने ख़ास चिन्ता की है। स्त्री-पुरुष सम्बन्धों को हर स्थिति में रखकर विचार किया है : शादी के पहले, शादी के दौरान और शादी के बाद। शादी के बाद औरत इज़्ज़त और बराबरी चाहती है। कोई सेविका या सेवक रहे तो शादी चल नहीं पाती, घिसटती भले रहे। लड़कियाँ अब मुखर हो गई हैं, ज़ुल्म नहीं सहतीं। कुछ मामलों में उनकी आक्रामकता से लड़के भी डरने लगे हैं।

हमें लड़कों के बारे में भी हमदर्दी से सोचने की ज़रूरत है। उन पर काम का बोझ होता है। कार्यालय के तरह-तरह के तनाव होते हैं। आज की दुनिया में लड़कियों पर भी होते हैं। देर रात तनाव के साथ काम से घर लौटें तो मियाँ-बीवी एक-दूसरे के लिए कितना वक़्त निकाल पाएँगे? इसलिए कई नौजवान शादी से घबराने लगे हैं। यही मैंने ईरान में भी बीस साल पहले देखा था और बाद में जापान में। आपसी तल्खियाँ और उलझती जा रही हैं। तलाक़ का हल ज़्यादा चलन में आ रहा है, बाद में भले ही पछताएँ। औरत-औरत के बीच सही समझदारी और सहानुभूति ही इसका हल है।

हर दो औरतें एक-दूसरे को सहानुभूति से समझें। औरतें आपस में एक-दूसरे को सपोर्ट करें। मुहब्बत किसी से भी हो सकती है—विवाहित से भी, अविवाहित से भी। लेकिन दूसरी औरत का घर न तोड़ें। जब नई बहू घर में आती है, वह न भूले कि सास ने उस घर को बनाने में ज़िन्दगी लगाई है। उस प्रौढ़ पीढ़ी के लिए नई योजनाएँ, नये सामंजस्य बिठाना इतना आसान नहीं। सास को सास नहीं, प्रौढ़ पीढ़ी की प्रतिनिधि मानें। उसके लिए वक़्त निकालें तथा तौर-तरीक़े व ज़ुबान बदलें।

नौजवान अपनी-अपनी दुनिया में चले जाते हैं और माँ-बाप पीछे अकेले रह जाते हैं। एक-दूसरे को गहरी संवेदना से देखें।

नीलाभ मिश्र : आपकी नज़र में आदर्श स्त्री-पुरुष सम्बन्ध क्या होंगे?

नासिरा शर्मा : न औरत सिर्फ़ बीवी है, न मर्द सिर्फ़ पति। वे कामकाज की जगह पर सहयोगी भी हैं। मातहत भी हैं और बॉस भी। जीवन के कई सन्दर्भों में स्त्री-पुरुष इनसानों की तरह मिलते हैं। मेरी गुज़ारिश है कि अपने कामकाजी जीवन में कृपया बिस्तर को न लाएँ। इससे कामकाजी जीवन भी नष्ट होता है और घर भी। वैसे हम रिश्ते बनने से रोक नहीं सकते क्योंकि इनसान की ज़िन्दगी पेचीदा होती है। लेकिन कम-से-कम असामान्य सम्बन्धों से सामान्य अपेक्षाएँ न पालें। अगर इतनी परिपक्वता हो कि पोशीदगी और गरिमा से सम्बन्ध निभा सकें, तो ठीक। सबको ज़िन्दगीभर के लिए सही साथी या मन का मीत मिल जाए, सम्भव नहीं। इसलिए रूमान की तलाश जारी रहती है। कुछ लोग कैरियर में, कमाई में, गृहस्थी में इतने मशगूल होते हैं कि उन्हें इसकी ज़रूरत नहीं। पर जिसको ज़रूरत है, उसे रिश्तों का नया मुहावरा भी गढ़ना सीखना चाहिए। लेकिन अक्सर अहम् और लालच आड़े आ जाते हैं।

नीलाभ मिश्र : पर क्या छिपाने से रिश्तों में पाखंड नहीं आ जाएगा?

नासिरा शर्मा : पाखंड तो तब आएगा जब आप पोशीदा रखैल रखें या दूसरा मर्द। ख़ूबसूरत हमदिल रिश्तों के लिए बिस्तर पर जाना तो ज़रूरी नहीं। दरख़्त की ख़ूबसूरती के अहसास के लिए आप दरख़्त के साथ सम्भोग थोड़े ही करते हैं। अच्छे रिश्तों में सौन्दर्यबोध और सबलिमेशन होता है।

नीलाभ मिश्र : स्त्री की देहमुक्ति के बारे में आप क्या कहती हैं?

नासिरा शर्मा : इसे मैं ऑर्थोडॉक्स ढंग से या कहिए, दूसरे तरीक़े से देखती हूँ। बदन से आज़ादी की ज़रूरत इस मायने में तो मानती हूँ कि औरत अपने बदन के बारे में ख़ुद फ़ैसले ले। पर बदन के ग़लत इस्तेमाल की आज़ादी नहीं मानती। स्त्री की प्रकृति पुरुष से अलग है। मर्दों की तरह उसका किसी और के बदन से ग़ैर-जज़्बाती रिश्ता मुश्किल होता है। वह काम करके क्यों कष्ट पाए जो आपकी केमिस्ट्री के ही ख़िलाफ़ है?

इस सन्दर्भ में राजेन्द्र यादव जी के लिए एक चीज़ कहना चाहूँगी। वह औरतों की इज़्ज़त करते हैं। उनके बारे में हल्की बातें कभी नहीं करते। उन्हें तरक़्क़ीयाफ़्ता भी देखना चाहते हैं। पर कई बार कोई बात जिस तरह से कहते हैं, वह परेशानकुल होता है। अगर यादव जी देहमुक्ति की बात इस तरह से कहते हैं कि उसका मतलब अपने बदन के फ़ैसले ख़ुद करने की आज़ादी है तो विवेचना करें ताकि नौजवान लड़कियाँ उनकी बात समझ सकें और किसी के शोषण की शिकार न हो जाएँ। देहमुक्ति की बात करते समय आप किस औरत से मुखातिब हैं? एक अधेड़ औरत, उम्र के ढलान पर आ चुकी औरत जिसके बदन की मर्दों के लिए कोई क़ीमत नहीं और एक कमसिन लड़की के लिए बदन से आज़ादी के क्या मायने हैं? कुछ तो बन्दिशें होनी चाहिए, हालाँकि वे स्वस्थ हों।

नीलाभ मिश्र : आज के भारत में एक तरफ़ तो औरत तरक़्क़ीयाफ़्ता और मज़बूत हो रही है तो दूसरी तरफ़ ज़ुल्म और हिंसा का शिकार। आप क्या कहती हैं?

नासिरा शर्मा : कार्यक्षेत्र में औरत जितनी ताक़तवर हो रही है और जितनी इज़्ज़त पा रही है, मर्दों की नज़र उतनी नहीं बदल रही। वे उसे अब भी हल्की नज़र से देखते हैं। उनकी मानसिकता बिलकुल नहीं बदल रही। पहले भाई, चाचा, ताऊ, मामा आदि रिश्तों का आडम्बर था, अब वह भी नहीं रहा। हमें मर्दों पर गम्भीरता से काम करने की ज़रूरत है। औरत-मर्द के रिश्तों की आशिकाना बारीक़ियाँ ख़त्म हो रही हैं। अब कोई किसी का इन्तज़ार नहीं करता।

['आउटलुक' : 22 सितम्बर, 2003]

चंडीदत्त शुक्ल*

अफ़ग़ानिस्तान की मज़लूम औरतों के आँसुओं से लबरेज़ चेहरों पर उभरी दर्द की लकीरों और उनसे टपकते दुख को जब एक स्त्री ने ही अख़बार के पन्नों पर रँगना शुरू किया तो पूरी दुनिया के नारीवादी एकबारगी सिहर उठे : 'इतना शोषण, ऐसा अत्याचार? अब तक सुना नहीं, देखना तो दूर की बात है।' उन्हीं दिनों अफ़ग़ानिस्तान से एक कल्चरल अटैची जे.एन.यू. पहुँचा और कुछ लोगों से पूछने लगा : 'कौन है ये नासिरा, जिसने बादशाहों के ख़िलाफ़ आवाज़ उठाने की हिम्मत की?' और जब उसने देखा, नासिरा महज़ 27 साल की एक साधारण युवती है तो एकबारगी चौंक गया। उसके दिमाग़ में तसवीर थी क़द्दावर शख़्सियत की मालिक किसी बुज़ुर्ग महिला की। वही नासिरा अब वय और अनुभव से पकी हुई चर्चित साहित्यकार के रूप में प्रतिष्ठित हो चुकी हैं। स्त्री विमर्श के नाम पर अश्लीलता भरे बयानों की दुकानदारी करने वाले साहित्यकारों के ख़िलाफ़ कुछ खुलकर वह बोलतीं नहीं, लेकिन कहती हैं : 'कीचड़ कहाँ-कहाँ है, दुनिया जानती है, मैं क्योंकर कहूँ?' इन्हीं नासिरा से बेबाक बातचीत यहाँ प्रस्तुत है।

* पत्रकार।

देह की आज़ादी नहीं दिलाती हर पीड़ा से मुक्ति

चंडीदत्त शुक्ल : स्त्री विमर्श के नाम पर देह की जिस स्वच्छन्दता की बात मौजूदा दौर की कुछ नारी साहित्यकार कर रही हैं, आप उससे कितना इत्तफ़ाक़ रखती हैं?

नासिरा शर्मा : औरत को उसकी पूरी आज़ादी मिलनी चाहिए—वह चाहे अपना जीवनसाथी चुनने की हो या प्रेम के रूप में किसी के चयन की आज़ादी हो। हाँ, प्राथमिक तौर पर यह ग़लत है क्योंकि इससे कई घर बिखरते हैं। अपनी देह किसी को दे दें, यह कोई आज़ादी नहीं है। देह को लेकर तरह-तरह के बन्धनों से मुक्ति ही सभी पीड़ाओं का जवाब होती तो यूरोपीय समाज, अमेरिका और लन्दन की स्त्रियों की आँखों में आँसू न होते।

चंडीदत्त शुक्ल : लेकिन साहित्य में तो इस स्वच्छन्दता की ख़ूब हिमायत हो रही है?

नासिरा शर्मा : कुछ लोग करते हैं—सिर्फ़ सनसनी के लिए, लेकिन उनका उत्कर्ष बहुत कम देर का होता है। बाद में कोई पूछता भी नहीं।

चंडीदत्त शुक्ल : स्त्री विमर्श से हटकर अब सम्पूर्ण साहित्य की बात करें। मठाधीशी, खेमेबन्दी और सियासत, ये सब साहित्य का अंग तो कभी न थे। अब क्योंकर हो गए?

नासिरा शर्मा : जलन और हसरत हर एक के मन में होती है। जब कुछ अच्छा कोई लिखता है तो एकबारगी होता ही है, 'काश, मैं इतना अच्छा रच पाता!' जलन के भाव में कहते हैं, 'यह मैं क्यों नहीं कर पाया? उसने कैसे कर लिया?' जब यह भाव सकारात्मक हो तब तो रचनात्मकता विकसित होती है। कुछ बेहतर सर्जन हो पाता है। एकदम अलग धरती पर जाकर सोता फूटता है। पर नकारात्मक चिन्तन होने पर चीज़ें बिगड़ने लगती हैं और यहीं से साहित्य में सियासत का उद्गम होता है। दूसरे, एक बात और है, विज्ञापन युग और लेखन, बाज़ार व साहित्यकार—दोनों

अलग-अलग चीज़ें हैं। इन्हें जब भी गड्डमड्ड किया जाता है तो तरह-तरह की सियासत जन्म लेने लगती है।

चंडीदत्त शुक्ल : मतलब साहित्य में सियासत बाज़ार के प्रभाव से ही संचालित होती है?

नासिरा शर्मा : बेशक! कई प्रकाशक कई बार अपनी ज़िम्मेदारियाँ निभाने से चूक जाते हैं। वे लेखक से कहते हैं, 'अपनी स्थिति का लाभ उठाइए, गोष्ठी कराइए, किताब हाईलाइट होगी, आदि-इत्यादि।' यहीं पर सर्जन से इतर सियासत शुरू हो जाती है।

चंडीदत्त शुक्ल : किन्तु कुछ जगह तो परस्पर निन्दा-प्रशंसा का बहुत ज़ोर है?

नासिरा शर्मा : अब जो लोग अपनी प्राइवेट पत्रिकाएँ निकाल रहे हैं, उन्हें भी तो पैसा चाहिए? अब वे कुछ पैसा लेकर दो-चार चीज़ें किसी की छाप दें, इस पर कुछ विवाद खड़ा हो जाए, तो यह सामान्य ही है।

चंडीदत्त शुक्ल : किसका नाम लेंगी?

नासिरा शर्मा : किसी का नहीं। आज का दौर हर तरह की 'अति' के समर्थन का है—वह चाहे किसी को प्रतिष्ठित करने के लिए की गई अति हो या किसी और तरह की। अब मैं क्योंकर किसी का नाम लूँ?

चंडीदत्त शुक्ल : सच बोलने का जोखिम तो साहित्यकारों को ही उठाना है?

नासिरा शर्मा : सच किसी से छिपा है क्या? वैसे भी कीचड़ में घुसकर कमल रोपने की कोशिश मैं नहीं करना चाहती। पाठकों को सब कुछ पता है।

चंडीदत्त शुक्ल : आप यह तो नहीं कहना चाहतीं कि जो लोग साहित्य में विवाद खड़े करने की कोशिशें कर रहे हैं, वे मीडियाकर्स हैं?

नासिरा शर्मा : मुझसे किसी सनसनी की उम्मीद न कीजिए। कौन औसत प्रतिभा का है और कौन योग्य, इसका मूल्यांकन पाठक ही करेंगे।

चंडीदत्त शुक्ल : आपका काम जितना चर्चित है, उसके बरअक्स आप वाद-विवाद के केन्द्र में क्यों नहीं घिरतीं?

नासिरा शर्मा : मैं चाहती हूँ कि मेरी क़लम को लोग जानें, सराहें और उससे भी ज़्यादा समझें। यही वजह है कि मैं साहित्यिक सम्मेलनों में भी कम ही जाती हूँ। विवादों से प्रतिभा का मूल्यांकन नहीं होता।

['दिल्ली जागरण' : 10 अक्टूबर, 2004]

रोशन प्रेमयोगी*

नासिरा शर्मा वैचारिक स्तर पर बड़े सरोकारों की क़लमकार हैं। उनके लेखन में साफ़गोई और ऊर्जा है। यह साक्षात्कार उनके घर पर लिया गया है।

---

* लेखक एवं पत्रकार।

बेहतर संसार रचने के लिए लेखक-पाठक का एक होना ज़रूरी है

रोशन प्रेमयोगी : लेखन के समक्ष इस समय चुनौतियाँ क्या हैं?

नासिरा शर्मा : सबसे बड़ी चुनौती है मौलिकता की। आज लेखक संख्या में बढ़े हैं जिसके कारण अपने समय की संवेदना को पकड़ने की सूक्ष्म दृष्टि का टकराना एक सहज प्रक्रिया है। दूसरे समाचार-पत्र सूचनाओं के साथ विभिन्न विषयों पर लिखे लेखों से भरे होते हैं। इंटरनेट ने शोध सामग्री की सहूलियतें प्रदान की हैं। टेलीविज़न पर सीरियल, परिचर्चा, दस्तावेज़ी व दूसरी फ़ीचर फ़िल्मों में सच को विभिन्न दृष्टिकोणों से चित्र के साथ देखा जा सकता है। रेडियो सूचना एवं मनोरंजन का प्रभावी माध्यम आज भी बना हुआ है। ऐसी चौतरफ़ा नुमाइश में जहाँ रंग और चेहरे मौजूद हों, वहाँ काले अक्षरों को पढ़ना एक अलग अनुभव है। उसमें पाठक को पूरा ध्यान लगाकर लेखक के आन्तरिक मन और मस्तिष्क से गुज़रते हुए अपने परिवेश में दाख़िल होना पड़ता है। यह क्रिया समय और शान्ति, दोनों की माँग करती है। भागती दुनिया के प्रतियोगितावादी वातावरण और समय के प्रभाव में हम दूसरे कामों को अंजाम देते हुए भी रेडियो, टीवी देख-सुन सकते हैं लेकिन साहित्य इस तरह नहीं पढ़ सकते। तीसरे, तेज़ी से विकसित होते समय में जब इनसान हर पल एक नये आविष्कार से टकरा रहा हो, उस समय लेखन में ऐसा कुछ होना ज़रूरी हो जाता है जो बिखरे-खोए व परेशान इनसान को बाँधकर उसको कुछ ऐसा दे सके जो नया भी हो और उसके व्याकुल मन-मस्तिष्क की भूख, उत्तेजना, अकेलापन, निराशा, थकान, विचार, भावना, कल्पना आदि का पूरक भी बन सके। वह अपनी उन नितान्त व्यक्तिगत उलझनों का समाधान उसमें पा सके जो किसी के सामने व्यक्त नहीं कर सकता हो। ऐसी स्थिति में लेखन सबसे चुनौतीपूर्ण दौर से गुज़र रहा है—यह कहने में मुझे तनिक भी संकोच नहीं।

रोशन प्रेमयोगी : साहित्य पर पाठकों का विश्वास क्यों नहीं जम रहा है जबकि बहुत कुछ उपयोगी लिखा जा रहा है?

नासिरा शर्मा : भौतिक शक्तियों से टकराने के अलावा आज लेखन को अवसरवादिता, मूल्यांकन के पैमाने की गिरावट, ग़ैरसाहित्यिक धनवानों का साहित्यकार बनने का शौक़, उनका स्तरहीन लेखन, अखाड़ेबाज़ी, राजनीति और तमाम प्रकार के अनैतिक षड्यंत्रों से भी जूझना पड़ता है, जिसके कारण अच्छा और उपयोगी लेखन अक्सर वहाँ तक नहीं पहुँच पाता जहाँ पहुँचना चाहिए। और हल्का तथा स्तरहीन लेखन पाठकों को निराश कर उनका विश्वास लेखन से डिगा देता है। दूसरी ओर सही मूल्यांकन न होने के कारण अच्छी कृतियों के लेखक में यह भावना घर करने लगती है कि उसके साथ न्याय नहीं हो रहा है। इन सारी कठिनाइयों के बावजूद मूल रूप से जो चुनौतियाँ लेखक के समक्ष उपस्थित होती हैं, उन्हें वह स्वीकार कर हल तलाशता है। अब लेखक द्वारा पाठक को यह विश्वास दिलाने की ज़रूरत है कि तुम जागो और मेरे साथ आओ। हमारा-तुम्हारा एक होना बेहतर संसार रचने के लिए बेहद ज़रूरी है।

रोशन प्रेमयोगी : शिक्षा से आर्थिक स्तर तो ऊँचा हुआ लेकिन समाज अभी भी वर्ग-संघर्ष, विशेषकर जातिवादी स्वरूप से क्यों नहीं मुक्त हो पा रहा है?

नासिरा शर्मा : 1857 से 1947 तक जो ओज भारतीयों में चरम पर पहुँचा था, चाहे वह क्रान्ति को लेकर सामाजिक दृष्टि की बात हो या वैचारिक धारा को लेकर। ललित कला में प्रयोग या आर्थिक बदलाव की व्याकुलता, मैं कहना चाहूँगी कि स्वाधीनता के बाद नज़र नहीं आती। बेशक हम आज अधिक स्वावलम्बी हैं लेकिन बँटवारे के समय की 'समाज को बाँटो और राज करो' की राजनीति तनिक भी नहीं बदली। स्वतंत्रता के बाद सत्ताधारियों ने शिक्षा व्यवस्था को अपने हितों के अनुरूप बनाया। खेद कि सामन्ती व्यवस्था के टूट जाने के बाद भी व्यक्तिगत लाभ के चलते सामन्ती मूल्यों को बचाए रखा। सम्पूर्ण भारत में सही व ईमानदार सोच वालों को प्रभावहीन बनाने का कार्य राजनीति ने किया है ताकि उनके विचार समाज को स्वतंत्र सोच वाला न बना सकें। पिछले चन्द वर्षों की स्थिति देखें तो मुझे अपार कष्ट होता है। अब समय आ गया है कि नौनिहालों को सामाजिक वैमनस्य की प्रेत-छाया से दूर रखा जाए। शिक्षा में बदलाव करके ऐसे पाठ्यक्रम तैयार किये जाएँ जो बचपन से ही बच्चों के दिलों में मानवीय प्रेम का बीज बो सकें। मगर यह तभी सम्भव है जब राजनीति से शिक्षा को अलग किया जाए, जो बेहद कठिन लगता है।

रोशन प्रेमयोगी : स्त्री की बेहतरी तो दिखती है समाज में लेकिन उसका उत्पीड़न कम नहीं हुआ। सती-प्रथा का स्थान दहेज़ प्रथा ने ले लिया है...। भ्रूणहत्या को किनारे भी करें तो आत्महत्या, मानसिक कुंठा जैसी समस्याओं के बढ़ने के क्या कारण हैं?

नासिरा शर्मा : स्वतंत्रता के बाद हुए प्रयासों से गाँव और क़स्बों के स्तर पर भी स्त्री की स्थिति में बदलाव आया है। औरतें आज न केवल मर्दों की बराबरी कर रही हैं बल्कि कुछ क्षेत्रों में तो उनसे आगे भी हैं। आज औरत का नवीन व्यक्तित्व उभरकर सामने आया है लेकिन उसे वह पूर्ण मुक्ति नहीं मिल सकी है जिसकी उसे सदा से ज़रूरत रही है, बल्कि उसके सामने आज नई कठिनाइयाँ, जटिलताएँ और संघर्ष का नया रणक्षेत्र परिवार, समाज और कार्य करने की जगह पर खुल गया है। उसे आज अपनी रक्षा के लिए दोनों हाथों से तलवार चलानी पड़ रही है। एक ओर वह कार्यालय का काम करती है तो दूसरी ओर शारीरिक शोषण से बचने के लिए भी जद्दोजहद करती है। आज देखें तो दहेज़-हत्या, आत्महत्या और मानसिक सन्ताप से गुज़रती औरतों की संख्या अधिक है। पहले पढ़े-लिखे मर्दों को अनपढ़, किचन सँभालने व बच्चा जनने वाली पत्नियाँ मिलती थीं। अब तेज़, ज़्यादा तनख़्वाह वाली औरतों को जाहिल पति अधिक मिलते हैं। पहले संयुक्त परिवार होते थे और जाहिल पुरुषों को भी औरतें झेल लेती थीं। एकल परिवार की स्त्री में अब यह धैर्य चुक रहा है इसलिए तलाक़ की घटनाएँ जवान मर्द-औरतों में घट रही हैं। आज व्यक्तित्व की धनी लड़की अपमान और शोषण के विरुद्ध आवाज़ उठाना चाहती है, क्योंकि समाज में सामन्ती मूल्य बचे हैं इसलिए उसका उत्पीड़न होता है। ऐसे में संवेदनशील स्वभाव की औरतें जब स्वयं को चारों तरफ़ से कारागार में पाती हैं तो मानसिक सन्ताप का शिकार हो जाती हैं। आत्महत्या भी कर लेती हैं। इसका मेरे विचार से एक ही हल है, वह यह कि मर्दों पर काम किया जाए। उनकी कुंठा, परेशानियाँ, आक्रोश, प्रताड़ना, शोषण की गाँठें खोली जानी चाहिए। जब तक पुरुष के मनोविकारों का निदान नहीं होगा, औरत दिमाग़ और कुर्सी से कितना भी ऊँचे पहुँच जाए, परन्तु संवेदना के स्तर पर टूटे घर और टूटे दिल की मालिक बनी रहेगी। मर्द और समाज भी ख़ुशहाल नहीं हो सकेगा।

रोशन प्रेमयोगी : कट्टरपंथी ताक़तों का आज भी समाज में बोलबाला है। खुलापन, समृद्धि और शिक्षा उनके प्रयास को कम क्यों नहीं कर सके?

नासिरा शर्मा : किसी भी देश की सरकार की विचारधारा चाहे-अनचाहे वहाँ की व्यवस्था एवं समाज पर अपना प्रभाव डालती है। भारत में स्वतंत्रता के बाद धर्म पर, रूढ़ि पर तथा रीति-रिवाजों पर बात करना प्रगतिशीलता के विरुद्ध समझा जाता था। धर्म को सत्ता से अलग, बौद्धिक कार्यक्षेत्र से दूर रखा जाता था। उसका अपना अलग एक सम्मानित स्थान था। मन में यदि कालापन या बैर-भाव है तो उसको व्यक्त करना मुनासिब नहीं समझा जाता था। मगर पिछले दो दशक से यह औपचारिकता ख़त्म हो चुकी है। दौलत उन लोगों के पास आई जो कम पढ़े-लिखे थे। संस्कार के नाम पर उनके पास भारतीय संस्कृति का वह भाग मौजूद नहीं था जिसको साहित्य और कला कहते हैं। वे केवल धर्म को जानते थे इसलिए धर्म की आड़ में चुनाव, दंगा-फ़साद, स्मगलिंग, अपराध, अय्याशी का रूप उभरने लगा। इन बुराइयों में लिप्त तथाकथित धर्मावलम्बियों के पास ऐश्वर्य बढ़ता गया जबकि आम ईमानदार आदमी आर्थिक रूप से तंग और राजनीतिक-सामाजिक रूप से कमज़ोर बना रहा। देश में ग़ैर-भ्रष्ट और धार्मिक दृष्टि से नरमपंथी लोग इसलिए भी हाशिये पर रहे कि वे किसी पार्टी को जिताने में भूमिका नहीं निभा सकते, भ्रष्ट और माफ़ियाओं का समर्थन भी नहीं कर सकते। सबसे दुर्भाग्यपूर्ण बात तो यह है कि ईमानदार और जागरूक वर्ग संगठित नहीं है। ऐसे लोगों का सत्ता में भूमिका न पाना लोकतंत्र को कमज़ोर कर रहा है। उदाहरण दूँ तो हमारे देश में शिक्षा का बजट बहुत कम है। राजनीति शान्ति और प्रेम फैलाने के बजाय पिछड़ापन, अशान्ति और आर्थिक असमानता फैलाने में लगी है। साहित्य, शिक्षा और संस्कृति को हाशिये पर डाल दिया गया है। दुख तो तब होता है जब सभी राजनीतिक दल एक ही थैली के चट्टे-बट्टे लगते हैं।

रोशन प्रेमयोगी : आपका लेखन शोधपरक रहा है। उपन्यासों में आप भी तथ्यों की प्रामाणिकता पर ज़ोर देती हैं। वैचारिक मुद्दे और ज्वलन्त समस्याएँ आपको किस तरह झकझोरती हैं?

नासिरा शर्मा : मुझे व्यर्थ के किरदार गढ़कर उन पर लिखना कभी पसन्द नहीं रहा। बिना पूरे परिवेश को जाने क़लम उठाना मुझे हमेशा मुश्किल लगा है। कई कहानियाँ ऐसी हैं जिनकी कथावस्तु भावना के स्तर पर मेरे अहसास में गहरे उतर गई थी मगर केवल अहसास से वह संघर्ष-गाथा नहीं रच सकती थी जो मैं लिखना चाहती थी। 'जैतून के साये' ऐसी ही कहानी है जो फ़िलिस्तीन के संघर्ष पर होने के साथ ही इतिहास को भी रिफ़्लेक्ट करती है। 'चाँद-तारे की शतरंज' भी ऐसी ही

कहानी है जिसमें पतंग बनाने वालों की ज़िन्दगी का अक्स है। इसकी भाषा पकड़ने के लिए मैंने दिल्ली, जयपुर और बरेली के कई बाज़ारों की यात्रा की तब जाकर कहानी का माहौल मेरे ज़ेहन में उतरा। मैं समकालीन मुद्दों से मुकर नहीं सकती। सच कहूँ तो हर जागरूक आदमी अपने समय के प्रश्नों से माथा फोड़ने के लिए आत्मा के हाथों मजबूर होता है।

रोशन प्रेमयोगी : संघर्ष के उन दिनों के बारे में कुछ बताइए, जब आपके उत्साह व इच्छाशक्ति पर निराशा की छाया पड़ी हो?

नासिरा शर्मा : जब मैं 'अफ़ग़ानिस्तान : बुजकशी का मैदान' लिख रही थी, कभी-कभी पांडुलिपि उठाकर रख देती, किताबें समेटते हुए तय करती कि यह काम मैं नहीं कर सकती। फिर अपनी हार से तड़प उठती और अधूरा अध्याय पूरा करने में लग जाती। इसी तरह जब ईरान पर लिख रही थी तो मेरे कुछ साम्यवादी कवि मित्र झुँझलाकर कहते कि ईरान पर काम करना बहुत मुश्किल है, लेनिन भी आ जाएँ तो हार मान लेंगे, कैसे समेटोगी एक किताब में एक देश का फ़लक? सच कहूँ तो बड़े विषयों पर लिखने का मेरा संकल्प मैंने ही पूरा किया, लोग तो मनोबल तोड़ने में लगे रहते हैं। अक्सर मेरी लड़ाइयाँ भी हो जाती हैं। लिखने के लिए अफ़ग़ानिस्तान, पाकिस्तान, ईरान का सफ़र तय करना, बड़ी हस्तियों का साक्षात्कार लेना, यह सब कुछ कितना कठिनाई भरा था, मैं ही जानती हूँ। उधर जब किताब छपी तो रक्षा मंत्रालय ने रोक लगा दी, यह कहकर कि फ़ौज का मनोबल कमज़ोर करने वाली किताब है। हालाँकि बाद में परिदृश्य बदला और उसी मंत्रालय ने किताब की दो सौ प्रतियाँ ख़रीदीं। आज जब दो खंडों में लिखी अफ़ग़ानिस्तान पर अपनी किताब देखती हूँ तो सुखद आश्चर्य होता है, संघर्ष के दिन याद आते हैं।

रोशन प्रेमयोगी : लेखक की क्या अपनी विचारधारा और पार्टी होनी चाहिए? यदि हाँ, तो आपकी क्या है? नहीं, तो क्या यह समय-समाज और लोकतंत्र से मुँह मोड़ना नहीं हुआ?

नासिरा शर्मा : बिना विचारधारा या उसूल के कोई नज़रिया रखा नहीं जा सकता। लेखन की पारदर्शिता के लिए यह ज़रूरी है लेकिन किसी पार्टी का सदस्य बनना क़तई ज़रूरी नहीं बल्कि नुक़सानदेय है क्योंकि तब आपका क़लम आज़ाद नहीं होगा और लेखन पार्टी के चौखटे में क़ैद होकर रह जाएगा। मगर विचारधारा के संग

यह सहूलियत होती है कि आप अपने मुद्दे बेझिझक सामने रख सकते हैं। आपका ज़ेहन आईने की तरह साफ़ भी रहेगा। अपने लिए मैं कह सकती हूँ कि साहित्य की चर्चा में मैं ज्वलन्त मुद्दों से दो हाथ करने की पक्षधर और शोषित वर्ग के साथ हूँ। मेरे शोषित वर्ग में जाति-पाँति और धर्म के आधार पर भेदभाव नहीं है। मैं नहीं चाहती कि लेखक व्यक्तिगत विचारधारा को आधार बनाकर समाज को बाँटकर देखे। मैं तो नस्ल के आधार पर होने वाले भेदभाव के भी ख़िलाफ़ हूँ।

रोशन प्रेमयोगी : आजकल लेखक स्वयं आलोचक की भूमिका में खड़े हो जाते हैं, क्या ये सीमाओं का अतिक्रमण नहीं?

नासिरा शर्मा : आलोचना स्वयं में सृजन है। यदि आलोचना गम्भीरता एवं गहराई से की जाए तो वह रचना के समकक्ष एक दूसरी कृति बन जाती है। मगर, आजकल आलोचकों ने सन्तुलन खो दिया है। वे या तो रचनाकारों की प्रशंसा करते हैं या फिर बुराई। दरअसल राजनीति साहित्य में भी दाख़िल हो चुकी है। यह तो रही एक बात! दूसरी बात यह है कि लेखक को अपनी रचना के पक्ष में खड़े होने के लिए आलोचक नहीं बनना चाहिए। कोई भी कृति प्रकाशित होने के बाद लेखक की नहीं, पाठकों की अमानत होती है। वैसे लेखक दूसरों की रचना पर आलोचना लिखता है तो यह सीमाओं का अतिक्रमण नहीं है।

रोशन प्रेमयोगी : लखनऊ से अपने रिश्तों, स्मृतियों के बारे में बताइए।

नासिरा शर्मा : हमारे पूर्वज शहाब गरदेजी रायबरेली में गंगा किनारे बसे थे। उन्होंने पाँच गाँव भी बसाए थे जिनमें मुस्तफ़ाबाद (ऊँचाहार स्टेशन) भी था। उन्हीं की एक शाखा हम लोग हैं जो अपने गाँव के दाहिने-बाएँ बसे शहर इलाहाबाद और लखनऊ में शिक्षा और नौकरी के कारण फैले। शहाब गरदेजी का पत्थर से बना वह घर अवशेष के रूप में आज भी मौजूद है जिसको देखने मैं पिछले साल गई थी। नक़्क़ाशीदार पत्थरों से बना दरीचेदार दालान इमामबाड़े की शक्ल में खड़ा है। उसके सामने खेत हैं और नीचे शफ़्फ़ाफ़ पानी से भरी गंगा बह रही थी। हमारे परिवार की एक शाखा दूर की रिश्तेदारी में आसिफ़ुद्दौला से जाकर मिलती है जिनके वज़ीरों के ख़ानदान से जब मैं शीशमहल में अपने उपन्यास के सिलसिले में मिली तो तारीख़ के अनेक गलियारे खुले। दिमाग़ जो अभी तक केवल इलाहाबाद के घर को अपना अतीत माने हुए था, इस फैलाव को मयसबूत देखकर चकित हुआ। लखनऊ मेरे

लिए दूसरा वतन है। रिश्तेदारी के चलते वहाँ बराबर आना-जाना बना रहता है। जैसे अपने चचाज़ाद भाई के यहाँ पुराने हैदरगंज में बचपन में जाना रहा, फिर भाई की शादी और बहन-बहनोई के कारण आगामीर की ड्योढ़ी और गुलिस्ताँ कॉलोनी में। इस तरह लखनऊ को मैंने उसके बदलते परिवेश में कई-कई रंग में समय के अन्तराल के साथ देखा है।

रोशन प्रेमयोगी : आपके घर में शे'र-ओ-शायरी का भी माहौल रहा है। कभी कविता लिखने की प्रेरणा नहीं जगी?

नासिरा शर्मा : घर में सिलसिलेवार शायर हुए हैं लेकिन मेरी रुचि शे'र कहने में कभी नहीं रही। हाँ, पढ़ना मुझे बहुत अच्छा लगता है। उर्दू-हिन्दी, फ़ारसी-अंग्रेज़ी और दूसरी भाषाओं के कविता-अनुवाद को मैं ख़ूब मन से पढ़ती हूँ। एक 'भावना' को कविता की तर्ज पर लिखकर मैंने 'संगसार' कहानी-संग्रह के अन्तिम पृष्ठ पर अंकित किया था। चूँकि यह कहानियों के साथ छप चुकी है इसलिए पाठक ही बेहतर फ़ैसला करेंगे कि क्या यह शब्दों की बावली सीढ़ियों से नीचे उतरकर अपने को कविता कहलवा सकती है?

तुम्हारे बिना नये गल्लेबान की 'हुर्र-हुर्र' की आवाज़ से,
खोई भेड़ें घर को लौट रही हैं।
खेत-खलिहान फ़सल और अनाज से भर उठे हैं।
धीरे-धीरे टूटे घरों की दीवारें बन रही हैं।
कुछ पर नई छतें भी पड़ चुकी हैं, जवान औरतें पेट से हैं, और गायों ने बछड़ों को जन्म दिया है।
सलीबों के जंगल कट चुके हैं,
और फलों से भरे वृक्षों के बीच शहर-दर-शहर,
गाँव से क़स्बे और एक घर से दूसरे घर तक टूटी ज़िन्दगी फिर से जुड़ रही है।
दम तोड़ती, रात की कालिमा के बीच अब,
अब पौ फटने वाली है। कल जो नया सूरज उगेगा, वह तुम्हारे बिना कितना अपना लगेगा?

['उत्तर प्रदेश पत्रिका' : दिसम्बर, 2004]

स्वतंत्र मिश्र*

नासिरा शर्मा हिन्दी साहित्य की जानी-मानी हस्ताक्षर हैं। वर्तमान साहित्य की दशा-दिशा एवं उनके साहित्यिक जीवन से सम्बन्ध रखने वाले सवालों को लेकर स्वतंत्र मिश्र ने उनसे बातचीत की है, उसके अंश प्रस्तुत हैं।

* पत्रकार।

मेरा काम मेरे अन्दर की आवाज़ है

स्वतंत्र मिश्र : वर्तमान साहित्य की दशा एवं दिशा क्या रेखांकित करती है?

नासिरा शर्मा : जितना मैं समझ पाई हूँ, उसके अनुसार हिन्दी में बहुत अच्छा, लेकिन बहुत ज़्यादा लिखा जा रहा है। इनमें से कुछ चीज़ें पछोड़ी जाएँ तभी पता चल पाएगा कि हम किस दिशा में जा रहे हैं या फलाँ कहानियाँ क्या रेखांकित कर रही हैं और कहाँ खड़ी हैं, यह मापने का पैमाना अब ग़ायब हो गया है। चूँकि लोग जल्द-से-जल्द स्थापित होने की तमन्ना में और इज़्ज़त के नाम पर पत्रिका निकालना या लिखना चाहते हैं, इस कारण से भी बहुत परेशानी हुई है। सब कुछ बहुत तेज़ी से हो गया। जो भाषा हम बोलते थे, उसे अब नेताओं ने अपना लिया है और जो आलोचनात्मक भाषा थी, वह बहुत मामूली-सी किताबों वाली हिन्दी भाषा बन गई है। मैं यह कह सकती हूँ कि बहुत-सी संवेदनात्मक चीज़ें आ रही हैं। परेशानी यह है कि छोटी किताबों की बहुत बड़ी समीक्षा और बड़ी किताबों की छोटी समीक्षा हो रही है। ऐसी बातों से लोगों को उलझाव होता है। पाठक भी आहत होता है, क्योंकि उसके द्वारा ख़रीदी किताब में वह कुछ नहीं पाता है, तब उसे बेईमानी का अहसास होता है। इधर आलोचकों का काम भी ढीला पड़ गया है। अभी तक बँटवारे को लेकर लिखी किताबों को ही आलोचकों ने बहुत अहमियत दी है, जिससे बहुत सारी अच्छी पुस्तकें छूटती जा रही हैं, क्योंकि बँटवारा एक बहुत बड़ी त्रासदी थी, उससे लोग बहुत प्रभावित थे। कुल मिलाकर सम्पूर्ण साहित्य की हम बात करें तो उसमें बहुत ठहराव से काम करने की ज़रूरत है।

स्वतंत्र मिश्र : मध्य और पूर्व देशों के साहित्यिक, सांस्कृतिक और सामाजिक पक्षों पर आपने अध्ययन किया है। उन देशों की सबसे बड़ी समस्या क्या है? और साहित्य इससे कैसे प्रभावित है?

नासिरा शर्मा : वहाँ का भी अपना एक इतिहास रहा है। आज भी लोक-कथाओं की याद में वहाँ का साहित्य 'अली बाबा चालीस चोर', 'सिन्दबाद' आदि सब ज़िन्दा है। कुछ लोग कहते हैं कि यूरोपियन साहित्य ने इन्हीं कहानियों से प्रेरणा ली है। वे यहाँ तक कहते हैं कि शेक्सपियर के नाटकों के किरदार भी कुछ इसी तरह से उठाए गए हैं। अब लगातार बहुत अच्छा लिखा जा रहा है। सबसे बड़ी समस्या यह है कि हमें गहराई से यह देखना होगा कि पुरानी सभ्यताओं के लेखकों की छाया तात्कालिक लेखकों पर भी होती है। उनको भी ठहराव, गहराई, मूल्यबोध या उनकी सोच को पूरा परिदृश्य मिलता है। जो नई तकनीक का बाज़ार व नई तहज़ीब पनपी है, जिसमें संस्कृति के रहस्य हैं, उनके साथ वे तालमेल नहीं बिठा पा रहे हैं। मध्य-पूर्वी देश, जिन पर हमने काम किया है, वहाँ की सबसे बड़ी समस्या यह है कि वहाँ के कच्चे माल पर अमेरिका व यूरोपियन देशों का पूरा ध्यान है। वे इसे अपने क़ाबू में कर लेना चाहते हैं। क़ुदरत ने उन इलाक़ों को ग़ज़ब का हुस्न दिया है। वहाँ पर बहुत-से महत्त्वपूर्ण धर्म वजूद में आए। तीन आसमानी किताबों का भी अपना इतिहास है। उदाहरण के तौर पर मिस्र को लीजिए, यह एक रहस्यमय देश है। वहाँ ज़ुल्म है, प्यार है, सौन्दर्य है, साहस है और एक इनसानी दिलोदिमाग़ भी है, जिससे मिस्र सभी को अपनी ओर आकर्षित करता है। परन्तु अब तो फ़िलिस्तीन, इराक़ के आतंकवाद ही चर्चा में हैं। पहले यही लोग बाग़ी, इंक़लाबी और वतनपरस्त कहलाते थे। इस त्रासदी पर भी बहुत ख़ूबसूरत चीज़ें आई हैं। ये चीज़ें समकालीन भी हैं और उनके पीछे का एक इतिहास भी है और हिन्दुस्तान उससे कहीं अलग नहीं होता। अगर हम पुरानी तहज़ीबों को पढ़ते हैं तो हम पाते हैं कि बहुत कुछ हमारा मिलता-जुलता है। महत्त्वपूर्ण बात यह है कि उन्हें भी हम कितना समझ पाते हैं। रहा सवाल प्रभाव का तो यह कहना बहुत मुश्किल है क्योंकि लिखना छूट जाए या आप बहुत दूर चले जाएँ तो आपको महसूस होगा कि कौन-सी चीज़ आपको सर्वाधिक प्रिय है। अभी तो मैं बीच धारा में हूँ, इसलिए मेरे लिए यह बता पाना ज़रा मुश्किल है क्योंकि हर कृति में बराबर मेहनत, उद्यम और चाबुकगस्ती की ज़रूरत पड़ती है। एक तरफ़ तो यह विश्वास अब मेरे अन्दर आ गया है कि मुझे लिखना आ गया है, पात्र खड़े करने की क्षमता आ गई है। ये पात्र पाठकों को कितने सच्चे दिखेंगे, बात तो वहाँ जाकर ठहरती है।

स्वतंत्र मिश्र : आपने टीवी फ़िल्म भी बनाई है, साहित्य भी रचा है, अनुवाद भी किया है। यानी बहुत सारी विधाओं में ढेर सारा काम किया है। इनमें सबसे अधिक चुनौतीपूर्ण क्षेत्र आपको कौन-सा लगा? और क्यों?

नासिरा शर्मा : मैंने जो भी काम किये हैं, ये मेरे अन्दर की आवाज़ थी। चुनौतीपूर्ण तो मैं नहीं कहूँगी पर मेरी तमन्ना है कि मैं बहुत अच्छे ड्रामे लिखूँ, जिसमें एक किरदार मैं भी रहूँ। इसका मतलब यह नहीं है कि मैं अपनी कहानी पर ड्रामा लिखना चाहती हूँ। एक ज़माने में आलोचनात्मक लेख लिखना मेरे लिए चुनौती थी परन्तु अब मैं सोचती हूँ कि मैं नाटक क्यों नहीं लिख पाती हूँ। इसे मैं चुनौती तो नहीं कहूँगी, परन्तु मेरी इच्छा है कि मैं बहुत बढ़िया नाटक लिखूँ।

स्वतंत्र मिश्र : आपके कार्यों को देखने पर पता चलता है कि आपको रिश्तों की बुनावट को समझना-समझाना अच्छा लगता है। आपको जल, ज़मीन, जंगल और पशु-पक्षियों से भी प्रेम है। इतनी व्यस्तता के बीच इन सबके लिए समय कैसे निकाल पाती हैं?

नासिरा शर्मा : मुझे लगता है कि मेरे पास समय बहुत है, क्योंकि मैं अपने को लोगों की भीड़-भाड़ से दूर रखती हूँ। बचपन से हमें अलग तरह की परवरिश मिली थी। बचपन में ही मेरे पिता की मृत्यु हो गई थी, तो माँ ने हमें बहुत अनुशासन के साथ पाला-पोसा। इसी कारण हम लोगों में संवेदना, विचार और रिश्तों की समझ बचपन से ही आ गई। अभी भी मेरा दिल्ली में बहुत समय व्यर्थ हो सकता था। मैं रोज़ शाम को कार्यक्रमों, पार्टियों और शादियों में जा सकती थी। एक किताब लिखने के बाद बीस साल तक उसे जिला सकती थी, परन्तु मैं इन सबमें नहीं पड़ी।

मैं बहुत ही 'चूजी' हो गई। किसके साथ मुझे दिमाग़ी खुराक मिलेगी, यह तय कर मैं काम करती हूँ। मैं किसी काम को करने के लिए बनावटी मुस्कान का सहारा नहीं लेती हूँ। इस कारण मेरा रिश्ता मेरे पेशे से गहरा हो गया। मैं महीनों अकेले रह सकती हूँ, क्योंकि मेरे साथ मेरी यादों में ट्रेन, सड़क या और कहीं मिले लोग बसे होते हैं इसलिए अकेलापन अखरता नहीं।

स्वतंत्र मिश्र : आपने बहुत लिखा है, बहुत कुछ देखा है। कोई दिलचस्प वाक़या है, जो आप पाठकों के साथ साझा करना चाहेंगी?

नासिरा शर्मा : दो-तीन दिलचस्प बातें हुई हैं जिनकी याद मुझे रहती है। एक, अल ख़ुमैनी के साथ मुलाक़ात का वर्णन मेरी याद में रहेगा। दूसरे, अफ़ग़ानिस्तान

के सबसे बड़े मुजाहिद नेता हिकमतयार थे, उनसे मेरी मुलाक़ात पाकिस्तान की सरहद में हुई थी। एक मुलाक़ात मेरी फ्रांसीसी लेखक मक्सिम रोडिन्सन से हुई थी। उन्होंने इस्लाम और मध्य-पूर्व पर बहुत काम किया है। जब मैं फ्रांस गई तो मेरी तीव्र इच्छा थी कि मैं उनसे मिलकर बौद्धिक बातें करूँ। बड़ी मुश्किल से उन्होंने मुझे समय दिया और कहा कि मैं तीसरे तल पर रहता हूँ, पर तुम दूसरे तल की घंटी मत बजाना। उन्होंने यह भी कहा कि मेरे घर के बाहर बहुत हंगामे होते रहते हैं—कभी अरबी, तो कभी फ्रांसीसी नारे लगाते रहते हैं, इसलिए तुम मेरे घर से कुछ दूर उतरना और पैदल मेरे घर आना। इत्तफ़ाक़ से मेरे एक फ्रांसीसी दोस्त मुझे उनके घर छोड़ने गए। उन्होंने जहाँ उतारा, वहाँ एक फूल वाला था। मेरे पूछने पर उसने बताया कि ये तीन फूल पाकर यहाँ के लोग ख़ुश होते हैं। मैंने वे तीन फूल ख़रीदे और रोडिन्सन के घर चल दी और ग़लती से तृतीय तल की जगह द्वितीय तल की घंटी बजा दी, जिसके लिए रोडिन्सन ने पहले ही मना किया था। उस घर से एक महिला निकली, शायद वह उनकी पत्नी थी, उसने ऊपर जाने का निर्देश दिया। दरवाज़ा खोलते ही रोडिन्सन ने कहा कि मैंने तुम्हें द्वितीय तल की घंटी बजाने के लिए मना किया था, पर तुमने ऐसा ही किया। मैं डर गई और तीन फूल की शाखा उनके सामने कर दी, जिसे देख उनका मूड बदल गया और वह मुझे अन्दर अपने अध्ययन कक्ष में ले गए। वहाँ इतनी किताबें थीं जिसकी आप कल्पना भी नहीं कर सकते। उन्होंने मुझे अपने हाथों से बनाकर कॉफ़ी पिलाई और बताया कि इनमें से बहुत-सी पुस्तकें इतनी अनुपलब्ध हैं कि फ्रांस के प्रकाशक इन्हें पाने के लिए मेरी मौत की दुआएँ कर रहे हैं। यह घटना मेरे लिए यादगार है, क्योंकि इतने बड़े आदमी ने मुझे समय दिया। शायद इसलिए क्योंकि उस समय अन्तरराष्ट्रीय स्तर पर मेरा बहुत नाम था। मेरी दो फ़िल्में बन चुकी थीं और अंग्रेज़ी में मेरा बहुत कुछ छप रहा था। कभी-कभी मैं सोचती हूँ कि बहुत जल्दी मुझे इतना नाम मिल गया। बाईस साल हो गए इस बात को, फिर भी कभी-कभी दिमाग़ भटककर उधर ही चला जाता है।

स्वतंत्र मिश्र : यहाँ से आगे आप क्या तय करना चाहती हैं?

नासिरा शर्मा : मेरी तमन्ना है कि मैं अपने समय को बिलकुल बर्बाद न करूँ। अच्छी किताबें पढ़ूँ और अच्छे लोगों से मिलूँ। मैं दुनिया देखना चाहती हूँ। अगर मौक़ा मिले तो मैं कभी भी भारत को छोड़ कहीं भी लौटना नहीं चाहूँगी। लगातार यात्रा करना चाहूँगी। मेरे ज़ेहन में बहुत-से सवाल हैं। पिछली बार साहित्य अकादेमी द्वारा सीरिया

गई थी। मैं इससे पहले अफ़ग़ानिस्तान और पाकिस्तान अपने ख़र्चे पर गई, लोगों से मिलकर बहुत-से सवाल पूछे। परन्तु सीरिया की यात्रा एक ऑफ़िशियल यात्रा थी। इसलिए उतना ही बोलती थी, जितना ज़रूरी हो और मेरा वहाँ जाना न जाना मेरी समझ में नहीं आया। अगर कोई और मौक़ा होता तो वहाँ से ढाई घंटे की दूरी पर लेबनान और दो घंटे की दूरी पर बग़दाद जाने का ख़तरा मैं उठाती और वहाँ से बहुत कुछ हिन्दी की दुनिया को लाकर देती, जो मैं नहीं कर पाई। इस वक़्त जो बाहर हो रहा है, उसे मैं सबके साथ बाँटना चाहती हूँ और समझना-समझाना चाहती हूँ।

['लोकमत' : अक्टूबर, 2005]

प्रमोद मजूमदार*

मैंने नासिरा शर्मा की कहानियों का मराठी भाषा से अनुवाद किया जो बेहद लोकप्रिय हुआ। 80 के दशक की हिन्दी भाषा की सबसे महत्त्वपूर्ण कहानीकारों में एक नासिरा शर्मा, उपन्यासकार और पत्रकार नासिरा शर्मा का पूरा करियर एक बहादुर विद्रोही महिला की यात्रा है। वे हिन्दी, उर्दू, अंग्रेज़ी, फ़ारसी, पश्तो जैसी विभिन्न भाषाओं की लेखिका हैं लेकिन ईरान, इराक़, अफ़ग़ानिस्तान, पाकिस्तान, सीरिया, नेपाल में उनकी पत्रकारिता उनकी उपलब्धियों की एक महत्त्वपूर्ण निशानी है। नासिरा शर्मा ने अपने साहित्य के माध्यम से भारतीय मुस्लिम समाज के जीवन के विभिन्न स्तरों का चित्रण किया है। एक ऐसे सिद्धहस्त लेखक से बातचीत के ये कुछ टुकड़े हैं।

---

* पत्रकार, अनुवादक।

मुझे उड़ान पसन्द है, अपनी शर्तों और ख़तरों पर

प्रमोद मज़ूमदार : आपने अध्यापन के बाद लेखन आरम्भ किया था? अपने बारे में विस्तार से बताएँ।

नासिरा शर्मा : जामिया मिल्लिया इस्लामिया में पढ़ाना मैंने बाद में शुरू किया, लिखना, छपना पहले। नौकरी से इस्तीफ़ा भी लेखन के कारण दिया, क्योंकि मेरा लेखन जामिया के कुछ रूढ़िवादी सोच वालों के लिए नाग़वारी का कारण बन गया था। ईरान पर मेरा लेखन हिन्दी-अंग्रेज़ी में छप रहा था मगर जैसे ही मेरी सीरीज़ उर्दू डेली 'क़ौमी आवाज़' में छपने लगी तो एकाएक मेरा विरोध शुरू हुआ। ख़त मिले कि हमने 'क़ौमी आवाज़' की सारी प्रतियाँ जला डाली हैं। आपके विचार ठीक नहीं हैं। दूसरी ओर उसी मानसिकता वाले चन्द लोग जामिया में विरोध प्रकट कर रहे थे। चूँकि मैंने शाह के इम्परातोर सिस्टम के विरोध में लिखा, फिर इमाम ख़ुमैनी के समय होते ज़ुल्म के बारे में लिखा जिससे काफ़ी लोग रुष्ट हुए और समझ नहीं पाए कि मैं चाहती क्या हूँ। उनकी जड़ सोच यहीं तक जाती थी कि पार्टी मेम्बर बनकर ही विरोध में शामिल हुआ जा सकता है। लेखक की कोई अपनी दृष्टि या समाज के लिए कोई अपना मापदंड नहीं हो सकता है। जे.एन.यू. में नौ महीने मेरे पी-एच.डी. के दाख़िले को लेकर यूनिवर्सिटी के फ़ारसी विभाग और विद्यार्थी यूनियन में भिड़ंत चली थी। इसी के चलते एस.एफ.आई. साम्यवादी पार्टी दो हिस्सों में बँट गई थी। कारण था मेरा शाह-विरोधी लेख व कविताओं का अनुवाद जो विकास ने 1989 में 'ईकोज़ ऑफ़ ईरानियन रेवोल्यूशन : प्रोटेस्ट पोयट्री ऑफ़ ईरान' नाम से छापा था। शाह ने फ़ारसी अध्यापकों को पाला-पोसा था। उनका गोष्ठी एवं सेमिनारों में बराबर ईरान जाना होता था। इसलिए वे भी मेरा यह अन्दाज़ पसन्द नहीं कर पाए। किसी में दम नहीं था कि वह इस तरह शाह के विरोध में 'हिन्दुस्तान टाइम्स' (अंग्रेज़ी) में पूरा पन्ना छपवा सके। वह अनुभव जाने-अनजाने में मेरे हिस्से आया और मैं कह सकती

हूँ कि दुनिया को समझने, संघर्ष करने, लेखक को गम्भीरता से लेने और अपनी लेखक मर्यादा को समझने का मेरा गोल्डन साल रहा। मैंने लेखन के लिए केवल नौकरी नहीं छोड़ी बल्कि 'एशिया वीक' अंग्रेज़ी की संवाददाता बनने का ऑफ़र, बी.बी.सी. जाने का ऑफ़र भी छोड़ा था। वह समय दरअसल मेरे लेखक बनने का समय था जिसमें घटनाएँ, अनुभव, यात्राएँ, और ढेरों मेरे पाठक मुझे प्रोत्साहन और सहयोग दे रहे थे। मेरे लिए नौकरी ज़रूरी भी थी और नहीं भी। इस क़ीमत पर तो बिलकुल नहीं कि फ़ारसी विभाग की सियासत में हरदम मैं व्यस्त रहूँ। वह सब करूँ, जो हमारे हेड मुझसे कहें और न लिख सकूँ, न यात्रा कर सकूँ, सो मैंने नौकरी से इस्तीफ़ा देना मुनासिब समझा। उस समय बच्चे भी छोटे थे। घर, लेखन, नौकरी और फिर दुश्मनी—कई मोर्चे मुझे व्यस्त बनाए थे। उस समय श्रीपतराय जी प्रेमचन्द के बड़े बेटे का भी यह विचार था कि मैं अपनी सारी प्रतिभा लेखन में झोंक दूँ। नौकरी, नौकरी के लिए झगड़े, पॉलिटिक्स में अपनी सृजनात्मक ऊर्जा को नष्ट न करूँ सो मैंने उनकी सलाह मानते हुए इस्तीफ़ा दे दिया और लम्बी-लम्बी ख़तरनाक यात्राएँ कीं जो हिन्दी के इतर भी मुझे पाठकों से सम्मान दिलवाती रहीं।

प्रमोद मजूमदार : आपकी पारिवारिक पृष्ठभूमि क्या रही है?

नासिरा शर्मा : हमारा परिवार जिला रायबरेली, गाँव मुस्तफ़ाबाद (अर्थात् इलाहाबाद व लखनऊ के बीच बसा) से है। इलाहाबाद में मेरे पिता उर्दू के न केवल प्रोफ़ेसर रहे बल्कि विभाग को शुरू करने व यूनिवर्सिटी को बनाने वाले...। हमारे ख़ानदान में कवियों का सिलसिला रहा है। पढ़ने-लिखने का माहौल, ख़ानदान बड़ा था इसलिए हर तरह के विचार वाले भी थे—कोई साम्यवादी, तो कोई किसान आन्दोलन, तो कोई पत्रकारिता, तो कोई खेती-किसानी में व्यस्त रहा। संक्षेप में कह सकते हैं, हमारा परिवार साहित्यिक परिवेश का रहा है जहाँ लिखने, पढ़ने, बोलने की पूरी छूट रही।

प्रमोद मजूमदार : आपकी शिक्षा कहाँ हुई?

नासिरा शर्मा : मैं पहले अंग्रेज़ी माध्यम से सेंट एन्थोनी में पढ़ी, फिर हिन्दी मीडियम से हमीदिया गर्ल्स कॉलेज (वह दौर हिन्दी का था) से इंटर, बी.ए., इलाहाबाद; फ़ारसी में पाँच साल का एम.ए. और पश्तो भाषा जे.एन.यू. से, उर्दू मेरी मातृभाषा, किसी तरह की मैंने कोई ट्रेनिंग या कोर्स नहीं किया। मेरे अन्दर ख़ुदा ने जो गुण दिये, उसी के अंकुर फूटे। इन चारों ने मिलकर मुझे लेखक बनाया। हर पल एक

बेचैनी, इनसानी तकलीफ़ों के प्रति मेरा झुकाव, अति संवेदनशीलता और अनुभव का ख़ज़ाना। अगर अनुभूतियाँ न होतीं तो मैं इतने दूर चल नहीं सकती थी। अनुभव वह टॉर्च है जो मेरे मन-मस्तिष्क के उन अँधेरे कोनों में बैठी चेतना और संवेदना को रास्ता दिखा पन्नों पर लाती है जो आपके सामने हैं। मैं किसी विचारधारा या पार्टी से सम्बन्ध नहीं रखती हूँ। लेखक को केवल अपने क़लम के प्रति निष्ठावान रहना है, ऐसा मेरा विश्वास है।

प्रमोद मजूमदार : लेखन में आपका पारिवारिक सहयोग रहा?

नासिरा शर्मा : मेरे पति ने जो सबसे ख़ूबसूरत चीज़ मुझे दी, वह है लेखन और विचार की आज़ादी। उनका प्रोत्साहन था जो मैं ख़तरों से खेल सकी और सबसे ख़तरनाक हालात में यात्रा कर सकी। मेरे परिवार के लोगों को रूढ़िवादी विचार और सियासत की ठीक समझ न रखने वालों से बहुत गहरे कटाक्ष झेलने पड़े मगर उन्होंने कभी भी मुझ पर दबाव नहीं डाला कि तुम ऐसा लेखन मत करो। हमारा ख़ानदानी दबदबा भी था और मेरे लेखन की ताक़त भी थी जिसने मुझे खड़ा रखा वरना तकलीफ़ें बहुत उठाईं। जो चाहा, वह किया मगर ऐसे लेखन को वह सब कुछ नहीं मिलता जो सरकार की सेवा वाले लेखन को मिलता है। इसलिए मैंने कभी उसकी न इच्छा की, न अपने को नापा।

प्रमोद मजूमदार : आपके लेखन में ईरान के प्रति यह झुकाव क्यों?

नासिरा शर्मा : इत्तफ़ाक़ कह सकती हूँ। रेखाओं का या भाग्य का खेल होगा वरना मैं जाना चाहती हूँ अफ़्रीका, चाइना, इटली और पहुँच जाती हूँ ईरान, अफ़ग़ानिस्तान, इराक़, सीरिया, आख़िर क्यों? मेरा सब्जेक्ट भूगोल था जिसमें एम. ए. करना चाहती थी मगर किया फ़ारसी में। मैंने कभी ईरान को नक़्शे में भी ढूँढ़ने की कोशिश नहीं की थी मगर देखिए, तीन वर्ष शादी के बाद रही स्कॉटलैंड में और उस पर कोई सृजनात्मक काम न किया और ईरान की ज़मीन पर पैर रखते हुए रचना-स्रोत फूट पड़ा। इसमें मेरी न इच्छा का दख़ल रहा, न मेरे परिवार का बल्कि यह मेरी ज़िन्दगी जो मुझे लेकर अपनी इच्छा से चल रही है। जैसे क़लम मुझसे लिखवाता है और किरदार मेरी जगह अपनी कहानी लिखवाता है, मैं कुछ और सोचती हूँ मगर किरदार का तर्क, उसका समीकरण मेरे बस में नहीं रह जाता, कोई और शक्ति है जो सृजन का भार वहन कर लेती है!

एशिया या मध्यपूर्वी एशिया सियासी रूप से बेहद कुचले हुए हैं। उनके पास प्राचीन सभ्यता है, खनिज है। आज उनका दोहन जिस तरह हो रहा है, उसका अन्दाज़ा मुझे बहुत पहले वहाँ जाकर हो गया था। हमारे देश के सम्बन्ध बड़े घनिष्ठ रहे हैं मगर आधुनिकता के चलते हमने अपने पड़ोसियों से दूरी स्थापित कर ली। मध्यपूर्वी देशों के आम व ख़ास भारतीयों को बेहद प्यार करते हैं मगर हम हमेशा उन्हें मुस्लिम देश या फिर अंग्रेज़ों के बताए सियासी नामकरण से उन्हें जानते हैं जंगली वहशी। इसी इलाक़े (ईरान) पर राहुल सांकृत्यायन ने बहुत काम पचास वर्ष पहले किया था। दरअसल रचना की ऊर्जा किधर मुड़ जाए, यह हिसाब-किताब लेखक के साथ नहीं होता है। वह तो जो महसूस करता है, वही लिखता है, उनके लिए सीमा नहीं होती है बल्कि सीमा के पार वह देखता है।

प्रमोद मजूमदार : भारत में आपको अपने और ख़बर पढ़-सुनकर इन इलाक़ों पर लिखने वालों में क्या फ़र्क़ लगता है?

नासिरा शर्मा : इन देशों को उन्हीं के नज़रिये से समझना होगा। उन पर अपने को लादना नहीं चाहिए। मध्यपूर्वी देशों के लोग बदुओं को छोड़कर बेहद संवेदनशील, इनसानी व सृजन ऊर्जा से भरे लोग हैं। बदू सीधे जीवन की उन कठिनाइयों से टकराते हैं जिनसे हम निकल आए। उनके पास भी लोक-साहित्य का ख़ज़ाना है। यूरोप के लोगों ने कितना काम किया है, भले ही सियासी नेताओं ने इनका शोषण किया है मगर मेरी तरह लाखों कलाकारों, साहित्यकारों, नाटककारों, फ़िल्म वाले, वास्तुविदों ने इनके साहित्य और इमारतों पर न केवल शोध किया है बल्कि प्रोत्साहित भी हुए हैं। शेक्सपियर के ड्रामों का सोर्स भी वही अरब साहित्य बताया जाता है। भारत में मेरी तरह काम करने वाले कम हैं मगर आप पेरिस जाएँ और देखें कि ईरान व अफ़ग़ानिस्तान पर हज़ार से अधिक सृजनकर्ताओं ने फ़िल्में, उपन्यास, पत्रकारिता कर रखी हैं। दो फ़िल्में एक 'नॉट विदाउट माई डॉटर' एक पक्ष और 'हाउस ऑफ़ फाग एंड ड्रीम' दूसरी ओर आपको हिलाकर रख देती हैं। डायरेक्टर जिन्होंने यह संवेदनशील फ़िल्में बनाईं और आस्कर अवार्ड जीता, उन्हीं की सरकारों ने इस देश को तबाह किया। मुझे इन देशों को समझने में कठिनाई नहीं आती मगर मैं जितनी सहूलियतें मिलने पर काम और ज़्यादा कर सकती थी, वह मैं नहीं कर सकी। अपने ख़र्च पर जाना, अपने को हर पार्टी से अलग रखना, हालात को समझकर उसमें से आम इनसान के लाभ की बात निकालना बहुत मुश्किल काम था जो मैंने किया।

कभी-कभी लगता कि अगर पेरिस की तरह का यहाँ माहौल होता तो हम कई लेखक मिलकर और भी ज़्यादा काम कर सकते थे। अभी भी मेरे पास इंटरव्यू के टेप भरे पड़े हैं जो फ़ारसी में हैं, उन पर काम करूँगी तो मैं ही...। हिन्दी साहित्य का मिज़ाज अपने तक सीमित रहने का है, वह जब देखता भी है तो वहीं तक जिसका वह ग़ुलाम रहा है यानी अंग्रेज़ी साहित्य या फिर रूसी। वह एशियाई साहित्य की ओर देखना नहीं चाहता है, उनके शोषण में सहकारी भूमिका निभाना नहीं चाहता, वह उन मुद्दों पर इकट्ठा हो महान शक्ति का तख़्ता हिलाना नहीं चाहता—बतौर मिसाल, यूरोप में जिस पैमाने पर इराक़ के हमले का विरोध हुआ है, उसका अंश भी यहाँ हुआ? किसी भी लेखक ने क्या अपनी ज़िम्मेदारी निभाई? कितनों ने मेरे लेखन द्वारा ही उन मुद्दों को उठाया? मगर हाँ, यदि घूमने जाना हो तो वह इन देशों की मुफ़्त यात्रा ज़रूर करना चाहेंगे।

प्रमोद मजूमदार : ईरान की या भारत की समाजवादी पार्टी की सदस्या?

नासिरा शर्मा : मैं उनसे दिल व दिमाग़ से जुड़ी हुई हूँ। उनके साथ समय भी बिताया। उनके लिए व्यक्तिगत स्तर पर किया भी बहुत कुछ मगर किसी संस्था या पार्टी द्वारा मैंने कभी कुछ नहीं किया। दरअसल मैं किसी चौखटे या बन्दिश में रहकर काम नहीं कर सकती। मैं परिन्दा हूँ, मुझे उड़ना पसन्द है—अपनी शर्तों और ख़तरों पर।

प्रमोद मजूमदार : इतने बड़े पैमाने पर ख़तरा लेकर लिखने और बढ़िया लेखन के बावजूद आपको अन्तरराष्ट्रीय एवं राष्ट्रीय रेकगनिशन क्यों नहीं मिला, जो आपका अधिकार था? वह सम्मान व आदर नहीं मिला जो आपका अधिकार था।

नासिरा शर्मा : इसमें हिन्दी वालों का मिज़ाज कह सकती हूँ। दूसरा यह कि वह लोग (जो इनाम देते हैं) मेरे इस काम को बड़ा नहीं समझते हैं, वे तो शोषक हैं। लेकिन मैं श्योर हूँ कि यही काम और इतना ज़्यादा काम अंग्रेज़ी में होता तो स्वयं हिन्दी वाले उसे पढ़ना, उस पर लिखना गर्व समझते। जैसे ओरियंटलिस्ट एडवर्ड सईद जिन्होंने फ़िलिस्तीन पर ज़ोरदार काम किया है, उन्हें वे मानते हैं, उन्हीं की तरह शायद वह मेरे काम का भी महत्त्व समझते पर सबसे बड़ा कारण इन देशों के बारे में हमारे बुद्धिजीवियों का कम जानना भी है। फिर मेरी सबसे बड़ी कमी है कि मैं बहुत ज़्यादा ग्रुपबाज़ी नहीं करती, न मेरा कोई ग्रुप है। इसके फ़ायदे भी हैं और नुक़सान भी। मगर ऐसा नहीं है कि पाठक और बुद्धिजीवियों ने मुझे सराहा और सम्मान नहीं

दिया। सबसे बड़ी बात मेरे लिए यह है कि 1979 से मैं लिख रही हूँ, 2005 में मुझे प्रमोद मजूमदार ने पहचाना, यही मेरी उपलब्धि है। शायद यह बहाना बन जाए मेरा नेशनल स्तर पर पहुँचने का—कौन जानता है!

प्रमोद मज़ूमदार : पिता के घर में स्थिति क्या रही?

नासिरा शर्मा : मेरी माँ, जिन्हें मैं अपनी प्रेरणा का स्रोत कह सकती हूँ, उनमें ममता थी। पूरे पैंतालीस वर्ष वह विधवा रहीं। जब वह तीस वर्ष की आयु की थीं तो मेरे पिता की मृत्यु हुई थी। तब से मैंने उन्हें संघर्ष करते देखा। उन्होंने हमारे लिए क्या-क्या बलिदान नहीं किया? उन्होंने पढ़ाया और जो कुछ मैं आज हूँ, उनकी दी मान्यताओं के कारण ही हूँ। ईरान जब भी जाती, वह मेरे बच्चों को सँभालने आ जातीं, हमेशा बढ़ावा देतीं। इसके बाद ढेरों ऐसे लोग मिले जिनसे बहुत कुछ सीखा-जाना।

प्रमोद मज़ूमदार : आप अपने लेखन से सन्तुष्ट हैं?

नासिरा शर्मा : अभी मुझे लिखना है।

प्रमोद मज़ूमदार : कोई महत्त्वपूर्ण घटना जो आपको आज भी हिला देती हो?

नासिरा शर्मा : मैंने न्यूज़ लेने का टेक्निकल काम जैसे मॉनीटरिंग भी की है। बी.बी.सी. की एक वर्कशाप जिसमें न्यूज़ कैसे एक मुल्क से दूसरे मुल्क भेजते हैं, सीखा, मगर उसका उपयोग नहीं कर पाई। टीवी ड्रामा, इंटरव्यू, डिस्कशन में हिस्सा लिया। जर्मन व फ्रेंच टीवी के लिए युद्धबन्दियों पर फ़िल्म बनाई। मेरी पत्रकारिता के दौर में जब मैं सूबा-ए-सरहद पाकिस्तान में अफ़ग़ान मुजाहिदीनों का इंटरव्यू लेने गई तो उस समय के सबसे ख़तरनाक मुजाहिद नेता हिकमतयार, जो बाद में प्रधानमंत्री भी बने, गुलबुद्दीन हिकमतयार, उनसे इंटरव्यू लेकर जब बाहर निकली तो किराए की टैक्सी से ठहरने वाली जगह पर लौटने लगी। हमारा पीछा एक काले शीशे वाली कार कर रही थी जिसको ड्राइवर ने देखा और चीख़ा, 'खांनम!. सिर नीचे करो, यह सीधे खोपड़ी पर मारेंगे।' वह इतना नर्वस हो गया था कि स्टेयरिंग पर उसके हाथ काँप रहे थे। वह चीख़ते चला जा रहा था, मैं बदहवास, 'याख़ुदा, पाकिस्तान में मौत न देना!' जब हम अपने मोहल्ले में जहाँ मैं ठहरी थी, दाख़िल हुए तो वह कार ग़ायब! फिर दूसरे-तीसरे दिन भी उस कार ने हमारा पीछा किया तो पता चला कि हिकमतयार जैसे ख़तरनाक आदमी जिसके अनेक दुश्मन हैं, वे मुझे नुक़सान पहुँचा

सकते हैं, इसलिए इंटेलिजेन्स की यह कार है। हिकमतयार पाकिस्तान का चहेता अफ़ग़ान शरणार्थी है जिसके कारण बड़े पैमाने पर राहत रसद मिलती है कैश और हथियारों में, जिसमें पाकिस्तान की सरकार का भी हाथ होता है इसलिए उसका इंटरव्यू लेने वाली पत्रकार को विरोधी गुट वाले नुक़सान न पहुँचाएँ। इसमें कितना सच है, वह कार वास्तव में क्या थी, मगर वह घटना बेहद ख़ौफ़नाक थी। इस तरह के कई और भी हादसे हैं जिनका शिकार होते-होते मैं बची थी।

प्रमोद मजूमदार : अपने परिवार के बारे में बताएँ?

नासिरा शर्मा : मेरे दो बच्चे हैं। दोनों मैरेड हैं। बेटा अनिल छोटा है। फ़िलहाल दुबई में एड फ़िल्में बनाता है। उससे बड़ी बेटी अंजू है। उनकी फ्रेट फॉरवडिग कम्पनी है। दिल्ली में रहते हैं। मेरे पति बहुत क़ाबिल हैं, जे.एन.यू. में 28 साल पढ़ाया। उससे पहले इलाहाबाद यूनिवर्सिटी में थे। शिलांग, नागालैंड, मिज़ोरम में भूगोल विभाग की स्थापना की।

प्रमोद मजूमदार : आप अपने को लेखक कहेंगी या पत्रकार कहलाना पसन्द करेंगी?

नासिरा शर्मा : दोनों, लेखक व पत्रकार। मेरी पत्रकारिता को उर्दू के रईस मिर्जा ने 'लिटरेरी जर्नलिज़्म' का नाम दिया था जो पहली बार इस तर्ज पर हुआ। हाँ, मैं रिपोर्टर नहीं हूँ मगर सृजनात्मक स्तर पर ही पत्रकारिता करती हूँ या यूँ कहिए, जो विषय साहित्य के लिए नहीं अर्थात् जिन पर कहानी नहीं लिखी जा सकती है मगर उन्हें उठाना ज़रूरी समझती हूँ, तो उन पर वैचारिक लेख लिखती हूँ।

['मराठी पत्र' : 2006 में प्रकाशित]

जाबिर हुसैन*

नासिरा शर्मा हिन्दी की सफ़े अव्वल की फ़िक्शन निगारों में शुमार की जाती हैं। अपने अनुभव के विस्तार और भारतीय समाज के प्रति अपनी गहरी नज़र, ज़मीनी समस्याओं की यथार्थवादी समझ और क्राफ़्ट की नवीनता और हुनरमन्दी के ज़रिये वह हिन्दी पाठकों के बीच एक प्रतिष्ठित जगह बना चुकी हैं। उनकी कहानियाँ बड़े कैनवास पर उभरी लकीरों की तरह हमारी समाजी ज़िन्दगी का मंज़रनामा पेश करती हैं। कभी-कभार अपने घुमक्कड़ स्वभाज और इनसानी ज़िन्दगियों की पेचीदगियों के दबाव में कैनवस पर उभारी गई ये लकीरें कहानी के परम्परागत ढाँचे को तोड़ती महसूस होती हैं। ऐसे में उनकी कहानियों, नॉवेल की बुनियादी ख़ुसुसियात में हमआहंग होती नज़र आती हैं। लेकिन कहानी के प्लॉट और चरित्रों के सृजन पर नासिरा शर्मा की हस्सास पकड़ इन्हें कहानी और नॉवेल के दरमियान एक ख़ास लकीर खींचने पर आमादा कर देती है।

* लेखक, पत्रकार, कवि।

एक प्यास है जो बढ़ती ही जा रही है

जाबिर हुसैन : एक बार कहा था कि अदब ने, ज़िन्दगी ने शराफ़त और इनसानियत के साथ-साथ बुजदिली भी पैदा कर दी है आपकी शख़्सियत में। तब से मैं बुजदिली का वो जज़्बा तलाश रहा हूँ आपकी कहानियों में, उपन्यासों में, दूसरी तहरीरों में भी। अब तक नाकाम हूँ। कहाँ छिपे हैं आपकी रचनाओं में बुज़दिली के वो बीज और संकेत?

नासिरा शर्मा : याद है, बहुत अच्छी तरह याद है, क्योंकि आज भी मैं इस दर्द से गुज़रती हूँ और अपने अन्दर तड़प-तड़पकर रह जाती हूँ। मगर बहादुरी का वह क़दम नहीं उठा पाती हूँ जो अक्सर लोग प्रतिक्रिया के रूप में उठा लेते हैं। पर अपनी इस कमज़ोरी को पहली बार मैंने अगस्त, 1996 में हुई एक दुर्घटना के बाद बहुत शिद्दत से महसूस किया कि मैं बदला लेने, किसी को नुक़सान पहुँचाने और किसी को ज़लील करने की क्षमता क़तई नहीं रखती हूँ। कहीं पर कोई चीज़ मुझे ऐसा करने से हमेशा रोकती है और धैर्य के अथाह समन्दर में, जिसका स्वाद नमकीन है, अक्सर मैं उस खारे पानी में डूबती-तैरती हूँ। मगर ये आँसू बेचारगी के नहीं, आक्रोश के होते हैं। जब कभी फ़ैसला लेने की घड़ी आई तो हमेशा मेरी कोशिश रही है कि मैं बहादुरी की इस चमचमाती तलवार को मियान में रख बुजदिली से कोई ऐसा क़दम उठाऊँ जो उस रास्ते को जाए जहाँ दरवाज़े दूसरों के लिए खुले हों, बन्द नहीं। यही मेरी ताक़त है। यही वजह है मेरे लेखन में या किरदारों में आपको वह 'बुजदिली' नहीं मिलती जिसका अर्थ भीरु, डरपोक होने से लगाया जाता है (हँसी) या फिर...।

जाबिर हुसैन : आपके यहाँ प्लॉट और किरदारों के रिश्ते बेहद दिलचस्प हैं। कभी इस नतीजे पर पहुँचना मुश्किल हो जाता है कि प्लॉट किरदारों का मिज़ाज तय करते हैं कि किरदार प्लॉट की दिशा? कभी-कभी दोनों के रिश्ते इतनी नज़दीकी लिये होते हैं कि उन्हें अलग करके देखना नामुमकिन होता है।

नासिरा शर्मा : मुझे इस बात का कभी अहसास नहीं हुआ, मगर मैं इतना कह सकती हूँ कि जिस ज़मीन से कहानी उठाती हूँ, कोशिश यही रहती है कि किरदार उसी ज़मीन की पैदावार हों। किरदार को गढ़ते हुए किरदार के मिज़ाज को समझने पर मेरा ख़ासा ध्यान रहता है कि कुछ भी अटपटा न लगे। पढ़ने वाले को यह महसूस न हो कि परिवेश कहीं कुछ और कह रहा है और पात्र उससे छिटका हुआ बिलकुल अजनबी की तरह बर्ताव कर रहा है। यह भी सच है कि कुछ बातों की तरफ़ मेरा ध्यान जाता है मगर सब कुछ सोच-समझकर हमेशा नहीं निकलता है। कहानी एक इत्तफ़ाक़ है, ठीक दाने में अंकुर फूटने जैसा और फिर उस अंकुर की अपनी ज़मीन के तथ्य व तर्क होते हैं जो उसे एक तनावर दरख़्त में बदलते हैं। जब वह अंकुर वृक्ष बन जाता है तब उसके रूप और आकार-प्रकार पर बातें शुरू होती हैं, मगर बुनियाद में उस अंकुर का फूटना अपने में एक मासूमाना कैफ़ियत ही होती है।

जाबिर हुसैन : आपकी यात्राओं ने आपके साहित्य पर गहरी छाप छोड़ी है। दरअसल इन यात्राओं ने हिन्दी भाषा को कई महत्त्वपूर्ण पुस्तकें दी हैं। आपने ख़ुद भी स्वीकारा है कि ईरान की दो यात्राओं ने आपकी रचनाशीलता को नये आयाम दिये। मुस्लिम समाज की जो तसवीरें आपके अदब में उभरती हैं, उनका श्रेय भी आपकी यात्राओं को ही जाता है। दुनियाभर के उत्पीड़ित समाज से अपने रिश्तों को आप किस रूप में रेखांकित करती हैं?

नासिरा शर्मा : आपके सवाल से एक बहुत पुरानी बात याद आ गई। दिनेश द्विवेदी ने 'पुनश्च' का महिला अंक सत्तर के दशक के आरम्भ में छापा था, जिसमें लेखकीय वक्तव्य भी थे। वहाँ मैंने कहा था कि मैं सीमा व रंग-भेद को नहीं पहचानती, मेरे लिए इनसान होना काफ़ी है। वह कहाँ का है और किस धर्म व भाषा का है, इससे मुझे कोई फ़र्क़ नहीं पड़ता है। शायद इसी सोच के चलते मैं विदेशी धरती पर भारतीय किरदारों को नहीं ढूँढ़ती रही हूँ, बल्कि जहाँ जिस ज़मीन पर जाने का मौक़ा मिला, वहीं के इनसानों के दुख-दर्द को समझने की कोशिश की। इस मामले में मैं कोई ख़ानाबन्दी नहीं कर पाई। मगर ताज्जुब है कि ईरान की यात्रा से पहले मैं तीन साल एडिनबरा में रही। ज़िन्दगी को वहाँ जिया, बेहतरीन दोस्त मिले मगर उस ज़मीन पर क़लम से कुछ नहीं निकला। यह क्या भेद है, मेरी समझ में भी नहीं आया, जबकि स्कॉटलैंड से रिश्ता अब भी बरकरार है और ईरान आना-जाना पिछले 24 वर्षों से बन्द है। इसके लिए अगर यह कहूँ कि एशिया महाद्वीप के देश अपनी कला व संस्कृति, अपनी सोच और

अहसास में क़तई अलग नहीं हैं तो यह एक सच होगा। उनके अहसास हमारे ज़्यादा क़रीब व समझ में आ जाने वाले हैं क्योंकि उनके दुख व ख़ुशियाँ हमसे अलग नहीं हैं। यह बात भी जो मैं कह रही हूँ, जाने कितनी सच है, क्योंकि नेपाल, जापान, हांगकांग, बैंकाक जाकर भी मैं उन पर क़लम नहीं उठा सकी। लेकिन यह सच अपनी जगह है कि हर यात्रा ने अनुभव के स्तर पर बहुत कुछ दिया और सोच को पुख़्ता बनाया।

जाबिर हुसैन : अपनी कहानियों में बल्कि अपने उपन्यासों में भी आप अपने वैचारिक सरोकारों से हमेशा बँधी महसूस होती हैं। रचना का स्वाभाविक प्रवाह क्या इस वैचारिक बन्दिश से कभी अवरुद्ध होता महसूस हुआ?

नासिरा शर्मा : मैंने कभी ऐसा महसूस नहीं किया। दरअसल विचार आपको प्रश्नों में उलझाता है। इनसान के साथ हो रहे अन्याय को समझने की दृष्टि देता है। बिना विचार के (विचारधारा के नहीं) क़लम उठाने की मैं कल्पना ही नहीं कर सकती हूँ। और यह भी सच है कि उस विचार को अहसास से सजाना भी ज़रूरी समझती हूँ क्योंकि सृजन के लिए संवेदना बहुत ज़रूरी है। तभी आप इनसान के अन्तर्मन की थाह ले पाते हैं। यह शायद मेरी ज़ेहनी बनावट का कुसूर है जो मुझे रचना के स्वाभाविक प्रवाह में वैचारिक बुनावट कभी बन्दिश बनकर आती महसूस नहीं हुई क्योंकि मेरे लेखन की यह सहज प्रक्रिया है। मैं दिल व दिमाग़ को साथ लेकर चलती हूँ, किसी एक को ज़्यादा अहमियत नहीं देती हूँ। जितनी जज़्बाती हूँ, उतनी ही सँभली हुई भी। जज़्बात में आँख बन्द कर बहना मुझे पसन्द नहीं और जज़्बात को मौत की नींद सुला देना भी अच्छा नहीं लगता है। यक़ीनन मेरे लेखन में इसका असर तो पड़ेगा। मेरे अन्दर ग़ुस्सा और प्यार एक साथ उमड़ता है। मेरे इस जज़्बे की तफ़सील व कारण जो नहीं समझ पाते, वे ज़रूर भ्रमित हो जाते हैं।

जाबिर हुसैन : आपने कहानियाँ, उपन्यास, फ़िल्मों की स्क्रिप्ट, यात्रा-संस्मरण, वैचारिक लेख लिखे हैं, समसामयिक टिप्पणियाँ लिखी हैं, अनुवाद किये हैं। ये सब दरअसल आपकी रचनाशीलता की विभिन्न दिशाएँ हैं। सम्प्रेषण की दृष्टि से आप इनमें सबसे ज़्यादा सहज कहाँ महसूस करती हैं?

नासिरा शर्मा : सृजनात्मक लेखन—कहानी, उपन्यास! ख़ासतौर पर कहानी लिखकर बेहद ख़ुशी महसूस होती है और लगता है, जैसे आपको कोई ख़ज़ाना हाथ लग गया है। एक अजीब तरह की फराग़त का अहसास होता है।

जाबिर हुसैन : आपकी कहानियों के दो संग्रह और एक उपन्यास उर्दू में भी आए हैं। उर्दू पाठकों से आपकी जो अपेक्षाएँ थीं, वे किस हद तक पूरी हुई हैं?

आपकी कहानियों में ख़ासकर जो सामाजिक ज़िन्दगी उभरती है, उसे उर्दू पाठक वर्ग किस रूप में स्वीकारता है?

नासिरा शर्मा : जब लिखना व छपना शुरू किया था, तब उर्दू में भी कहानी छपने भेजती थी। दोनों में साथ-साथ छप रही थी। फिर एक दौर उर्दू की अदबी मैगज़ीन के बन्द होने का आया और हिन्दी में मेरे पाठक बढ़ते गए। प्रकाशक भी मौजूद थे। मेरा सारा ध्यान हिन्दी तक महदूद हो गया। मगर उर्दू के अदीबों से हमेशा प्यार भरी प्रतिक्रिया सुनने को मिलती। उन्हें मेरे अफ़साने अच्छे लगते। इन तीन किताबों ने आकर कोई हंगामा बरपा नहीं किया, मगर स्वागत हुआ। दरअसल हंगामा मेरी ज़िन्दगी का हिस्सा किसी भी स्तर पर नहीं रहा और न ही वे सारे शब्द व वाक्य जो मोतियों की तरह लोग लिखने वालों पर निछावर करते हैं। एक बार काज़ी अब्दुल सत्तार साहब ने मुझसे पूछा भी था कि हिन्दी के कमज़ोर लेखन पर भी 'सुपरलेटिव' का प्रयोग करते मैंने सुना है, मगर आपके सिलसिले से ऐसा नहीं देखा, आख़िर क्यों? उनको मैं जवाब क्या दे पाती, मगर उस सवाल से हटकर मैं इस बात के लिए अपने पाठकों की तहेदिल से शुक्रगुज़ार हूँ कि उन्होंने अपनी सन्तुलित अभिव्यक्तियों से मुझे हमेशा प्रेरणा दी।

जाबिर हुसैन : इलाहाबाद आपके उपन्यासों का जीता-जागता परिवेश है। आज कहानियाँ भी इसी परिवेश की देन हैं। क्यों भूल नहीं पातीं आप इस परिवेश को?

नासिरा शर्मा : हाँ, इधर एक के बाद एक तीन उपन्यास इलाहाबाद के परिवेश पर आए, वरना पिछले चार उपन्यास का परिवेश तो ईरान-पेरिस-दिल्ली, यू.पी. का क़स्बा-बस्ती और फ़ैज़ाबाद-लाहौर रहा है। 'पत्थर गली' कहानी-संग्रह में सारी कहानियाँ इलाहाबाद पर नहीं थीं तो क्या हुआ, उसका नाम तो इलाहाबाद की एक बेहद मशहूर गली पर था। मेरी कहानियाँ हिन्दुस्तान और हिन्दुस्तान के बाहर विभिन्न देशों व शहरों पर लिखी गईं मगर अम्मा के इन्तकाल के बाद पहली बार महसूस हुआ कि इलाहाबाद शहर मुझसे छिन गया है। वह धीरे-धीरे मुझसे दूर होता जा रहा है। और अन्दर एक ललक उभरी उसे सँजोने की। दूसरा कारण इससे भी अलग था कि हमारा बचपन जिस घर व मोहल्ले में गुज़रा, वह अम्मा की ज़िन्दगी में ही

हमारा नहीं रह गया। वह शहर हमारे लिए महत्त्वपूर्ण नहीं था, क्योंकि हमने शहर को नहीं, घर को जिया था। मैं और मेरा छोटा भाई गर्दिश के दिनों की पैदावार थे। हमारे लिए माँ ही सब कुछ थीं। बड़े तीनों बहन-भाई घर की उस शान-शौक़त के साक्षी थे जिसके खँडहर की तरफ़ हम हर दिन बढ़ रहे थे। बचपन जितना आरामदेह व शानदार गुज़रा किशोर अवस्था उतनी ही कष्टदायक, जहाँ अम्मा के साथ मिलकर उस गुज़रे अतीत की बातों को हमें सँभाले रखना था। चार-पाँच वर्ष हमने अजीब जद्दोजहद में गुज़ारे, जहाँ भाई-बहनों में प्यार व खुलूस के बावजूद नज़रिये और जीवन-दर्शन का फ़र्क़ था। हमने उन दिनों जो जिया था, उससे अजीब तरह की मोहब्बत हमारे बीच पनपी थी। वह कष्ट भरी टीसें अपनी जगह थीं मगर रिश्तों ने उन टीसों को नासूर नहीं बनने दिया। वही मोहब्बत थी जिसने अम्मा के उस छिने हुए घर के बाहर शहर देखने पर मजबूर किया और मैं जो इलाहाबादी थी, जिसने कुछ मोहल्लों के अलावा कुछ ज़्यादा देखा नहीं था, ख़ासकर मुझे लगा, जैसे यह तो अपने शहर से कोई शहर उगा है! अपनों से अलग, बिलकुल अलग तरह के लोग भी यहाँ बसते हैं, जो बेमुरव्वत ही नहीं बल्कि अपराधी भी हैं। और तब मैंने वकील, मुक़दमे के चलते बिलकुल अलग तरह का इलाहाबाद देखा जो यक़ीनी तौर से मेरे अब तक के इलाहाबाद से बिलकुल अलग था। यदि सदी के अन्त में मुझे उस यातना से गुज़रना न पड़ता जिसने शहर की परतों को देखने का अवसर दिया, तो मैं कभी 'अक्षयवट'-न लिख पाती और न कभी इंस्पेक्टर त्रिपाठी का किरदार रच पाती। अम्मा के जाने के बाद एक अध्याय कहें या कहें, पुरानी यादों की किताब ख़त्म हुई, जिसने मुझे इस हद तक व्याकुल किया कि जाते हुए शहर को मैं क़लम के ज़रिये पकड़ लूँ, अपना बना लूँ जबकि वह घर, वह शहर कभी यह अहसास नहीं दे पाया था कि वह मेरा नहीं है या फिर मुझसे दूर कहीं चला जाएगा।

जाबिर हुसैन : दुनिया जैसी कहानियों में, उपन्यासों में नज़र आती है, क्या सचमुच वैसी ही है? बुनावट की मंज़िलों से गुज़रने पर क्या वह वैसी रह जाती है, जैसी कि वो सचमुच है?

नासिरा शर्मा : कभी-कभी उससे भी ज़्यादा ख़ूबसूरत हो जाती है और कभी बेहद बदसूरत। यही कला है जो वास्तव में अहसास को तराशती है और हमारे सामने रखती है। जब हम सच को, घटना या कहानी को बिलकुल वैसा रख देते हैं, जैसी कि वह घटती है तो अजीब बात है कि वह रचना कला के पैमाने पर खरी नहीं

उतरती है। जिस तरह एक हादसे का कारण, उसका यथार्थ, ज़िन्दगी के मोड़ को अपना तर्क देता है, वैसे ही कहानी-रचना का भी एक तर्क होता है। वह इनसान की बात करती है मगर हूबहू उसकी फ़ोटो नहीं उतारती। कहानी में बयान इनसान और ज़िन्दगी जीता इनसान अपने में दो हक़ीक़तें हैं। एक को ऊपर वाला बनाता और उसकी तक़दीर लिखता है, और दूसरे को लेखक गढ़ता है जिसमें वह भाषा से रंग भरता है। काले अक्षरों से जीता-जागता इनसान गढ़ना और उस पर विश्वास पैदा कराना कोई आसान काम नहीं है।

जाबिर हुसैन : अपने नये उपन्यास 'ज़ीरो रोड' के बारे में बताएँगी?

नासिरा शर्मा : 'ज़ीरो रोड' इलाहाबाद की एक सड़क का नाम है। ऐसा नाम क्यों पड़ा, कह नहीं सकती, मगर कुछ लोगों का कहना है कि यह शहर की पहली सड़क थी। मेरे लिए यह नाम एक अलामत की तरह उभरा। यदि हम अपने चारों तरफ़ नज़र डालें तो महसूस होगा कि न कोई रिश्ता, न कोई सियासत और न कोई नज़रिया अपनी पूर्णता को पहुँच रहा है। हर चीज़ ज़ीरो पर जाकर प्रश्नचिह्न में ढल जाती है। रास्ता मंज़िल पर पहुँचने से पहले ही दूसरी ओर मुड़ जाता है। आज के सन्दर्भ में मुझे यह सबसे बड़ा सच लगता है। इस उपन्यास का एक अध्याय दुबई और दूसरा इलाहाबाद के मोहल्ले चक पर है, जहाँ से सिद्धार्थ नाम का लड़का दुबई काम करने आता है। दुबई हमेशा एक मंडी, अपराधियों की पनाहगाह के रूप में उभरता है, मगर वहाँ जाकर जब 65 प्रतिशत भारतीयों को काम करते देखा और उसका अतिआधुनिक रूप देखा तो चौंकी भी और जिज्ञासा भी जागी कि इस पर कुछ लिखूँ। जहाँ एक ओर ताजिरों का मेला लगता है तो दूसरी ओर मज़दूरों की बस्तियाँ हैं। इस भागदौड़ के बावजूद वहाँ इनसान बिना आतंक के जी रहा है। ग़रीबी वहाँ भी है, इनसानी कमज़ोरी वहाँ भी है, इसके बावजूद वहाँ सुकून है। चूँकि वहाँ सभी देशों से आए नागरिक बसते हैं सो उपन्यास का परिवेश दुबई व इलाहाबाद होते हुए भी अन्तरराष्ट्रीय दृश्यों, हादसों व सवालों को उठाए बिना नहीं रहता है, क्योंकि आज वे सवाल हमारे और आपके दिमाग़ में सोते-जागते घूमते रहते हैं।

जाबिर हुसैन : आगे क्या कुछ करने के इरादे हैं?

नासिरा शर्मा : पिछले कई सालों से एक तमन्ना परकटे परिन्दे की तरह दिल में तड़पती है कि अब फ़ुर्सत के लम्हे हों, किताबें पढ़ना, लिखना और लम्बी यात्रा

पर निकल जाना। नये लोगों से मिलना और वह सब कुछ जानना जो मेरी आँखों से छुपा है। एक प्यास है, जो बढ़ती जा रही है। मगर सिर्फ़ तमन्ना से सब कुछ मिल जाए तो फिर बात ही क्या है!

['ज्ञानोदय' : जून, 2007]

सन्दीप यादव*

सृजन, वास्तव में सृजन होता है। उसको लिंग में बाँधना या सीमित करना उचित नहीं है। आज स्त्रियों के लेखन में मुख्य पात्र 'महिला' है मगर क्या हम प्रेमचन्द की 'धनिया' या राजेन्द्र सिंह बेदी की 'रानो' को भूल सकते हैं? पुरुष लेखकों ने असंख्य महत्त्वपूर्ण पात्र हिन्दी साहित्य को दिये हैं। इसलिए यह कहना अनुचित है कि सृजनात्मकता को हम मर्द-औरत में बाँटकर देखें। जो यह ख़ानाबन्दी कर रहे हैं, वे बिलकुल ग़लत कर रहे हैं। इसका परिणाम हमको बाद में भुगतना पड़ेगा जब महिला लेखन को मुख्य धारा से अलग होना पड़ेगा और उस समय तुरन्त अपनी पहचान बनाने वाले या वाली इस ग़लती को सुधारने के लिए मौजूद नहीं होंगे।

---

* पत्रकार।

औरतों के लेखन की सदी

सन्दीप यादव : आप इलाहाबाद में जन्मीं और दिल्ली को रचनाकर्म के लिए चुना। इन दोनों स्थानों का अपने लेखन में क्या महत्त्व अनुभव करती हैं?

नासिरा शर्मा : दिल्ली में जो लेखन किया, उसमें इलाहाबाद ही उभरा है।

मेरा दूसरा कहानी-संग्रह 'पत्थर गली' के नाम से आया था, जो इलाहाबाद की वह गली है जहाँ मेरा स्कूल हमीदिया गर्ल्स कॉलेज एक तरफ़ था तो दूसरी ओर मेरी खाला का घर, बीच में मेरी दोस्त का मकान था। कोई भी महत्त्वपूर्ण लेखन बचपन की यादों के बिना अपना विशेष स्थान नहीं बना पाता है। इलाहाबाद जैसे-जैसे मुझसे दूर होता गया, वैसे-वैसे मेरे साहित्य में जगह बनाता गया। इधर मेरे तीनों उपन्यास 'अक्षयवट', 'कुइयाँजान', 'ज़ीरो रोड' इलाहाबाद की ही नई-पुरानी यादों से मिलकर लिखे गए हैं, जो परिवेश में इलाहाबादी हैं मगर समस्या में राष्ट्रीय एवं अन्तरराष्ट्रीय हैं। दिल्ली में रहकर लिखना आपको हमेशा बेहतर लिखने के लिए उकसाता है, क्योंकि यहाँ पर कॉम्पिटिशन है। जो लिख दिया, उसे बेहतर समझकर आप सुखी नहीं रह सकते हैं, न ही सन्तुष्ट, क्योंकि सारे भारत का फ़ोकस फ़िलहाल हिन्दी को लेकर दिल्ली पर है। ऐसा नहीं है कि अन्य प्रदेशों या गाँव व क़स्बों में रहने वाला लेखक अच्छा लिख नहीं रहा है मगर अक्सर भाषा-शैली और विषय को लेकर उनका विकास ठहरा लगता है। अपवाद की कमी नहीं है। रोज़ जो संघर्ष आपको राजधानी में रहकर करना पड़ता है, वे अनुभव भी आपकी लेखनी को गति देते हैं। जीवन आगे बढ़ रहा है। इनसान नई कठिनाइयों से कैसे निपट रहा है, यह सारी पीड़ा, दबाव और तनाव कहानी और उपन्यास की पृष्ठभूमि को जहाँ नई ज़मीन देते हैं, वहीं पर नये अनुभव से निकली भाषा-शैली और घटनाओं से पीड़ित इनसानी भावनाएँ नये रंग और नया रूप धरती हैं और इसी कारण मेरी पहली कहानी 'बुतख़ाना' उन्हीं मानवीय मूल्यों की तलाश करती है जो इलाहाबाद में पल-बढ़कर मैं यंत्रचालित

दिल्ली की ज़िन्दगी में ढूँढ़ती हूँ और चौंकती हूँ कि दिल्ली में मानवीय सरोकार वह नहीं हैं जो इलाहाबाद में उस समय थे। अब तो इलाहाबाद भी बहुत बदल चुका है। दूसरे, इलाहाबाद को मैंने 18 वर्ष की आयु में छोड़ा था। तब स्कूल की मैगज़ीन में कुछ और रचनाएँ लिखी ज़रूर थीं मगर वे सब इस बात का प्रमाण नहीं थीं कि मैं लेखिका बनने की राह पर हूँ। उस उम्र में ज़्यादातर लोग कुछ लिखते-पढ़ते हैं। मेरा लेखकीय विकास वास्तव में दिल्ली में हुआ और जिसकी ज़मीन इलाहाबाद रही है।

सन्दीप यादव : आपका जन्म सन् 1948 का है। यह वर्ष आज़ादी की पहली वर्षगाँठ के रूप में ऐतिहासिक है। इन प्रारम्भिक दशकों में आपने भारतीय समाज को किस रूप में देखा और अनुभव किया?

नासिरा शर्मा : मेरा ख़ुद का संयुक्त परिवार टूटा और सब अलग-अलग घरों और शहरों में रहने चले गए—कुछ नौकरी के चलते तो कुछ पढ़ाई और कुछ आर्थिक कारणों से। जिन्होंने पढ़ा, उन्हें बढ़िया ओहदा मिला मगर जो केवल ज़मींदारी से जुड़े थे, उनके हालात ज़मींदारी उन्मूलन से खस्ता हुए जो आज भी हैं। यह हाल केवल मेरे नहीं बल्कि ज़्यादातर भारतीयों के मैंने देखे और सुने। मेरे परिवार से तो कोई पाकिस्तान नहीं गया मगर जिन लोगों का ख़ानदान विचारधारा, दहशत, उम्मीद के कारण बँटा और वे डर और दंगों से घबराकर भागे, उनकी भावनात्मक टूटन भी समय का सच रही है। ग़रीबी, नौकरी का न मिलना, ग़द्दार और देश को तोड़ने वाले, जासूस और कई तरह के आरोपों से आहत मुसलमानों को भी देखा और महसूस किया कि बिना अपराध किये भी अपराधी कैसे बना दिये जाते हैं और कुंठित लोग कैसे छोटे-छोटे कारोबारों से पेट पालने में व्यस्त हुए, क्योंकि उन्हें नौकरी मिलने की आशा न थी। यह अल्पसंख्यकों का आधा सच था और आधा भय जो मानसिक रूप से सियासत ने तोड़ दिया था। चीन व पाकिस्तान से जंग के दौरान यह चादर फटी और लोगों के दुखी मन में देश-प्रेम फूटा। जीवन में सादगी आई। युद्ध के दौरान तब सोना दान देने के चक्कर में सोना पहनना बुरा माना जाता और मुसलमानों में पढ़ाई की रुचि न केवल लड़कों में बल्कि लड़कियों में भी ख़ूब बढ़ी। शाहबानो केस से पहली बार सामाजिक (औरत) मुद्दे पर हिन्दू व मुसलमान खुली बहस में शामिल हुए। विवाह हुए। भारतीय समाज जब बँटवारे की त्रासदी से निकलने की राह पर चल रहा था तब राजनेताओं ने अपनी चालें चलीं और पुराने मुद्दे को फिर से बाबरी मस्जिद और रामजन्मभूमि में बदला। इससे पहले ख़ालिस्तान का

मुद्दा गरमाया था। सीमावर्ती प्रान्तों में उठे असन्तोष को फ़ौज और सीमा सुरक्षा बल द्वारा दबाया जाता रहा है। आतंकवाद बढ़ा। देश में जब तक बहुराष्ट्रीय कम्पनियों के लिए दरवाज़ा नहीं खुला था तब तक बाज़ार और भ्रष्टाचार का प्रभाव इतना नहीं था। आज भारतीय समाज बाज़ार की ज़रूरत के मुताबिक़ बदल रहा है और यह बर्बादी का संकेत है।

सन्दीप यादव : स्वातंत्र्योत्तर हिन्दी लेखन में महिलाओं का विशेष योगदान है। आप और किन महिलाओं को रेखांकित करना चाहेंगी?

नासिरा शर्मा : पिछली सदी की आधी सदी को 'औरतों के लेखन की सदी' कहा जा सकता है। शिक्षा बढ़ी, उसने औरतों को मुखर बनाया, अपने प्रति सजग बनाया। सो क़लम द्वारा उन्होंने अपनी बातें खुलकर कहीं। ऐसा नहीं है कि भारतीय महिलाओं ने अभी लिखना शुरू किया हो बल्कि ऐतिहासिक मंच पर उन्होंने प्राचीन काल से अपनी उपस्थिति रचनाकार के रूप में बराबर दर्ज कराई है, मगर जो संख्या हमको पिछले साठ-सत्तर वर्ष में नज़र आई है, वह अद्‌भुत है। उसमें कितनी रचनाएँ समय के साथ साहित्य में अपना निशान और उपस्थिति दर्ज कराती हैं और कितनी भुलाई जा सकती हैं, यह एक अलग सवाल है। परन्तु हिन्दी में महादेवी वर्मा, सुभद्रा कुमारी चौहान, कृष्णा सोबती से लेकर सीमा शफ़क़ तक दर्जनों महत्त्वपूर्ण नाम लिये जा सकते हैं। यही हाल अन्य भारतीय भाषाओं का भी है।

सन्दीप यादव : सर्जनात्मक लेखन को पुरुष और महिला लेखन में विभाजित किया जाना कहाँ तक उचित है?

नासिरा शर्मा : सृजन, वास्तव में सृजन होता है। उसको लिंग में बाँधना या सीमित करना उचित नहीं है। आज स्त्रियों के लेखन में मुख्य पात्र 'महिला' है मगर क्या हम प्रेमचन्द की 'धनिया' या राजेन्द्र सिंह बेदी की 'रानो' को भूल सकते हैं? पुरुष लेखकों ने असंख्य महत्त्वपूर्ण पात्र हिन्दी साहित्य को दिये हैं। इसलिए यह कहना अनुचित है कि सृजनात्मकता को हम मर्द-औरत में बाँटकर देखें। जो यह ख़ानाबन्दी कर रहे हैं, वे बिलकुल ग़लत कर रहे हैं। इसका परिणाम हमको बाद में भुगतना पड़ेगा जब महिला लेखन को मुख्य धारा से अलग होना पड़ेगा और उस समय तुरन्त अपनी पहचान बनाने वाले या वाली इस ग़लती को सुधारने के लिए मौजूद नहीं होंगे।

सन्दीप यादव : हिन्दी की अनेक गद्य विधाओं में आपका लेखन-कार्य हुआ है—कहानी, उपन्यास, निबन्ध, पत्रकारिता, रिपोर्ताज़, संस्मरण आदि। इसमें आपको सर्वाधिक कौन-सी विधा प्रिय है?

नासिरा शर्मा : हर विषय के लिए अपनी विधा तय करनी पड़ती है। सबसे ज़्यादा सुख कहानी और उपन्यास लिखने में आता है। उपन्यास लिखने के लिए लम्बी फ़ुर्सत और समय की ज़रूरत पड़ती है और आप एक गाँव, एक शहर और अनेक परिवारों के साथ रहने लगते हैं। वह दुनिया आप ख़ुद बसाते हैं। मकान बनाते, घर सजाते हैं। लम्बा साथ होता है। इसलिए वे सारे चरित्र आपके परिवार के सदस्य लगने लगते हैं। कहानी का सुख अलग होता है। वह एक झटके से निकलती है और आपको पीड़ा से मुक्त कर देती है।

सन्दीप यादव : आप रिपोर्ताज़ को यात्रा-वृत्तान्त से किस प्रकार अलग पाती हैं?

नासिरा शर्मा : रिपोर्ताज़ में दुखी समाज या कह सकते हैं, किसी भी इलाक़े में हुई गड़बड़ी का प्रभाव इनसानी ज़िन्दगी पर कैसा और किस हद तक पड़ा, उसका वर्णन ज़रूरी है। दूसरे महायुद्ध से शुरू हुई यह विधा वास्तव में अपनी इस मानवीय बयानबाज़ी के कारण यात्रावृत्त से अलग अपनी पहचान बनाती नज़र आती है। रिपोर्ताज़ कहानी और यात्रा-संस्मरण के बीच की विधा है जबकि यात्रावृत्त संस्मरण और यात्रा के बयान के बीच की एक विधा कही जा सकती है जिसमें यदि इनसानी भावनाएँ न भी हों तो भी वह अपने में एक रोचक सूचना स्थान-प्रकृति एवं लोगों की हो सकती है।

सन्दीप यादव : 'जहाँ फ़व्वारे लहू रोते हैं' में ईरान की स्वर्णिम और मार्मिक, दोनों छवियों का वर्णन है। इस समय वहाँ की स्थिति क्या है?

नासिरा शर्मा : ईरान में आख़िरी बार 1982 में गई थी। उसके बाद जिस तरह का लेखन मैंने किया था, उसमें ईरान के सत्ताधारियों की आलोचना थी। मेरे लिए वहाँ जाने में ख़तरा था। दूसरे, वीज़ा भी न मिलता। यदि आप चाहें तो मेरा उपन्यास 'सात नदियाँ : एक समन्दर' और 'संगसार' कहानी-संग्रह पढ़ें और 1982 के बाद के ईरान को जानने के लिए मेरी एक कहानी 'ख़ामोश आतिशकदा' (नया 'ज्ञानोदय', जून 2007) पढ़ें और शीरीन एवादी (नोबुल सम्मान प्राप्त) की पुस्तक 'आज का ईरान' पढ़ें जो दिल्ली के प्रकाशक ने छापी है। जो लोग ईरान

से आए, उन्होंने बताया कि ईरान की आर्थिक, राजनीतिक स्थिति बद से बदतर हो चुकी है। मुद्रा की कोई क़ीमत नहीं रह गई है।

सन्दीप यादव : कहानी और उपन्यास की तरह अन्य गद्य विधाएँ (आत्मकथा को छोड़कर) लोकप्रिय क्यों नहीं हो पा रही हैं?

नासिरा शर्मा : इधर तो दिलचस्पी कहानी व उपन्यास से इतर विधाओं में बढ़ी है मगर क़िस्सागोई का जो रस पीढ़ियों से भारतीय समाज को अभिभूत किये हुए है, उससे पाठक निकलना नहीं चाहते हैं। दूसरा कारण यह भी हो सकता है कि लेखकों ने अपना 'बेहतरीन' सृजन इन विधाओं को देने में कंजूसी बरती हो! तीसरा कारण आलोचक भी हैं जिन्होंने समीक्षा कर पाठकों का ध्यान इन (अन्य विधाओं की) पुस्तकों की तरफ़ नहीं खींचा हो।

सन्दीप यादव : आप इस समय क्या लिख रही हैं?

नासिरा शर्मा : फ़िलहाल एक उपन्यास पर काम कर रही हूँ।

सन्दीप यादव : आपका लेखन किस विचार-प्रणाली से प्रभावित है?

नासिरा शर्मा : किसी से नहीं—अपने अवलोकन पर विश्वास और अपनी भावनाओं पर भरोसा।

सन्दीप यादव : कहानी-उपन्यास लेखकों के जिस प्रकार संघ बने अथवा काव्यान्दोलन और नाट्यान्दोलन हुए, उस प्रकार रिपोर्ताज़ जैसी विधाओं को आगे बढ़ाने के लिए कोई आन्दोलन नहीं हुआ। इस बारे में आपका क्या विचार है?

नासिरा शर्मा : पहली बार ऐसा सवाल किया गया है जिसको सुनकर सोचना पड़ रहा है। वास्तव में रिपोर्ताज़ पर काम ज़्यादा नहीं हुआ है, फिर भी पुराने लोगों में रेणु और नये में सत्यनारायण (राज.) के रिपोर्ताज़ बहुत महत्त्वपूर्ण हैं। एक-दो और लेखक होंगे जिनके नाम लिये जा सकते हैं।

['सृजन समीक्षा' : जनवरी-जून, 2008]

बन्धु कुशावर्ती*

बीती सदी में 1970-75 के दौरान उभरकर आए हिन्दी लेखकों की पीढ़ी में नासिरा शर्मा की पहचान बहुआयामी कृतित्व वाली समर्थ रचनाकार के रूप में है। अफ़ग़ानिस्तान और ईरान पर उनके लेखन ने उन्हें नई ऊँचाई और अन्तरराष्ट्रीय पहचान दी है। स्त्री विमर्श हो या अल्पसंख्यक मुस्लिम मुद्दे, नासिरा शर्मा की दो टूक विचारशीलता उनकी चिन्ता और सोच की गहराई तथा गम्भीरता के साथ ही उन्हें सदैव ज़िम्मेदार लेखक के रूप में प्रक्षेपित करती है। अभी ज़्यादा समय नहीं बीता है, जब 'नया ज्ञानोदय' के सम्पादक रवीन्द्र कालिया ने लेखक-केन्द्रित स्तम्भ 'मील का पत्थर' का प्रारम्भ नासिरा शर्मा को केन्द्र में रखते हुए एक ओर तो उन पर 24 पृष्ठों की बहुविध सामग्री छापी और दूसरी ओर उसी अंक में नासिरा शर्मा पर सायास अत्यन्त अवांछनीय और अनुत्तरदायित्वपूर्ण टिप्पणी भी की। 'भारतीय ज्ञानपीठ' जैसे प्रतिष्ठित संस्थान से साहित्यिक पत्रकारिता में उपभोक्तावादी बाज़ारवाद की दृष्टि से शुरू की गई यह ओछी मिसाल निस्सन्देह हिन्दी में एक ख़तरनाक संकेत है। नासिरा शर्मा को गहरे मानसिक सन्ताप और क्लेश में डुबोने के लिए 'नया ज्ञानोदय' के सम्पादक की घटिया हरक़त मामूली नहीं थी। फिर भी नासिरा शर्मा ने लेखकीय गरिमा और संयम बनाए रखते हुए भारतीय मनीषा को प्रतिष्ठा दी।

---

* लेखक, पत्रकार, आलोचक।

लेखक फ़िल्मी इश्तहारों में चस्पाँ होने वाली शख़्सियत नहीं

बन्धु कुशावर्ती : 'नया ज्ञानोदय' में 'मील का पत्थर' स्तम्भ की शुरुआत आपसे करते हुए आप पर एक मूल्यांकनपरक लेख, आपकी दो कहानियाँ, आपसे एक साक्षात्कार, विभिन्न समय के आपके पासपोर्ट वाले चित्रों को छापते हुए सम्पादक रवीन्द्र कालिया ने अपने सम्पादकीय में आप पर अत्यन्त क्षुद्र मानसिकता वाली टिप्पणी भी लिखी। मान लीजिए, टिप्पणी में आपकी जगह निरन्तर अपने सक्रिय अवदान से साहित्य को समृद्ध करने वाले किसी अन्य लेखक को वहाँ मोहरा बनाया गया होता तो? आप क्या कहना चाहेंगी?

नासिरा शर्मा : 'बैड टेस्ट' ही कहूँगी। वैसे इस तरह के फ़ोकस वाले मूल्यांकनों के साथ तसवीरें छपती हैं। मेरी पासपोर्ट की तसवीरें देने से मेरी यायावरी को फ़ोकस में लाना था, मगर उन (सम्पादक) की दी टिप्पणी से अधिकतर मेरे पाठक आहत हुए। इस तरह की टिप्पणियाँ 'नया ज्ञानोदय' में छप रही थीं, जिसकी प्रशंसा ख़ुद पत्रिका में एवं एक-दो समीक्षाओं में पढ़कर आश्चर्य हुआ कि कुछ पत्रकारों-लेखकों, सम्पादकों एवं समीक्षकों का 'टेस्ट' कितना बदल रहा है।

बन्धु कुशावर्ती : 'नया ज्ञानोदय' के सम्पादक रवीन्द्र कालिया द्वारा आपको लेकर पुरस्कार-सम्मान का हवाई शोशा छोड़कर अप्रिय विवाद को हवा देने के मुक़ाबले में क्या आपने हिन्दी लेखक और पाठक तथा इससे इतर भाषायी समाज में अपने लेखन से बनी अपनी पहचान, प्रतिष्ठा और स्वीकार्यता को कमतर पाया है? आपको अब तक का अपना वैविध्यपूर्ण लेखन और विविध स्तरीय काम सन्तोष और आश्वस्ति देने वाला कम महसूस होता है क्या?

नासिरा शर्मा : अभी मैं लिख रही हूँ। यदि लिखना बन्द कर देती और दहाई गुज़र जाती, तो शायद मैं एक अवसाद की स्थिति में पहुँच इस तरह के विचार में

डूबती-उतराती कि मैंने कुछ लिखा नहीं या कितना कुछ लिखा, मगर उसका सही मूल्यांकन नहीं हुआ। ऐसे सवाल दरअसल संवेदनशील और स्वाभिमानी लेखक को गहरे आहत करते हैं। कोई जब मेरी रचना से अत्यधिक प्रभावित हो कह उठता है कि आपकी चर्चा उतनी नहीं हुई, जितनी होनी चाहिए थी, तो भी अच्छा नहीं लगता। लेखक का लोग जब फ़िल्मी दुनिया के एक्टर से मिलान करने लगते हैं तो अफ़सोस लगता है। लेखक फ़िल्मी इश्तहार की तरह सड़क के बैनरों में चस्पाँ नहीं हो सकता। उसका साहित्य धीरे-धीरे कर लोगों तक पहुँचता है। सच पूछें तो अभी मैंने लिखा ही क्या है! जब तक मेरे अन्दर की बेचैनी ज़िन्दा रहेगी, तब तक मेरा लेखक पन्नों को रँगता रहेगा। जब तक मेरे अनुभव और मेरी संवेदना इनसानों से टकराकर मुझे पीड़ा का अहसास कराती रहेगी, तब तक मुझे सन्तोष कैसे मिल सकता है? लेकिन हाँ, जितना लिखा, पाठकों ने पढ़ा। उसी ने मुझको ग़लतबयानी द्वारा लगे आरोप से मुक्ति दिलाई, जिसने मुझे गहरा विश्वास और सन्तोष दिया, इसमें कोई शक नहीं।

बन्धु कुशावर्ती : अमूमन ऐसी अप्रीतिकर स्थितियों या विवादों को आप मन से उतारकर सर्जनात्मकता का कोई-न-कोई उदाहरण पेश करती हैं। रवीन्द्र कालिया की करतूत और 'नया ज्ञानोदय' के माध्यम से सामने आए इस अप्रिय विवाद को दरकिनार कर क्या आपकी किसी नई रचनाशीलता से दो-चार होने की उम्मीद बाँधी जाए?

नासिरा शर्मा : ज़रूर! क्यों नहीं!!

बन्धु कुशावर्ती : कोई भी पुरस्कार कृति के कृतित्व एवं अवदान का सार्वजनिक सम्मान और स्वीकृति होता है, जिससे वातावरण में एक बार तात्कालिक चर्चा नये सिरे से आ जाती है। क्या इसके अलावा भी आप मानती और महसूस करती हैं?

नासिरा शर्मा : आपका कहना सही है। अच्छी-बुरी चर्चा से लेखक एक बार फिर ताज़ा हो जाता है, मगर वास्तव में जब अच्छी कृति पर सम्मान मिले। आज शक व शुबहे के चलते पाठकों के दिल व दिमाग़ में जो फ़ैसले होते होंगे, उसे भी जानना ज़रूरी है। पुस्तक ख़ुद बोलती है कि इस सम्मान के क़ाबिल थी या नहीं, या फिर उसे अन्य कारणों से पुरस्कार मिला है। कभी-कभी यह माली-मदद भी मानी जा सकती है। हमारे यहाँ न लेखकों की सहायता के लिए कोष है और न पत्रकारों की तरह कोई कार्ड!

बन्धु कुशावर्ती : हिन्दी में कितने ही मूर्धन्य लेखकों-साहित्यकारों को बहुचर्चित और उल्लेखनीय या 'बड़े' कहे जाने वाले पुरस्कार नहीं मिले तो क्या वे अथवा उनका कृतित्व अनुल्लेखनीय या महत्त्वहीन हो गया? इस बारे में आपके विचार क्या हैं?

नासिरा शर्मा : यह नई संस्कृति का उत्सव है, जो चल पड़ा है। कभी राजाओं-बादशाहों के दरबार में खिलअत बख़्शी जाती थी ताकि कवि-लेखक का समाज में सम्मान हो सके। अकबर के नौ रत्न अपनी कला और अक़्ल में बेजोड़ रहे हैं। मगर बीच के दौर में यह सिलसिला धीमा पड़ा। अपने विचार और टकराहट के कारण ही इस दौर में ऐसी घटनाएँ भी घटी हैं, जब रचनाकारों ने सम्मान लौटाए हैं। बात अगर यथार्थ के चश्मे से देखी जाए तो एक अच्छी कृति कितने दिनों तक ज़िन्दा रहती है, यही उसका पुरस्कार और सम्मान है। उसे कुछ मिला या नहीं, कौन याद रखता है? आज जो ज़्यादातर साहित्यिक कृतियाँ सदियों बाद भी साहित्य की धरोहर बनी हुई हैं, उन्हें न तो दरबार में, न किसी संस्थान का पुरस्कार मिला। वे आज भी महत्त्वपूर्ण हैं।

['निकष' : जनवरी, 2008]

फ़ीरोज़ अहमद*

नासिरा शर्मा जाति व धर्म की संकीर्णताओं से बाहर निकलकर मानवीय क्रूरता व बर्बरता के ख़िलाफ़ लेखबद्ध हैं। जहाँ दुख है, जहाँ पीड़ा है, जहाँ ज़ुल्म है, जहाँ उत्पीड़न है, वहाँ नासिरा जी अपने लेखन द्वारा इनसान की सोई चेतना व इनसानियत को झकझोर कर जगाने का प्रयास करती हैं। वास्तव में उनका यह प्रयास क़ाबिलेतारीफ़ है जो हिन्दी साहित्य में उनकी शख़्सियत को विशिष्ट गौरवमय स्थान प्रदान करता है। नासिरा शर्मा हालाँकि शहरों में रही हैं लेकिन वह अपने गाँव की सभ्यता व संस्कृति से भलीभाँति परिचित हैं। मानवीय समस्याओं की वह गहरी साक्षी ही नहीं, मानवीय अधिकारों की ज़बर्दस्त पक्षधर भी हैं।

---

* अध्यापक, 'वाङ्मय' पत्रिका के सम्पादक।

धूल, धुआँ, शोर परिदृश्य को वक़्ती तौर से धुँधला बना सकते हैं

फ़ीरोज़ अहमद : सृजन से पूर्व, सृजन के समय और सृजन के पश्चात् आपकी मन:स्थिति क्या होती है?

नासिरा शर्मा : लिखते समय जज़्बात और ख़यालात का हुजूम उत्तेजना भरता है। तब कोई शोर या आवाज़, किसी तरह का ख़लल कभी मूड ख़राब करता है तो कभी तेज़ ग़ुस्सा दिलाता है। उसका कारण भी है कि आपके हाथ से दरअसल भाषा का तारतम्य फ़िसल जाता है। जो बहाव सहज रूप से निकलता है, वह फिर बनावट से पूरा होता है जो मुझे ठीक नहीं लगता। मगर हमेशा ऐसा नहीं होता। जब कहानी गिरफ़्त में हो तो बाक़ी चीज़ें बेकार-सी लगती हैं। क़यामत भी आकर गुज़र जाए तो कोई फ़र्क़ नहीं पड़ने वाला।

लिखने से पहले एक बेचैनी, कभी-कभी उदासी, अक्सर ख़ामोशी की कैफ़ियत बनती है। लिखने के बाद एक अजीब-सी ख़ुशी, इतमीनान-सा महसूस होता है मगर इस अहसास से मैं कोसों दूर रहती हूँ कि मैंने कोई शाहकार रचा है, क्योंकि कहानी मुक़म्मल हो जाने के बाद भी, अभिव्यक्ति और किरदार की सहजता को लेकर मैं काफ़ी सोचती और शब्दों को अक्सर बदलती रहती हूँ। जब हर तरफ़ से मुतमईन हो जाती हूँ, तभी छपने भेजती हूँ।

फ़ीरोज़ अहमद : साहित्य को आप किन शब्दों में परिभाषित करेंगी?

नासिरा शर्मा : इनसान बने रहने की कोशिश और इनसान बने रहने के लिए दूसरों को उस कोशिश में शामिल करना।

फ़ीरोज़ अहमद : इतनी लम्बी साहित्य-साधना में क्या कभी आपका जी ऊबा है, यदि हाँ, तो क्या कारण रहे हैं?

नासिरा शर्मा : बीच-बीच में काफ़ी फ़िज़ूल के काम करती हूँ। इसलिए हमेशा ताज़गी का अहसास बना रहता है। लेखन और लेखक का भारी लबादा पहनना और उसे तकलीफ़ के साथ घसीटते जाना मेरी फ़ितरत नहीं है।

फ़ीरोज़ अहमद : अवाम के सन्दर्भ में साहित्य की भूमिका को आप किस प्रकार देखती हैं?

नासिरा शर्मा : कहानियों में अवाम का दख़ल दरअसल एक महत्त्वपूर्ण 'गारा' है जिससे आप कहानी बनाते हैं। मगर अफ़सोस, जिस अवाम के लिए हम लिखते हैं, ज़्यादातर ये लोग साहित्य नहीं पढ़ पाते हैं। पहला कारण शिक्षित न होना और दूसरा मेहनत-मज़दूरी और सिर छिपाने की जद्दोजहद के बाद उनके पास थककर सोने के अलावा कोई चारा नहीं बचता है। हम ख़ुद ही लिखते हैं और ख़ुद ही पढ़ते हैं। जो शिक्षित हैं, जिन्हें साहित्य से लगाव है, उन तक पुस्तकें उस तरह सुलभ नहीं हैं, जैसी होनी चाहिए। साहित्य की कोई कृति न सामूहिक रूप से समाज की धारा बदल पाई, न समाज की कुरीतियों को जड़ से उखाड़ पाई और न पुराने क़ानूनों में संशोधन करा पाई। मगर हाँ, व्यक्तिगत रूप से कुछ व्यक्तियों को, बिखरे रूप से, ज़रूर बदल पाई। मगर वास्तविकता तो यह है कि क्या अकेला चना भाड़ भूँज सकता है? कहने का अर्थ साफ़ है कि सामाजिक जकड़न और जड़ सोच वाले कुनबे में जो व्यक्ति बदला, वह पूरे परिवार को नहीं बदल पाया; मगर उसे घर-निकाला ज़रूर मिला। तो भी अपवाद की कमी नहीं है। यह अपवाद कब सामूहिक फ़ोर्स में बदलेंगे और अवाम और साहित्यकार में कब संवाद स्थापित होगा, कहा नहीं जा सकता है। अभी तो हम सब कोशाँ हैं।

फ़ीरोज़ अहमद : क्या साहित्योपजीवी होकर जिया जा सकता है?

नासिरा शर्मा : नहीं।

फ़ीरोज़ अहमद : बाल-साहित्य के रूप में आपने साहित्य का विपुल मात्रा में सृजन किया है। हिन्दी के साहित्यिक परिदृश्य में उसकी स्थिति और भूमिका पर आपका दृष्टिकोण क्या है?

नासिरा शर्मा : बच्चों के लिए मैंने बचपन से लिखा। लगातार लिखा। मगर उस लेखन का उस तरह नोटिस नहीं लिया गया जिसको राष्ट्र के स्तर पर पहचान का

नाम दिया जा सकता है; क्योंकि हिन्दी की दुनिया में बाल-साहित्य का कोई अहम् रोल नज़र नहीं आता है जबकि उसके लिखने वालों की संख्या काफ़ी है और वे जो केवल बाल-रचनाओं के साहित्यकार हैं, उनको भी वह सम्मान और पहचान किसी मंच पर जैसे विदेशों के रचनाकारों को मिली हुई है, नहीं प्राप्त है। जबकि बहुत कुछ बाल-भवन, नेशनल बुक ट्रस्ट के द्वारा होता रहता है, मगर वह सब कुछ मुख्य धारा जैसा नज़र नहीं आता है, न इनकी चर्चा ख़ास व आम में बराबर से होती है। बाल पत्रिकाएँ भी हैं। बाल-साहित्य पुरस्कार भी हैं। मगर जिस तरह उर्दू में 'अब्बू ख़ाँ की बकरी' को साहित्यिक कृति होने का तमग़ा मिला हुआ है या हर बड़े लिखने वाले ने बच्चों के लिए भी लिखा है, वैसा रिवाज हिन्दी में देखने को नहीं मिलता है—भले ही अन्य भारतीय भाषाओं में हो। हम भूल जाते हैं कि लेखक इनसानी अहसास को अपने क़लम से काग़ज़ पर उतारता है, न कि ख़ानाबन्दी किये इनसानों में से किसी को उठाता है। ग़रीब-अमीर, अफ़सर-नौकर, मर्द-औरत, बूढ़े-बच्चे—सब मिलकर परिवार में रहते हैं और समाज की संरचना करते हैं, मगर जब साहित्यकार क़लम उठाता है तो उसकी रचना से अक्सर बाल पात्र ग़ायब रहते हैं। आख़िर क्यों? क्या स्वयं उसका बचपन उसका पीछा कभी छोड़ता है? (कृष्ण बलदेव वैद का उपन्यास 'उसका बचपन' याद आ गया) कहने का मतलब सिर्फ़ इतना कि हम अपने तक सीमित न रहें। वैसे भी बच्चों के लिए लिखना आसान काम नहीं है। ज़बर्दस्ती लिखवाना भी नहीं चाहिए मगर जो लिखते हैं, उनको आदर व सम्मान मिलना चाहिए और हमारी मानसिकता में यह बात दाख़िल हो जानी चाहिए कि बच्चों का एक बड़ा संसार है, जिसमें जिज्ञासा, मासूमियत, भय, ख़ुशी, चीज़ों को देखने और महसूस करने का बिलकुल अलग अनुभव है; जिसको समेटने का अर्थ है कि हम अपनी रचनाओं में केवल नई पीढ़ी को जगह नहीं दे रहे हैं बल्कि अपने क़लम और अपनी सोच को निरन्तर शादाबी बख़्श रहे हैं।

फ़ीरोज़ अहमद : साधारणतया कहानी की एक परिभाषा दी जाती है कि कहानी घटना या घटनाओं का सुसंयोजित रूप है। आज की कहानी इस दृष्टि से काफ़ी भिन्न नज़र आती है। तो क्या इसको कहानी नहीं मानना चाहिए, आप अपनी राय बताइए?

नासिरा शर्मा : घटनाएँ यदि कहानियाँ हैं तो फिर रिपोर्टिंग क्या है? पत्रकारिता और साहित्यिक लेखन का बुनियादी फ़र्क़ यह है कि एक में सूचना होती है और दूसरे में अहसास। रपट की सीमा जहाँ समाप्त होती है, कहानी वहाँ से शुरू होती है। कहानी

इनसान के अन्दर की दुनिया को खोलती है। बाहर के ब्योरे ग़ैरज़रूरी तौर से नहीं देती है। कहानी मेरी नज़र में वह है जो घटनाओं का उल्लेख न करके उस घटना के प्रभाव का वर्णन करे जो इनसान पर बीती है। यदि ऐसा नहीं हुआ तो वह लेखन रिपोर्ताज़ भी हो सकता है और लेख भी कहला सकता है।

फ़ीरोज़ अहमद : साहित्य लेखन में महिलाओं की क्या स्थिति है और उसका मूल्यांकन किस प्रकार किया जाता है?

नासिरा शर्मा : हिन्दी साहित्य में महिलाओं का हमेशा से योगदान रहा है मगर हाँ, अब संख्या काफ़ी बढ़ गई है। विभिन्न तरह के मुद्दों को लेकर उनकी क़लम मुखर हुई है। यदि आप सवाल सम्पूर्ण औरत की स्थिति पर करते तो अच्छा होता। अभी तक सही तरीक़े से हिन्दी साहित्य का मूल्यांकन नहीं हो पाया, तब उस लेखन के लिए क्या कहूँ जो ग़ैरज़रूरी तरीक़े से मुख्य धारा से अलग हो अपनी पहचान बनाने के संघर्ष में रत है?

फ़ीरोज़ अहमद : विभिन्न साहित्यिक विमर्शों के सन्दर्भ में आपकी क्या मान्यता है? इसकी प्रासंगिकता के सन्दर्भ में आप क्या लिखती हैं?

नासिरा शर्मा : बुनियादी तौर पर मैं साहित्य में ख़ानाबन्दी की क़ायल नहीं हूँ। हम एक समाज में रहते हैं। समाज के बाँटे जाने पर एतराज़ करते हैं। मगर वही काम हम अपने-अपने कार्य क्षेत्रों में करने से बाज नहीं आते हैं। कुछ ज़ुल्म हमारे यहाँ हुए हैं। उनका सिलसिला आज भी अफ़सोसजनक तरीक़े से जारी है मगर उसको इस तरह से ख़त्म करने की दलीलें कि विमर्श व आरक्षण देकर ख़त्म किया जाए, न न्यायसंगत लगती हैं, न तर्कसंगत लगती हैं। यही कारण है कि हम बहुत सारे मुद्दों से जूझने के बावजूद कहीं पहुँचे नहीं हैं।

फ़ीरोज़ अहमद : कुछ लोगों का मत है कि आज की कहानी पाठकों से कट गई है। लेखक लेखकों से प्रशंसा प्राप्त करने के लिए लिखता है। क्या यह सही है?

नासिरा शर्मा : इसमें कोई शक नहीं है कि आज पाठकों के वैसे ख़त नहीं मिलते हैं, जैसे कि बीस वर्ष पहले मिलते थे, जिसमें कहानी पर जमकर बात होती थी। कहीं पर कुछ घटा तो है, जो संवाद की स्थिति नहीं बन पाती है। इसमें कोई शक नहीं है कि हमने कुछ जगहों पर बेजा हस्तक्षेप कर उनको पीछे धकेल दिया है जिनकी राय और

प्यार की हमें ज़रूरत होनी चाहिए। शायद इसी के चलते पाठकों में पुस्तक ख़रीदने की संख्या भी घटी है। पहले दाम ज़्यादा, फिर उपलब्ध नहीं। ख़रीदारी लाइब्रेरी या अन्य संस्थाओं में बल्क के रूप में होती है तो वहाँ पाठक नहीं। बात केवल लेखक, प्रकाशक, पाठक के बीच तक सीमित नहीं है बल्कि राजनीति का तंग दायरा और ग़ैरज़रूरी मुद्दों पर फ़ोकस भी इस दुर्दशा में शामिल हैं।

फ़ीरोज़ अहमद : हिन्दी कहानी साहित्य का भविष्य कैसा है?

नासिरा शर्मा : हिन्दी में कहानियाँ लिखी जा रही हैं। बेहतर भी और ख़ूबसूरत भी। जैसे मधुसूदन आनन्द की 'ज़र्राह', मेराज अहमद की 'अमरूद और हरी पत्तियाँ', हसन जमाल की 'जमील मुहम्मद की बीवी', अब्दुल बिस्मिल्लाह की 'काग़ज़ के कारतूस', रवीन्द्र कालिया की 'सुन्दरी' बहुत देर तक याद रह जाने वाली कहानियाँ हैं। मगर परेशानी यह है कि हमारे क़लम पर कुछ नाम चढ़ गए हैं। हम लगातार उन्हें ही दोहराते रहते हैं। कहानियों के नये नामों के लिए जगहें तंग हैं या फिर हम पढ़ते ही नहीं हैं क्योंकि भीड़ बहुत है। पत्रिकाएँ फ़िलहाल बहुत हैं। खेमे असंख्य हैं। पैमाना तय नहीं, कसौटी का कोई प्रामाणिक मंच नहीं। अपनी डफली, अपना राग है। मगर यह समय निकल जाएगा। भुला दिये जाने के बाद भी बेहतर चीज़ें सामने आएँगी। ऐसा हो रहा है। धूल, धुआँ, शोर परिदृश्य को वक़्ती तौर से धुँधला बना सकते हैं, मगर कब तक?

['साहित्य शिल्पी' : 20 अक्टूबर, 2008]

मुरली मोहन*

नासिरा शर्मा की लेखनी का फलक विस्तार लिये हुए है जिसमें राष्ट्रीय, अन्तरराष्ट्रीय समस्याएँ मानवीय सरोकारों के संग हमारे सामने आ खड़ी होती हैं। इस शताब्दी के आरम्भ में उनके चार उपन्यास चाहे वह 'अक्षयवट' हो या 'कुइयाँजान' हो या 'ज़ीरो रोड' हो या फिर 'पारिजात', इनमें विश्व स्तर की समस्याओं और प्रश्नों को उन्होंने इलाहाबादी परिवेश में उठाकर अन्तरराष्ट्रीय आकाश दिया है। उनका उपन्यास 'ठीकरे की मंगनी' व 'शाल्मली', ईरान पर लिखा उपन्यास 'सात नदियाँ : एक समन्दर' और भारत के बँटवारे की त्रासदी पर लिखा उनका उपन्यास 'ज़िन्दा मुहावरे' ने हिन्दी साहित्य को समृद्ध बनाया और एक अनूठी भाषा-शैली और कथावस्तु को पाठकों के सामने रखा।

---

* सम्पादक, पत्रकार।

ज़ीरो रोड : एक सच

मुरली मोहन : उपन्यास 'ज़ीरो रोड' की रचना-सृजन के पीछे की प्रेरणा?

नासिरा शर्मा : प्रेरणा इस उपन्यास की सिर्फ़ इतनी-सी है कि उस शाम एक अंग्रेज़ी मूवी 'दी पियानोनिस्ट' देखी थी। उसमें यहूदियों की बदहाली का वर्णन था। उसमें पियानो बजाने वाले का भय, यहूदियों की बदहवासी, परिवार का बिखराव, उनके दुख ने मुझे बुरी तरह झिंझोड़ दिया था। एक दुख भरी बेचैनी मुझे साँस तक लेने नहीं दे रही थी। उसमें इज़ाफ़ा उन दृश्यों का भी हो गया जो मैंने कई देशों में देखे थे। वे अनुभव और अनुभूतियाँ जलते पर तेल का काम कर रही थीं। महसूस हुआ कि यदि मैंने कुछ लिखा नहीं तो मैं इस दबाव में पिस जाऊँगी। जो क़लम से निकला, उसे निकलने दिया।

मुरली मोहन : ताज्जुब है कि उस उपन्यास में कोई यहूदी किरदार क्यों नहीं है?

नासिरा शर्मा : उस मूवी ने व्यथा का जो निचोड़ मुझे दिया, उसी ने यह उपन्यास लिखवाया जो कहीं से भी इस्रायली-फ़िलिस्तीनी समस्या पर न आधारित है और न कोई अध्याय विशेष। यह हैरत की बात हो सकती है मगर सच यही है कि दूसरों का दुख आपके दुख में मिलकर सृजन का स्रोत बन जाता है, जिसकी फ़ोटोकॉपी आपकी रचना नहीं बन पाती। यह कैसा भेद है, नहीं जानती।

मुरली मोहन : आपका दुख?

नासिरा शर्मा : मेरा दुख यही था कि बहुत बड़े पैमाने पर अच्छे घरों के पढ़े-लिखे लड़के मध्यपूर्वी देशों की ओर रोज़ी-रोटी कमाने जा रहे हैं। उनका दुख उन मज़दूरों से किसी तरह कम नहीं है जो ढाई सौ वर्षों पहले ज़ोर-ज़बर्दस्ती से बँधुआ मज़दूर की तरह उन देशों की तरफ़ भेजे गए थे जहाँ अंग्रेज़ों का राज था। मैं इस दुख को कभी महसूस न कर पाती अगर मैं बिहार के लोगों से रिश्तेदारी के स्तर पर न

जुड़ती, जिनके घर के लोग सालभर तक खाड़ी देशों से आते हैं या जाते हैं। बातों में बहुत कुछं निकलकर आता है। उत्तर प्रदेश से मज़दूर इन देशों की तरफ़ कम गए हैं। इसका कारण क्या है, इस पर शोध हो सकता है मगर बिहारी तब से आज तक लगातार जा रहे हैं। उनके मुख से कुछ ऐसे तजुर्बे सुनने को मिलते जिनको सुनकर हैरत के साथ अफ़सोस भी होता कि हमारे यहाँ बेकारी किस तरह पढ़े-लिखों को भी मज़दूर और प्लम्बर बना रही है और वह यह स्थिति सहर्ष स्वीकार कर रहे हैं। मुझे आज भी एक पढ़े-लिखे पटना के लड़के का जवाब याद है जो उसने मेरे सवाल का दिया था कि चलो, हम तकलीफ़ उठाते हैं मगर बाक़ी लोग तो चैन से रहते हैं!

मुरली मोहन : आपने दुबई क्यों चुना? (थोड़ी ख़ामोशी)

नासिरा शर्मा : मैं सनदों, इंटरव्यू, इतिहास और पुराने लेखन को पढ़कर कोई नया उपन्यास प्रवासी भारतीयों के बीते दुख पर आसानी से लिख सकती थी!

मुरली मोहन : फिर?

नासिरा शर्मा : उसमें मेरी कितनी साझेदारी होती? सिर्फ़ एक शोधकर्ता की, मगर जब दुबई में 65 प्रतिशत भारतीय मौजूद हों। मुझे एक बार नहीं, सात-आठ बार दुबई जाने का अवसर मिला तो मैं वहाँ के परिवेश को उठाने में ज़्यादा प्रामाणिकता और विश्वास से अपने विचार और संवेदना को व्यक्त कर सकी हूँ। इसलिए दुबई का वह माहौल जिसमें 'तन्हाई' थी, सब कुछ के बाद एक उदासी थी, उसको पकड़ने की कोशिश कर पाई।

मुरली मोहन : क़ामयाबी मिली, ऐसा आपको लगा?

नासिरा शर्मा : मुझे नहीं पता कि मैं कामयाब हुई या नहीं मगर मैं जो लिखना चाहती थी, उसको मैंने लिखा। अनुभव के धरातल पर, सच्चाई को सामने खड़ा पाकर और दूर से बौद्धिक रूप से समय के प्रश्नों से जूझने के फ़र्क़ को भी मैंने महसूस किया। जिनके प्रति हमारे दिलों में रहम और सम्मान है, वही वहाँ पर सबसे ज़्यादा दुष्ट माने जाते हैं—जैसे फ़िलिस्तीनी, लेबनानी, सूडानी। इसका कारण है कि ये लोग देश से उखड़े, बेघरबार हैं। इनको जीने की जो कसरत करनी पड़ती है, उसको वह आदमी नहीं समझ सकता है जो आराम और सुरक्षा से घर में बैठा हो। इस तरह के किरदारों को उठाना दरअसल समय से सीधा साक्षात्कार है। इस उपन्यास में एक

किरदार है गुलफ़ाम, जो अफ़ग़ानी है। वह जीने के लिए, पेट भरने के लिए सब कुछ करने को तैयार है मगर हथियार नहीं उठाना चाहता है। यह भी एक नज़रिया है जो आज के अफ़ग़ानिस्तान का सच है, जिसको हमारा सूचना माध्यम फ़ोकस नहीं देता है। पूरे अफ़ग़ानिस्तान में सिर्फ़ मुजाहिदीन व तालिबान ही नहीं हैं, वहाँ संगीतकार, कलाकार और लेखक भी हैं।

आम आदमी भी अपनी शर्तों पर जीता है।

मुरली मोहन : आपने उपन्यास में कहना क्या चाहा है? क्या आपको लगता है, इसमें पुलिस भी साझा रखती है?

नासिरा शर्मा : सिर्फ़ इतना कि मज़दूरों को दलाल के पंजों से वे देश मुक्त कराएँ, जो बुलाता है और वह देश भी, जो उन्हें भेजता है। उनकी बेसिक ज़रूरतों को समझें। दोनों देश यह कहकर पल्ला नहीं झाड़ सकते हैं कि ग़ैरक़ानूनी तौर से आने-जाने वालों के साथ ऐसा होता है। मेरा सवाल यह है कि अगर यह ग़ैरक़ानूनी है तो इसको ख़त्म करना इन दोनों देशों का काम है। वह अपने यहाँ ग़ैरक़ानूनी मज़दूरों का दाख़िला बन्द करें। उनकी सुरक्षा, उनकी पुलिस, उनका मंत्रालय, उनके पानी के जहाज़ के अफ़सर क्या करते हैं? क्या सबका हिस्सा तय है? ये मज़दूर बेचारे जब पकड़े जाते हैं तो जेल में डाल दिये जाते हैं। मुक़दमे की भाषा अरबी है जो इनके पल्ले नहीं पड़ती, घर वालों से फ़ोन और ख़त का माध्यम कट जाता है। एक अजीब बेचारगी की हालत खड़ी हो जाती है जिसमें उस देश के बने क़ानून की जीत होती है। दलाल भाग जाता है—अगली मज़दूरों की खेप को बेवकूफ़ बनाने के लिए। आप सोचते हैं, इसमें पुलिस नहीं मिली होगी? भ्रष्टाचार का पूरा तंत्र होगा।

मुरली मोहन : आपने केवल मज़दूरों को अपने उपन्यास का चरित्र क्यों नहीं बनाया?

नासिरा शर्मा : बना सकती थी मगर दुख तो उन लोगों का भी वही था जो मिट्टी व ईंट ढोने की जगह ऑफ़िस में काम कर रहे हैं। किसी का पासपोर्ट उनके पास नहीं है। फिर...हर जगह, हर समय, हर विषय की अपनी पीड़ा, अपना सत्य, अपनी विडम्बना होती है। मुझे लगा कि किसी विशेष वर्ग तक इस उपन्यास को सीमित करना सारे मेहनतकश लोगों के साथ बड़ी नाइंसाफ़ी होगी। जो दूसरे देश में जाकर एक-सी व्यथा से गुज़रते हैं, व्यापारियों और ठेकेदारों की बात मैं नहीं कर रही हूँ। वे शामिल भी हैं, मगर जहाँ उनकी ज़रूरत है, वह उपन्यास में मौजूद हैं। लेकिन

सारे उपन्यास में मज़दूरों की समस्या की धड़कन है। ख़ुद सिद्धार्थ एक मज़दूर से ही अपनी ज़िन्दगी शुरू करता है।

मुरली मोहन : किरदारों को चुनने में आपको ख़ासी परेशानी हुई होगी?

नासिरा शर्मा : नहीं! पिछले पचीस-तीस वर्षों के हालात और इन हालात से जूझते लोग मेरी सोच के दायरे में रहे हैं। इन्हें उठाना, इनकी बातें लिखना मुझे गहरा सन्तोष दे गया। आप देखें, जहाँ मज़दूर रेगिस्तान में मरे और उनकी यह घटना दबा दी गई, वहीं पर विश्व के स्तर पर उन दो फ़ोटोग्राफ़र और फ़िल्म मेकर की गुमशुदगी और उनकी मौत की सज़ा भी किसी को नहीं मिली। आज बहुत बड़े पैमाने पर सच को सामने लाने वाले पत्रकारों की हत्याएँ हो रही हैं। किस अदालत में उन्हें न्याय मिला?

मुरली मोहन : वहाँ की हुकूमत मज़दूरों को लेकर क्या कहती है?

नासिरा शर्मा : वहाँ मज़दूरों के विरुद्ध कोई माहौल नहीं है और न सरकार मज़दूरों के ख़िलाफ़ है। जो क़ानूनी तौर से आते हैं, रजिस्टर्ड कम्पनी के नौकर होते हैं, वे बेहतर हालत में हैं। उनकी शिकायतों की सुनवाई भी है। मगर जो दलालों द्वारा स्मगल्ड होकर आते हैं, उनकी तरफ़ भी लेबर मंत्रालय का ध्यान गया है। उसको नज़र में रख सभी कम्पनियों को चेतावनी दी गई है कि किसी भी तरह के ग़ैरक़ानूनी, ग़ैरइनसानी व्यवहार करने पर, शिकायत सही पाई जाने पर, कम्पनी का लाइसेंस ज़ब्त कर लिया जाएगा। सवाल यहाँ उस धन्धे का है जिसकी कमाई का दारोमदार इसी तरह चलता आया है। वे धोखा देते हैं, पहले से कुछ नहीं बताते और आने वाले कर्मचारी व कामगार अंग्रेज़ी बोलने के इम्तहान में पास नहीं हो पाते, तकनीकी ट्रेनिंग है नहीं, मगर वे फुसलाकर लाए जाते हैं जो अपना खेत, बाग़, गहना बेचकर या फिर क़र्ज़ लेकर आते हैं। दूसरी ओर दलाल भी डेढ़-दो लाख की लालच क्यों छोड़ें? वे औरतें जो निपट देहाती हैं, एकाएक बड़ी तनख़्वाह पर वे शेखों के घर पहुँचा दी जाती हैं। महँगे बर्तन, बिजली के गजेट उन्हें प्रयोग करने आते नहीं और जब वे टूटते हैं तो मालिक-नौकर का रिश्ता कट हो जाता है जो क़ानून की मदद माँगने और जेल की सलाखों तक अक्सर पहुँच जाता है और कभी-कभार मारपीट तक, जिसको आप सब अख़बारों में पृष्ठभूमि का विस्तार जाने बिना पढ़ते हैं। उस औरत का दुख समझें जो क़र्ज़ लेकर विदेश गई और काम न जानने और नुक़सान करने के चलते दुगुने क़र्ज़ की चपेट में आ गई। क्या आप इन दलालों को माफ़ करना चाहेंगे?

मुरली मोहन : इन सारी परेशानियों के बावजूद जिनका ज़िक्र उपन्यास में आपने विस्तार से किया है, उसके बाद भी लेबर लगातार विदेशों की तरफ़ जा रहे हैं, आख़िर क्यों?

नासिरा शर्मा : क्योंकि बेकारी है। भुखमरी है। लोग काम कर ख़ुद का और ख़ानदान वालों का पेट भरना चाहते हैं। हमारे गाँव में बचा भी क्या है? मिट्टी और पत्तियाँ खाकर तो इनसान जी नहीं सकता।

मुरली मोहन : बहुतों ने मकान बनवाया। क़र्ज़ा अदा किया। उनका सुख देखकर लोग उत्साह में जाते होंगे। यह भी तो एक सच है। आप क्या सोचती हैं?

नासिरा शर्मा : क्यों नहीं! इस समस्या के दो पहलू हैं। पहला यहाँ से जाने वाला ख़ुद भी पेट भर खाना खाता है और बचाकर भेजता भी है। आप मज़दूरों को फटेहाल वहाँ नहीं देखेंगे, क्योंकि वहाँ खाना खालिस और रोज़ की ज़रूरतों की चीज़ें सस्ती हैं। जितना ख़्वाब दिखाया गया था, वहाँ जाकर झूठा साबित होता है। चालीस-पचास हज़ार की कमाई की जगह वह सिर्फ़ चार-पाँच हज़ार ही कमा पाता है। फँस जाता है। पासपोर्ट पास नहीं, आख़िर लौटे तो कैसे? यदि ग़ैरक़ानूनी लौटने का जुनून दिखाता है तो सीमा सुरक्षा की गोली पीठ पर खाता है। दो साल के अनुबंध में एक साल की कमाई क़र्ज़ में जाती है, दूसरे साल की कमाई से घर के दुख दूर होते हैं। जब कमाकर वह घर लौटता है तो टीवी, वी.सी.आर., कैमरा ख़रीदकर लाता है। रोज़ बढ़िया खाना खाता है। फिर जाता है और दो-तीन साल बाद घर लौटता है। लेन-देन, शादी-ब्याह सब चलता है, फिर लौटने का समय हुआ तो वही चीज़ें बेचकर वह टिकट ख़रीदता है और फाक़े की हालत में परिवार को छोड़ लौटता है या न भी लौटे किसी कारणवश, तीसरे वर्ष का अनुबंध हो नहीं पाता है। यह भी कोई ज़िन्दगी हुई! भविष्य और वर्तमान, दोनों अधर में लटके हैं। जो ज़मीन छुड़वाई वह फिर गिरवी रख दी। जो ज़ेवर बने, वे बिक गए। एक विपदा का चरखा है जो लगातार कातता जा रहा है। सब कुछ बहुत तकलीफ़देय है। हमको अपने लोगों के बारे में गहराई और गम्भीरता से सोचना पड़ेगा।

मुरली मोहन : अख़बारों में जो ख़बरें आती हैं, उसमें मारपीट के साथ शारीरिक शोषण की बात भी लिखी होती है?

नासिरा शर्मा : मालिक भी अपनी हदें पार नहीं कर पाता है जब उसे पता होता है कि उस नौकर-नौकरानी के काग़ज़ ठीक हैं, कुछ भी इधर-उधर करने से सरकार और देश का क़ानून उसको जेल की हवा खिला देगा। मगर जब काग़ज़ ठीक न हों तो मालिकों की भी हिम्मत पड़ती है। कभी-कभी नौकरानी भी चतुर हो तो अपने मालिक को अच्छा सबक सिखाती है। किसी ने एक क़िस्सा सुनाया था कि जिस ज़माने में इराक़ पर हमला हुआ था, लोग भाग रहे थे। एक इराक़ी फ़ैमिली भी नौकरानी पर घर छोड़ जार्डन की तरफ़ जान बचाने चली गई। घर की हिफ़ाज़त और अकेलापन। ऊपर से जान का ख़तरा। उस नौकरानी का हाल ख़राब था। जा सकती नहीं थी बिना मालिक की इजाज़त के। उसकी विपदा सुन किसी ने उसको तरक़ीब सुझाई। जब मालिक का फ़ोन आया तो उसने मालिक को बताया कि बग़ीचे से तेल निकला है, मैंने किसी तरह उसके फ़व्वारे को दबा दिया है। सुनकर मालिक हैरत में पड़ गया, फिर दौड़ा-दौड़ा आया। लकड़ी डालकर चेक किया। नौकरानी ने चंद किलो पेट्रोल पहले से भर रखा था जो लकड़ी की डंडी में लग गया। फिर तो ख़ुशी का ठिकाना न था। नौकरानी यह बात किसी से कह न दे, इस डर से उसने सालभर की रुकी तनख़्वाह, ऊपर से इनाम और ढेरों उपहार के साथ उसे घर जाने दिया। (हँसी)

मुरली मोहन : बाद में तो सिर पीटा होगा?

नासिरा शर्मा : यक़ीनन। लेकिन मरजीना की तरह कितनी कनीजें और नौकरानियाँ इस तरह के क़दम उठा पाती हैं?

मुरली मोहन : आपने इस उपन्यास में शेखों को अपना चरित्र नहीं बनाया?

नासिरा शर्मा : जो समस्या मैंने उठाई थी, उससे शेखों का सीधा सरोकार था नहीं। कम्पनी के मालिक वे ज़रूर रहते हैं मगर बाक़ी चीज़ों को सँभालने वाले ज़्यादातर दूसरे देशों के लोग होते हैं। बैंक क़र्ज़ा देता है। कम्पनी कोई भी खोल सकता है। मगर हाँ, उनसे इस बात की आशा रखी जा सकती है कि वे जहाँ उत्पादन और उपभोक्ता पर अपनी नज़र रखते हैं, वहीं वे उस पैनी दृष्टि का प्रयोग अपने यहाँ काम करने वाले कर्मचारियों की स्थिति और परिवेश पर भी करें, उस समस्या को दूसरे विभाग का समझकर छोड़ें नहीं। आख़िर कर्मचारी और मज़दूर उनके उत्पादन में बढ़ोतरी के लिए रात-दिन खटते हैं। इस मुद्दे को मैंने उठाया है और कहीं-कहीं

शेख आते भी हैं। मज़दूरों की स्थिति पर वे ठेकेदार को होशियार भी करते हैं। मगर उनका रोल सिर्फ़ इतना होता है कि वे अपना नाम देकर आमदनी का हिस्सा लेते रहें। उन्हें भी अब सोचना पड़ेगा।

मुरली मोहन : आपको लगता है, आपका यह उपन्यास लेबरों की स्थिति में बदलाव लाएगा?

नासिरा शर्मा : बिलकुल, अगर मेरे पाठकों ने सही स्थिति को जानकर इस मुद्दे को आगे बढ़ाया। एक लेखक अपनी बात लिख देता है। अब ज़िम्मेदारी उसके पढ़ने वालों पर आ जाती है कि उस पूरे पाठ को वे कैसे और कहाँ इस्तेमाल करें। जागृति लाना भी अपने में बड़ा काम है। लोग हैं, जनतंत्र है, वोट है, कष्ट और प्रश्न हैं। इन सबका हल मेरी नज़र में, सही मुद्दों पर लोगों को अपनी आवाज़ की बुलन्द करना चाहिए। सरकार तो सरकार, सातवें आसमान पर बैठा ख़ुदा भी तब इस फ़रियाद से अपने कान बन्द नहीं कर पाएगा।

मुरली मोहन : क्या दुबई में काम करने वाले मज़दूरों को तब पता था कि आप उन पर कुछ लिखने वाली हैं?

नासिरा शर्मा : वहाँ लाखों की तादाद में मज़दूर, तकनीशियन काम में लगे हैं। सब तक मेरा पहुँचना मुमकिन नहीं था। लेकिन जिनसे मुलाक़ात हुई, बातचीत का सिलसिला बना, वे ज़रूर जानते थे कि मैं कहानी-क़िस्सा लिखती हूँ जिसमें उनका ज़िक्र मुझे करना है। यहाँ तक बात बताना बहुत ज़रूरी है कि दुबई का माहौल उत्तर प्रदेश या बिहार वाला नहीं है कि आप राह चलते-चलते कहीं भी खड़े हो तमाशा देखने लग जाएँ। अपनी जिज्ञासा शान्त करने के लिए बेमतलब सवाल-जवाब करने लगें। वह एक 'व्यस्त' बिज़नेस सिटी है जहाँ घड़ी देखकर और मुनाफ़ा होने पर लोग बातें करते हैं, फ़िज़ूल का वक़्त किसी के पास नहीं है।

मुरली मोहन : फिर आप कैसे आम लोगों तक पहुँच पाईं?

नासिरा शर्मा : मेरे लिए वाक़ई बहुत मुश्किल था। जिन दिनों मैं उपन्यास लिख रही थी, बेकरारी-सी उन इलाक़ों में जाने की होती जहाँ मज़दूरों की बस्ती थी; जिसकी रिपोर्ट और तसवीरें अक्सर अख़बारों में छपतीं। उनकी दर्दनाक स्थिति को पढ़कर उनसे बात करने की अजीब तड़प-सी उठती मगर मैं चौड़ी हसीन सड़कों पर कार

में बैठी दूर से उन्हें काम करता देखती और हसरत से भरी गहरी साँसें लेती। काश, मैं परिन्दा बन उन तक पहुँच जाऊँ, जहाँ सुरक्षा जाँच न हो, मज़दूरों के पास फ़ुर्सत के चन्द लम्हे हों जब वे दिल खोलकर मेरे सामने वह सब कुछ कह डालें जो बरसों से उन्होंने अपने सीने में दबा रखा है! फ़ैशन और विकास की, पैसे और बाज़ार की रेलपेल में जहाँ चारों तरफ़ सिर्फ़ जवान पीढ़ी ही दिखती हो! बूढ़े कभी-कभार आँखों में लगे सुरमे की तरह दिखते हों जो इतने स्मार्ट जवानों के हमपल्ला नज़र आए, ऐसी सरपट दौड़ में ऐसा लम्हा कहाँ मिलेगा जब कोई सिर्फ़ बात करने के लिए वक़्त निकाल सके! इतनी देर में तो वह ओवरटाइम कर लेगा। दो बार दुबई का सफ़र इसी तरह गुज़र गया। तीसरी बार मैंने तय कर लिया कि मैं अतिथि बने रहने की हदों को तोड़ अपने पुराने ढर्रे को अपनाऊँगी। जो भी दिखेगा, मैं सीधे सवाल जड़ दूँगी। आख़िर ये भी इनसान हैं, रोबोट नहीं और न ही पत्थर की मूर्तियाँ। कुछ तो जवाब देंगे!

मुरली मोहन : फिर सिलसिला कैसे शुरू हुआ?

नासिरा शर्मा : जहाँ चाह है, वहाँ राह है। मैंने जहाँ भी कर्मचारी देखे—चाहे वह ड्राइवर हो, बैरा हो, सफ़ाई करने वाला, प्लम्बर, समन्दर के किनारे छुट्टी के दिन बैठे केरलवासियों का झुंड—मैंने बिना भूमिका बाँधे बातें शुरू कर दीं जो अमूमन वहाँ का रिवाज नहीं है। उसके अनेक कारण हैं मगर मुझे बातें जाननी थीं इसलिए मुझे वे सारे तामझाम तोड़ने पड़े।

मुरली मोहन : बातें हुईं फिर जमकर...?

नासिरा शर्मा : उनके भी दिल भरे हुए थे। फूटकर बहे। मगर सारे दुखों के बाद भी वे खाड़ी देशों में कमाने आना चाहते हैं क्योंकि बेकारी के बाद जो दुख उन्हें झेलने पड़ते हैं, उसके मुक़ाबले में यह कष्ट उन्हें सहनीय लगते हैं, क्योंकि उनकी कड़ी मेहनत और कठिनाइयों के बाद पूरा परिवार एक वक़्त रोटी तो गाँव में चैन से खा लेता है, फिर एक इज़्ज़त बनी रहती है कि मर्द विदेश कमाने गया है।

मुरली मोहन : बहुत विचित्र-सा तालमेल है। आपको लगता होगा कि इनसे न पूरी हमदर्दी की जा सकती है और न ही इनसे आँखें चुराई जा सकती हैं?

नासिरा शर्मा : जी...दुबई के हुक्मराँ शेख अपने बुरे और ग़रीबी के दिनों की चर्चा फ़ख़्र से करते हैं। उनका यह अन्दाज़ वहाँ रहने वालों ने भी अपना लिया है। अपने

संघर्ष की गाथा कुछ इस तरह मगन होकर सुनाते हैं, जैसे कोई रूमानी गीत गा रहे हों, जिसमें उनका दिल पिघल-पिघलकर बह रहा हो! एक लेखक के नाते अतीत-गाथा के इस बयान से मुझे ख़ासा फ़ायदा हुआ कि कल तक ज़िसके पास छदाम नहीं, वह आज मिलियनर बना है। इन्हीं दास्तानों के ज़ेरेअसर, जो वास्तव में दुबई का यथार्थ था, मैंने सिद्धार्थ को कुली से उठाकर मैनेजर बना उसके बाबूजी का सपना साकार करवा दिया था। वह हिस्सा अपनी तरह से दुबई की सच्चाइयों का बयान था, मगर मैंने आत्मकथा यानी सिद्धार्थ की जीवनी लिखने जैसा यह अन्त बदल डाला।

मुरली मोहन : वहाँ भाषा ज़्यादातर अंग्रेज़ी या अरबी चलती है?

नासिरा शर्मा : उच्चवर्ग तो अंग्रेज़ी ही बोलता है। यूरोप व अन्य देशों के व्यापारी लोग शायद अपनी लोकल भाषा के बाद अंग्रेज़ी भी दिक़्क़त से बोलते होंगे मगर अरब शाही ख़ानदान अंग्रेज़ी जानता है और हिन्दुस्तानी भी। आम पब्लिक, चाहे वह जिस देश से आई हो, हिन्दुस्तानी ही बोलती है—चाहे साफ़, चाहे लड़खड़ाती-सी। मगर मैं जिसको हिन्दुस्तानी कह रही हूँ, वह दरअसल पाकिस्तानी उर्दू है जिसमें पंजाबी का भी असर है और आपको लगेगा, कुछ दिन वहाँ रहने के बाद कि आप बोल तो अपनी ज़बान रहे हैं मगर उच्चारण, शैली, शब्दों का चयन पाकिस्तानी है और यह स्टाइल इतना कॉमन है वहाँ कि आपको फ़ोन पर दो लोगों की आवाज़ का यदि फ़र्क़ न मालूम हो तो आप धोखा खा सकते हैं कि आप एक ही शख़्स से बात कर रहे हैं।

मुरली मोहन : आपने वह भाषा 'ज़ीरो रोड' में लिखी है?

नासिरा शर्मा : नहीं। यदि वह ज़बान लिखती तो मुझे कम-से-कम दुबई में दो साल रहकर अपनी मौजूदा ज़बान को बदलना पड़ता।

मुरली मोहन : आपको दुबई लगा कैसा?

नासिरा शर्मा : अच्छा। बहुत सुन्दर और पुरसुकून जगह है। अगर मैं अपने उपन्यास के चरित्र श्रीनिवासन के शब्दों में कहूँ तो "वहाँ (दुबई में) आतंकवाद न था, आतंकवाद की ख़बरें सुनने को मिलती थीं मगर यहाँ (श्रीलंका) सीधे मुठभेड़ आतंकवाद से होती है।"

['सम्बोधन', 'ज़ीरो रोड' विशेषांक : जनवरी-मार्च, 2009]

अमरीक सिंह दीप*

नासिरा के दुस्साहसिक व्यक्तित्व से मैं तब अभिभूत होकर रह गया था जब वे ईरान जाकर दुर्दम्य साम्प्रदायिक धार्मिक नेता अयातुल्ला ख़ुमैनी का इंटरव्यू लेकर आई थीं। और नासिरा आपा के कृतित्व से मैं तब अभिभूत होकर रह गया था जब मैंने उनका ईरान की ख़ूनी क्रान्ति पर लिखा उपन्यास 'सात नदियाँ : एक समन्दर' पढ़ा।

हर बड़े लेखक के चिन्तन के केन्द्र में दुनिया और इस दुनिया में रहने वाला इनसान रहा है। उसकी क़लम दुनिया और इनसान की बेहतरी के पक्ष में सदा सक्रिय रही है। नासिरा आपा का सम्पूर्ण लेखन इसी श्रेणी के अन्तर्गत आता है। एक ओर जहाँ नासिरा जी ने शिक्षा-प्रणाली में हो रहे विघटन जैसे विषय पर 'अक्षयवट' जैसा कालजयी उपन्यास लिखा, वहीं दूसरी ओर विश्व की जलसंकट जैसी विकट समस्या पर 'कुइयाँजान' और भारतीय श्रम के विदेश पलायन को लेकर 'ज़ीरो रोड' जैसा अविस्मरणीय उपन्यास भी लिखा। उनकी अधिकांश कहानियाँ मुस्लिम कठमुल्लापन के ख़िलाफ़ भारतीय मुस्लिम स्त्री की सशक्त आवाज़ बन गईं। मसलन 'संगसार', 'सबीना के चालीस चोर' इत्यादि। प्रस्तुत है नासिरा शर्मा से देश और दुनिया के कई गम्भीर सवालों पर संवाद।

---

* लेखक, पत्रकार, समीक्षक।

सृजन के लिए धर्म की आवश्यकता नहीं

अमरीक सिंह दीप : आपने अपने ईरान की पृष्ठभूमि पर लिखे उपन्यास 'सात नदियाँ : एक समन्दर' के पृष्ठ संख्या-125 पर लिखा है कि 'सत्ता का घोड़ा, जो वास्तव में धर्म का लिबास पहने हुए था, मानवता की पीठ को लहूलुहान करने वाला आततायी है तो क्यों धर्म के प्रति इतने दीवाने हैं लोग? मानवता ही अगर हर धर्म का मूल आधार है तो क्यों इतने ज़्यादा धर्मों में बँटी हुई है दुनिया?'

नासिरा शर्मा : पूरा उपन्यास इस शिकवे से भरा हुआ है कि सत्ता और सियासत ग़ैरज़रूरी तरीक़े से धर्म का इस्तेमाल कर रही हैं तभी मैंने धर्म का 'लिबास' का प्रयोग किया है। कौन-सा धर्म है जो हत्या और ख़ूनख़राबे का समर्थन करेगा? उपन्यास में एक सवाल की और गूँज है कि आख़िर मुसलमान को मुसलमान क्यों बनाया जा रहा है? आपका दूसरा सवाल इसी सवाल में पैवस्त है कि दुनिया धर्म को लेकर क्यों दीवानी है? धर्म गहरा विश्वास बन सदियों से आम इनसान की यादों और व्यवहार में अपनी जड़ें जमाए हुए है जो नस्ल-दर-नस्ल एक पीढ़ी दूसरी पीढ़ी को देती है। इस बीच बहुत-से धर्म ग़ायब हो चुके हैं, उनका कहीं ज़िक्र पढ़ सकते हैं मगर उनके मानने वाले बचे नहीं हैं। रहा सवाल धर्मों की अनेकता का, तो इतनी बड़ी दुनिया में एक विश्वास कैसे रह सकता है जब भौगोलिक परिस्थितियाँ, भाषाएँ, वेशभूषा और रहन-सहन अलग-अलग हैं? आँधी, तूफ़ान को देवता समझने वालों ने धर्म के नाम पर एक नियम बनाया ताकि इनसान अपनी बेजा हरक़तों पर रोक लगा सके। वहीं इनसान धर्म को जब बेजा तरीक़े से प्रयोग करने लगे तो इसमें धर्म ग़लत है या आदमी?

एक सवाल यहाँ मैं करना चाहती हूँ कि एक कलाकार को जब अपने सृजन के लिए धर्म की आवश्यकता नहीं पड़ती, एक तकनीशियन और मज़दूर को भी, तब इन सियासतदानों को मज़हब की ज़रूरत अपनी सत्ता को बचाने के लिए

क्यों पड़ती है? आम इनसान इनके बहकावे में क्यों आता है? यह ज़रूर चिन्ता का विषय है।

अमरीक सिंह दीप : इसी उपन्यास में एक स्थान पर आपने रेखांकित किया है कि ईरान में शाह के सामन्ती शासन को ख़त्म करने के लिए धार्मिक नेताओं, मार्क्सवादियों ने एकजुट होकर संघर्ष किया था। मार्क्सवादियों का यह क़दम क्या मार्क्सवाद की हत्या नहीं थी?

नासिरा शर्मा : इसी उपन्यास में तय्यबा और उसके साथियों ने आपके इस सवाल का जवाब दिया है जो फ़िदाइने ख़ल्क अक़लियत पार्टी के थे तथा इस समझौते को ग़लत समझते थे, तभी उनकी पार्टी दो फाँक हुई और 'अक़सरियत' के नाम से तोदेह पार्टी के नक़्शेक़दम पर चलने लगी। फ़िदाइने ख़ल्क अक़लियत की जो भी आलोचनाएँ थीं, वे समय के साथ सच हुईं और जिस बिन्दु को नज़र में रखकर तोदेह अक़सरियत व अन्य मार्क्सवादी, गुरिल्ला पार्टियों व गिरोहों ने मुल्लाओं का साथ दिया था कि आम आदमी तक इनकी पहुँच है, शाही अंकुश के चलते हमारी पकड़ जनता पर नहीं तो हम एक दिन इनको हटाकर सत्ता में आ जाएँगे—इस जोश में अन्य मार्क्सवादी गिरोहों के छुपे चेहरों को उजागर कर उन्हें जेल में डलवाया, शूट करवाया, तब इन्हें ज़रा भी गुमान न था कि दरअसल यह मुल्लाओं के हाथों भुन रहे हैं। सौ साल मार्क्सवादी बुद्धिजीवी, लेखकों, कवियों ने अपनी जान की क़ुर्बानी दी मगर अन्त में सत्ता में कौन आएगा, मार्क्सवादी पॉलिसी वर्तमान में क्या होगी—इसके चलते सब कुछ हार बैठे।

अमरीक सिंह दीप : अपने देश में भी ऐसी ही भूल मार्क्सवादियों ने इमरजेंसी के बाद गठित हुई 'जनता पार्टी' में शामिल होकर की थी। इमरजेंसी के बाद कांग्रेस का विरोध करने के लिए एकजुट हुई देश की अन्य राजनीतिक पार्टियों में दक्षिणपंथी पार्टी 'जनसंघ' (जो बाद में नाम बदलकर भारतीय जनता पार्टी हो गई) भी थी और वामपंथी पार्टियाँ भी। मार्क्सवादियों की इस भूल का ही नतीजा है कि आज भारतीय जनता पार्टी जैसी दक्षिणपंथी प्रतिक्रियावादी पार्टी राई से पर्वत बन गई है। मार्क्सवादियों द्वारा समय-समय पर किये गए ऐसे गठबंधनों के बारे में आपका क्या कहना है?

नासिरा शर्मा : सिर्फ़ इतना कि किसी के पास कोई निष्ठा नहीं है। हम इन्हें वोट क्यों देते हैं सिर्फ़ इसलिए कि वोट देना हमारा अधिकार है? मैंने जीवन में इस अधिकार का केवल एक बार प्रयोग किया और बाद में सख़्त शर्मिन्दा हुई।

अमरीक सिंह दीप : दूधनाथ सिंह ने बाबरी मस्जिद विध्वंस पर 'आख़िरी कलाम' जैसा अविस्मरणीय उपन्यास लिखा है। भारतवासी होने के बावजूद आपने ईरान की ख़ूनी क्रान्ति पर 'सात नदियाँ : एक समन्दर' जैसा अद्भुत उपन्यास लिखा था। अपने दाम्पत्य जीवन के कारण आप हिन्दू-मुसलमान, दोनों ही संस्कृतियों की नस-नस से वाक़िफ़ हैं। फिर क्यों आपने बाबरी मस्जिद विध्वंस को आज तक अपने उपन्यास का विषय नहीं बनाया?

नासिरा शर्मा : हर लेखक हर मुद्दे पर उपन्यास नहीं लिख सकता है। उपन्यास या कहानी तो दूर, मैंने इस विषय पर कोई लेख या टिप्पणी भी कहीं विशेष रूप से नहीं की है। शायद इसका कारण यह हो कि यह एक ऐसा इशू था जिसको इशू बनाया जा रहा था। इससे बहुत बड़े सवाल और कठिनाइयाँ मुस्लिम समाज में हैं। उसको लेकर कोई हंगामा क्यों नहीं उठता? यह एक सियासी एजेंडा था। इस पर दूधनाथ जी ही लिख सकते थे। जिस समाज की बखिया उन्हें उधेड़नी थी, उस पर उनकी पकड़ ज़्यादा मज़बूत थी। यह अलग बात है कि अयोध्या में हम स्टेज पर मौजूद थे जब कमलेश्वर जी पर हमले का माहौल बना। दिल्ली के उस हॉल में भी मैं शाहबानो पर बोली थी जहाँ बुर्के वालियों ने आकर हंगामा करने की कोशिश की थी। मैं अपना उपन्यास 'ज़िन्दा मुहावरे' उस समय लिख रही थी जो बँटवारे के बाद के मुस्लिम समाज पर था। उसमें भी मैंने बाबरी मस्जिद का ज़िक्र नहीं किया। दरअसल बँटवारे के बाद का भारतीय समाज और बाबरी मस्जिद के ढहने के बाद का भारतीय समाज दो अलग सियासी अनुभव हैं। इतने कम वक़्त में नये उगे मुस्लिम समाज की सही व्यथा पकड़ उसकी ज़िन्दा अक्कासी नहीं कर सकती थी जबकि उन दिनों फ़ैज़ाबाद और अयोध्या जाना बहुत होता था। तो भी सृजन का अपना तर्क है।

अमरीक सिंह दीप : 'ज़ीरो रोड' उपन्यास में आपने भारतीय बेरोज़गार युवकों का खाड़ी देश में पलायन व वहाँ पहुँचने के बाद वहाँ नारकीय स्थितियों में जीवन-यापन का मार्मिक चित्रण किया है। खाड़ी देशों में राजनीतिक, धार्मिक व यौनिक पाबन्दियाँ होने के बावजूद दिल्ली की खाड़ी देशों की एम्बेसियों के सामने इन देशों में जाने के इच्छुक भारतीयों की लम्बी-लम्बी क़तारें दिखाई देती हैं। क्या राजनीतिक, धार्मिक व यौनिक स्वतंत्रता से बड़ी समस्या रोटी है?

नासिरा शर्मा : कम-अज़-कम हमारे देश में रोटी पहली ज़रूरत है। इस ज़रूरत के इर्द-गिर्द बाक़ी चीज़ें घूमती हैं। इसी रोटी की तलाश में आदमी खाड़ी देश जाता

है क्योंकि वहाँ उसको सारी तकलीफ़ों के बाद भरपेट खालिस खाना मिलता है और वह घर रुपया भी भेज पाता है जो भारत में उसे नहीं प्राप्त। इस रोटी के चलते वह हर क़ीमत पर खाड़ी देश क्या, जहन्नुम में भी जाना चाहेगा ताकि चन्द वर्ष पेट भर खाना खा सके। कुछ बचाकर ला सके।

अमरीक सिंह दीप : देश की शिक्षा-प्रणाली में हो रहे विघटन को लेकर आपने 'अक्षयवट' उपन्यास लिखा, तेज़ी से समाप्त हो रही जल सम्पदा की समस्या को लेकर 'कुइयाँजान' उपन्यास लिखा और देश की विदेशों को पलायन कर रही श्रम-सम्पदा को केन्द्र में रखकर 'ज़ीरो रोड' उपन्यास लिखा। इन तीनों ही उपन्यासों के केन्द्र में इलाहाबाद शहर है। क्या इसी क्रम में आप अभी और उपन्यास लिखने वाली हैं?

नासिरा शर्मा : मेरा चौथा उपन्यास इलाहाबाद, कोटरा, बहादुरगंज, लखनऊ और विदेश के किसी देश का चक्कर लगाएगा। उसमें भी एक नई समस्या उठाई है। पूरा हो चुका है। पिछले बारह-तेरह वर्षों से अधूरा पड़ा था, फिर इसकी पांडुलिपि खो गई। खोने के बाद चरित्र, पात्रों के नाम, जगह और मुख्य कहानी की रूपरेखा तो वही पुरानी रही मगर रोहन का किरदार जो पूरी तरह विकसित नहीं हो पाया था, वह उभरा है। रोहन दत्त दरअसल हुसैनी ब्राह्मण है। पाठक इस उपन्यास को कैसे लेते हैं, यह शंका तो हर रचना के लिखने के बाद बनी रहती है।

अमरीक सिंह दीप : आप एक लम्बे अरसे तक इलाहाबाद में रही हैं। इलाहाबाद शहर की गलियाँ-मोहल्ले, वहाँ का लोकजीवन व संस्कृति में रची-बसी हुई हैं। इधर आप कई वर्षों से दिल्ली में हैं। इलाहाबाद की महक और दिल्ली की महक में क्या अन्तर महसूस करती हैं?

नासिरा शर्मा : मैं दिल्ली में 1971 से रह रही हूँ मगर मेरा रिश्ता इलाहाबाद से कभी कटा नहीं था। साल-दो साल बाद बराबर जाना होता रहा है। अभी छह माह पहले होकर लौटी हूँ। मेरे रिश्ते दोस्तों से उसी तरह बने हुए हैं, फ़ोन पर ख़ैरियत भी ली जाती है। इलाहाबाद हम दोनों की ज़िन्दगी का एक अहम् मुक़ाम है। अब रहा सवाल महक का, तो एक फ़र्क़ जो मोटे रूप से महसूस होता है, वह यह कि प्रयागराज से उतरते ही पूरा शहर इलाहाबाद अपना लगता है और दिल्ली पहुँचकर लगता है कि स्टेशन से घर पहुँचना है।

अमरीक सिंह दीप : आपने 'अक्षयवट' उपन्यास में जहीर और उसके दोस्तों के माध्यम से दोस्ती और आदर्शवाद के गूलर का फूल हो गए जज़्बे की पुनर्स्थापना की है। वह इस भौतिकवादी-बाज़ारवादी युग में क्या सम्भव है? हालाँकि जैसे आज भी पति-पत्नी का रिश्ता ज़रूरी है, इसी प्रकार हर इनसान के लिए दोस्ती का रिश्ता भी ज़रूरी है।

नासिरा शर्मा : प्रोफ़ेशनल दोस्तियों की कोई न बुनियाद रहती है, न गारंटी मगर बचपन और किशोर अवस्था की दोस्ती इतनी निश्छल और गहरी होती है कि वह बुढ़ापे तक, बरसों बाद मिलने पर उतनी ही मासूम रहती है। जो कुछ अक्षयवट में जहीर और मुरली की दोस्ती के रूप में आया है, ऐसे लड़कों को मैं इलाहाबाद, मुस्तफ़ाबाद और दिल्ली, रायबरेली में देखती रही हूँ। दरअसल उन्हीं लड़कों के भटकाव और प्यार को देखकर ही यह टोली बनी। यह टोली कोई एक बार की देखी हुई नहीं थी बल्कि कई वर्षों से मैं उन्हें देख रही थी। उनकी बेकारी, घरवालों से फटकार, अपने लिए कोई सही रास्ता तलाश करने की शिद्दत को मैंने बहुत क़रीब से महसूस किया था।

अमरीक सिंह दीप : अपने 'शाल्मली' उपन्यास में आपने एक पढ़ी-लिखी उच्च महिला अधिकारी को उसके पति द्वारा हिंसा का शिकार होते दिखाया है। महिला हिंसा विरोधी क़ानून पास हो जाने के बाद क्या इस स्थिति में कुछ अन्तर आया है?

नासिरा शर्मा : फ़र्क़ आया है मगर बहुत कम। यह बदलाव मर्द की तरफ़ से आना है कि वह बिना हाथ उठाए भी झगड़े और बहस निपटा ले मगर बचपन से मारपीट की लड़कों में आदत होती है। बॉडी बिल्डिंग का शौक़ होता है। इस आदत के चलते भी उनका हाथ बड़ी आसानी से उठ जाता है। चाहे वह बाद में जितना भी पछताएँ मगर सारे मर्द शर्मिन्दा होते हों, ऐसा भी नहीं है। एक सच और भी है कि अक्सर औरतें इस हद तक मर्दों को उत्तेजित कर देती हैं कि आपस में जमकर मारपीट होती है। मैंने लड़कियों को लड़कों की पिटाई करते देखा है लेकिन वह पिटने की बात को पता नहीं किस कारण 'इशू' नहीं बना पाते हैं। क़ानून कुछ प्रतिशत हिंसा को रोकने में कामयाब हो सकता है मगर ख़ूब पढ़े-लिखे मॉडर्न औरत-मर्द भी इस तरह की घरेलू हिंसा करते हैं, आख़िर बराबरी का दौर है।

अमरीक सिंह दीप : इधर महिला लेखिकाओं में अपनी आत्मकथा लिखने का चलन-सा चल निकला है। इन आत्मकथाओं में या तो शहीदाना अन्दाज़ होता है या

फिर वीरांगना भाव! वहाँ एक ठंडी तटस्थता, एक दूसरे व्यक्ति की दृष्टि से ख़ुद को देखने वाली निस्संगता बहुत कम नज़र आती है। आप ऐसी आत्मकथाओं को किस कोटि की आत्मकथाएँ मानती हैं?

नासिरा शर्मा : आत्मकथा लिखना बड़ा मुश्किल काम है। अपने से अपने को अलग कर देखना फिर अपनी अच्छाई-बुराई को तौलना और अपनी ग़लतियों को क़बूल करना। एक वजह यह भी हो सकती है कि जब आप कहानी, कविता लिखते हैं तो किरदार पर आपका लेखक काफ़ी हद तक हावी हो जाता है और आप किरदार की तराश में कुछ सच छोड़ देते हैं, कुछ झूठ मिला देते हैं। वही शैली जब हम आत्मकथा में अपना लेते हैं जाने-अनजाने तो बात बन नहीं पाती है, तो भी एक शुरुआत हुई है। हम और ज़्यादा सन्तुलन की आशा कर सकते हैं।

अमरीक सिंह दीप : आपने एक हिन्दू व्यक्ति से विवाह किया है। दो भिन्न धर्म व संस्कृतियाँ होने की वजह से आपके दाम्पत्य में कभी टकराव की स्थिति पैदा हुई है? कभी कुछ अजीब-सा लगा है? परायापन-सा महसूस हुआ है? आप लेखिका हैं, आप धर्म और संस्कृति से ऊपर उठकर एक विशुद्ध इनसान की तरह सम्बन्धों को जी सकती हैं लेकिन आपके पति तो लेखक नहीं हैं, उनकी तरफ़ से किसी तरह की मुश्किलात तो नहीं पैदा हुई?...आप अपनी आत्मकथा, जो कि अन्य हिन्दी लेखिकाओं से निश्चय ही अलग होगी, क्या लिखने का विचार कर रही हैं?

नासिरा शर्मा : आपसे पहले यह बात कवि नईम ने कही थी कि आप 'मेरे हमसफ़र' करके अपने पतिदेव पर किताब लिख डालें। मैंने उन पर तो नहीं लिखा, न लिखने को सोचा मगर अपने साहित्य को लेकर ज़रूर कुछ लिखा है। जिसमें मेरा बचपन, लेखन और परिवेश है। परिवेश से जुड़े काफ़ी लोग हैं—अपने भी और पराये भी। उसको मैं अपनी आत्मकथा नहीं कह सकती हूँ। मुझे बनाने और मेरी ख़ूबियाँ निकालने में कई लोगों का हाथ रहा है—मेरा बचपन का घर, शौहर का घर, मेरे दोस्त, मेरे अनुभव और अनुभूतियाँ। शादी के चार-पाँच साल ज़रूर मैं घर-गृहस्थी, माँ और पत्नी का सुख लेती रही मगर पूरे 28 वर्ष मैंने एक इंटेलेक्चुअल ज़िन्दगी जी जो उन्मुक्त उड़ानों से भरी थी। पैरों के नीचे इतनी सख़्त ज़मीन बन गई कि जब हालात ने करवट बदली और दूसरे अनुभव हुए, जो 28 वर्ष की ज़िन्दगी से बिलकुल अलग थे, मगर उसने मेरे लेखन को प्रभावित नहीं किया बल्कि यह सारा ऊबड़-खाबड़ रास्ता मेरे लेखन का कच्चा माल साबित हुआ।

अमरीक सिंह दीप : आपने प्रेम-विवाह किया है। लेखिका होने के कारण प्रेम को आपने बड़ी शिद्दत और गहराई से महसूस किया है। क्या स्त्री-पुरुष के प्रेम में देह की मौजूदगी अनिवार्य है? एक प्रचलित मान्यता है कि जिससे प्रेम करो, उससे विवाह क़तई न करो। जुदाई ही प्रेम की कसक को जीवनभर बरक़रार रखती है, उसकी रोशनी को बुझने नहीं देती है। क्या आप भी ऐसा मानती हैं? विवाह के पूर्व के प्रेम और विवाह के पश्चात् के प्रेम में क्या आपने कोई अन्तर महसूस किया है?

नासिरा शर्मा : प्रेम और विवाह को लेकर सबके अपने-अपने अनुभव हैं। प्रेम दरअसल एक व्यापक अनुभव का नाम है। फूटता पलभर में है और जब फैलने और बहने पर आता है तो एक ऐसी आबदार नदी बन बहने लगता है कि उसके दोनों तरफ़ आबादियाँ बसने लगती हैं। मेरा अनुभव शादी से पहले सिर्फ़ इक़रार और चन्द मुलाक़ातों में साथ रहने का था। जब साथ रहे तो लगा, वह रिश्ता तो सिर्फ़ भूमिका था। ज़िन्दगी तो ख़ूबसूरत वादियों के पेचदार ख़म से गुज़र रही है। बहुत कुछ सीखने और समझने को है। हर दिन, हर पल, हर अवसर पर आपका रिश्ता अगर बढ़े नहीं बल्कि जड़ प्रेम की शिला बन जाए तो उसे न प्रेम कहेंगे, न इश्क़, न उन्स। आपको रोज़ कुछ नया, कुछ अच्छा करना पड़ता है। उसमें सिर्फ़ आप न हों बल्कि परिवार, दोस्त, समाज, सोच, अहसास—सब कुछ उसमें समाने की जगह हो मगर होता इसका उलटा है। लोग इश्क़ के पहले पहाड़े से आगे बढ़ना ही नहीं जानते हैं। और वह आने वाले ख़ूबसूरत-तरीन अहसास और ज़िन्दगी को ख़राब कर देते हैं या खो देते हैं। दोष वह शादी को देते हैं मगर भूल जाते हैं कि प्रेम के बाग़ से निकल घर बसाने में उन्होंने एक-दूसरे के लिए क़ैदख़ाना बना डाला है।

अमरीक सिंह दीप : अपने दाम्पत्य जीवन के माध्यम से आपने इस्लाम और हिन्दू धर्म को बहुत क़रीब से देखा है, जाना, समझा और महसूस किया है। दोनों धर्मों में क्या बुनियादी अन्तर है, जिसकी वजह से हमेशा दोनों धर्मों में टकराव की स्थिति बनी रहती है?

नासिरा शर्मा : धर्म में तो ऐसी कोई बात नहीं है, न उस पर ईमान रखने वालों में कोई कमी है मगर जो फ़सादी और ख़ुराफ़ाती लोग होते हैं, उनका यह सारा खेल है जो ज़्यादातर हिंसक हो उठता है। मैंने दो-तीन बार सीधे-सीधे इस्लाम और मुसलमानों पर बेतुकी बौछारें सुनी हैं, अपमान से घिरी हूँ, आहत हुई हूँ मगर बदले में मेरे मुँह से कभी भी कोई अपशब्द प्रतिक्रिया, आक्रोश या दुख में नहीं निकल पाया। क्यों?

कैसे? यह अनुशासन मेरे अन्दर है, मैं नहीं जानती मगर यह ज़रूर जानती हूँ कि मेरी तरह के लाखों लोग और भी हैं। जहाँ कहीं हिन्दुओं के प्रति ग़ैरज़रूरी बातें सुनती हूँ तो सहन नहीं कर पाती, यही हाल मेरे पति रामचन्द्र शर्मा का भी है और हमारे सभी दोस्तों का। जो एक-दो कुंठित थे, वे भी हमारे साथ रहकर धुल-धुलाकर निर्मल हो चुके हैं मगर ज़्यादातर लोग न अपने धर्म को ठीक से जानते हैं, न दूसरों के, मगर नफ़रत करने में पीछे नहीं हटते हैं। पता नहीं, यह हिंसक प्रवृत्ति उनके अन्दर क्यों ठहर जाती है? पढ़-लिखकर इनसान ख़ुद कितने दायरे तोड़ता और छोड़ता है मगर अब डिग्रीयाफ़्ता भी इस जहालत में फँसते जा रहे हैं। पता नहीं क्यों, मुझे मधुसूदन की कहानी 'जर्राह' इस समय याद आ रही है।

अमरीक सिंह दीप : आपकी कहानियाँ वह चाहे 'सबीना के चालीस चोर' हो या 'संगसार', इनमें आपने मुस्लिम स्त्री की कठमुल्लावाद द्वारा की जाने वाली दुर्दशा को पूरी बेबाकी से नंगा किया है। क्या आपको धार्मिक उग्रवाद से डर नहीं लगता?

नासिरा शर्मा : आप 'ख़ुदा की वापसी' को क्यों भूल गए? उसकी सारी कहानियाँ शरीअत लॉ पर आधारित हैं। मुझे लगता है कि आप अगर अपना एतराज़ बड़ी गम्भीरता के साथ तर्क और तथ्य की सच्चाई पर उठाएँ तो विपक्ष भी सोचने पर मजबूर हो जाता है कि जो कह रहा है, उसकी नीयत में खोट नहीं है। रही डर की बात तो बचपन से डर नाम की चीज़ मेरी ज़िन्दगी में नहीं रही। जो बात मुझे बेचैन करती है, उसमें मैंने कभी कूटनीति का घालमेल नहीं किया कि इससे मुझे क्या नुक़सान या फ़ायदा होने वाला है।

अमरीक सिंह दीप : तसलीमा नसरीन के लेखन व उसकी आत्मकथा के बारे में आपकी राय?

नासिरा शर्मा : तसलीमा की 'लज्जा' मुझे अच्छी लगी थी। उसके लेख भी बड़े जानदार हैं और कुछ टुकड़े आत्मकथा के, जहाँ उसने अपने घर, बहनों और माँ-बाप का ज़िक्र किया है, बहुत प्यारे हैं। वह अपने को लेखक नहीं कहती है मगर अपने जज़्बात और विद्रोह को वह ज़रूर कहानी-कविता के फ़ार्म में व्यक्त करती है। उसने कभी सिर नहीं झुकाया, न माफ़ी माँगी, इस बात की मेरे दिल में बड़ी क़दर रही है मगर आख़िर में जो उसने अपने उपन्यास के कुछ अंश हटाने का समझौता

किया, वह एक ख़तरनाक शुरुआत हुई है जिसने तसलीमा की मजबूरी से ज़्यादा हमारी परेशानी भविष्य में बढ़ाई है।

अमरीक सिंह दीप : पहले साम्प्रदायिक दंगे होने पर हिन्दी-उर्दू के लेखक कन्धे से कन्धा मिलाकर सड़कों पर उतर आते थे। शान्ति मार्च करते थे। अब वे ऐसा क्यों नहीं करते? इस शुतुरमुर्ग प्रवृत्ति के क्या कारण हैं? क्या लेखक का काम सिर्फ़ लिखना भर ही है?

नासिरा शर्मा : है तो उसका काम लिखना ही, मगर ऐसी सरगर्मी भी ज़रूरी है। अब वह टीवी पर आकर बोलते हैं। शान्ति मार्च भी अपना प्रभाव कहाँ छोड़ पा रहा है? एक निराशा-सी है। सदमे की कैफ़ियत है। फिर लेखकों की उम्र का भी तक़ाज़ा है। मीडिया को ख़ुद उनके घरों तक जाना चाहिए।

अमरीक सिंह दीप : हिन्दी-उर्दू भाषा के बीच का बहनापा क्यों सौतन में बदल गया है?

नासिरा शर्मा : मुझे ऐसा महसूस नहीं हुआ क्योंकि हिन्दी में उर्दू कहानी और उर्दू में हिन्दी कहानी का स्वागत बराबर होता है। कुछ लोग बोलते हैं तो वह ही हमारा इकहरा सच थोड़े है।

अमरीक सिंह दीप : अल्पसंख्यकों के प्रति हिन्दी साहित्य इतना अनुदार क्यों है? पुरस्कारों की रेवड़ियाँ जब बँटती हैं तो हिन्दी के अल्पसंख्यक लेखकों को क्यों नज़रअन्दाज़ किया जाता है? ज़्यादातर पुरस्कार सवर्णों की झोली में ही क्यों गिरते हैं?

नासिरा शर्मा : कई वर्षों से साहित्य अकादेमी और ज्ञानपीठ पुरस्कारों को लेकर यह प्रश्न बार-बार उठाया जा रहा है। अन्य भाषाओं, जैसे उर्दू, कश्मीरी आदि के हिन्दू लिखने वालों को यह इनाम बिना किसी भेदभाव के दिया जाता रहा है (दूर से ऐसा ही लगता है, अन्दर की बात का सच वे भाषाएँ जानें जिनके लिखने वाले स्वयं भाषा का चयन करते हैं) मगर हिन्दी में ऐसा नहीं है। यह इत्तफ़ाक़ भी हो सकता है तभी राही मासूम रज़ा, गुलशेर मोहम्मद शानी को नहीं मिला, जिस तरह कृष्ण बलदेव वैद और देवेन्द्र इस्सर को नहीं मिला। 'आधा गाँव', 'काला जल', 'उसका बचपन', 'ख़ुशबू बनकर लौटेंगे' ऐसी कृतियाँ, जो हिन्दी साहित्य की उपलब्धियाँ हैं। अगर यह इत्तफ़ाक़ नहीं है तो फिर यह पसन्द-नापसन्द का मसला है। यहाँ बात

बहुसंख्यक या अल्पसंख्यक या हिन्दू-मुसलमान से ज़्यादा सियासत की है, अच्छे और बुरे क़लम की है। साहित्यिक सियासत का पता सबको है। हर पुरस्कार के पीछे का सच भी सामने आ जाता है, फिर इन बातों में उलझना नहीं चाहिए। ये सवाल लेखक के नहीं हैं। उसका काम सृजन करना है। मुझे अरुन्धती राय का कथन याद आता है कि 'सब पुरस्कार का नाम लेते हैं, मेरे उपन्यास के किरदार का नहीं।' यही वह साज़िश है जब क़लम और लिखी या लिखाई गई रचना बाज़ार ख़रीद लेता है और अपनी मर्ज़ी से चर्चा कराता है। पुस्तक सहज रूप से पाठकों को स्वीकार हो, वह अपनी जगह ख़ुद बनाए, इससे पहले ही पाठक दो या चार फाँक हो जाते हैं। पुरस्कार किसी लेखक के अच्छे या 'लेखक' होने की गारंटी नहीं है। न पुरस्कार किसी कृति को सम्मान दिला पाता है जब तक उस रचना में ख़ुद जान न हो। मेरा जवाब कुछ लम्बा हो गया है मगर इसको खोलना भी ज़रूरी है और खुलकर कहना भी। कला की चौखट पर न कोई दलित होता है, न सवर्ण। इस तरह का बँटवारा और आरक्षण मुझे क़तई पसन्द नहीं है—उसी तरह, जैसे पूरी ज़िन्दगी हिन्दी पढ़ाकर, हिन्दी में साहित्य रचना कर कोई अध्यापक-लेखक अहिन्दी का पुरस्कार ले। अन्त में आपकी इजाज़त ले मैं अपने पढ़ने वालों से कहूँगी कि चन्द लोगों की संकीर्ण सोच न हिन्दी साहित्य की सोच है और न ही हिन्दी लेखकों की कुंठा। जिनकी है और जो यह पक्षपात करते हैं। उनका चेहरा भी जाना-पहचाना है और अन्त में सबकी पोटली खुल जाती है। बाक़ी बचती है बढ़िया रचना, जो सदियों के बाद भी ज़िन्दा रहती है, क्यों न हम इस मुद्दे पर बात करें?

अमरीक सिंह दीप : इधर कहानी विधा में तेज़ी से हो रहे परिवर्तनों को आप किस दृष्टि से देखती हैं? इन परिवर्तनों से कथा-कहानी आम पाठक के क़रीब आई है या और दूर हुई है?

नासिरा शर्मा : साहित्य से दूरी अन्य कई कारणों से, समय के बदलते परिदृश्यों के कारण भी हुई है। उसमें अकेला कारण लेखक का प्रयोगधर्मी होना भर नहीं है। आज से बीस वर्ष पहले तक एक मानक था। ऐसी साहित्यिक पत्रिका थी जहाँ छपना यानी लेखक बनने की शुरुआत जैसा था। आप अपनी ज़िन्दगी के साथ जितने भी खिलंदड़े हों, रिश्तों की खूँटी को उखाड़ने, हर परम्परा को तोड़ मस्त रहने वाले हों मगर जब आप क़लम और काग़ज़ को लेकर बैठते थे तब आप निष्ठावान होते थे। इसीलिए पाठक भी उन रचनाओं को आदर से पढ़ते थे। लेखक ख़ुद एक-दूसरे

के गुणों को स्वीकार कर उन रचना को आदर देते थे मगर अब इस विरासत के ख़िलाफ़ बिलकुल ग़ैरसंजीदा अन्दाज़ कुछ लोगों ने अपना लिया है। ढेरों मैगज़ीन हैं। ढेरों लेखक हैं। लेखक बनना, लेखक को जीना ख़ुद लेखक के लिए एक बेहद दर्द से भरी पगडंडी होती है मगर कुछ ने चौड़ी सड़क पर दौड़ने की क़सम खा रखी है। यह 'कुछ' हमेशा चर्चा में आकर ज़रूरी कहानियों का समय व सम्भावना चुरा लेते हैं और हम उन पर फ़ोकस नहीं कर पाते हैं। आपके सवाल का जवाब मैं एक वाक्य में दे सकती थी कि प्रयोग जो भी कहानी के साथ किया जा रहा हो अगर उसमें इनसान की संवेदना न हो, समय की धड़कन और जूझते प्रश्न न हों तो फिर परम्परागत अन्दाज़ में लिखी कहानी भी किसको याद रहेगी और आज का पाठक उसे क्यों पढ़ेगा जबकि रोज़मर्रा की उसकी ज़िन्दगी इन कहानियों से आगे के अनुभव और अनुभूतियाँ दे रही हो?

अमरीक सिंह दीप : क्या नई कथा-पीढ़ी के आ जाने से पुरानी कथा-पीढ़ी अप्रासंगिक हो जाती है? क्या पुरानी पीढ़ी की दृष्टि और सोच में मोतियाबिन्द उतर आता है? क्या प्रेमचन्द, जैनेन्द्र कुमार, अज्ञेय, निर्मल वर्मा, कृष्णा सोबती अब अप्रासंगिक हो गए हैं?

नासिरा शर्मा : जिन लोगों ने हमारे लिए रास्ता साफ़ किया, उन्हें ही हम रास्ते का पत्थर समझने की जुर्रत कर बैठे! एक लेखक और उस जवान मर्द का फ़र्क़ ही मिट गया जो बिल्डरों की दी गई लालच से बड़े हाते के बँगलों से अपने माँ-बाप को निकालने में ज़रा भी नहीं झिझकते और उनकी हत्या में साझेदारी का शक भी छोड़ देते हैं। साहित्य और साहित्यकार अपने समय से जूझता है और भविष्य को नज़र में रखकर रचना का सृजन करता है। उसका काम आने वाली पीढ़ी को बेहतर सोच और बेहतरीन रिश्ते को पाने-बनाने की जुस्तजू का जज़्बा देना है, न कि उनके दैनिक कष्टों और बदलते जीवन-सन्दर्भ की गुत्थियों के हल! हर समय का लेखक अपने समय से कैसे पंजे लड़ाता है, यह महत्त्वपूर्ण है। यदि ऐसा न हो तो फिर हम अपनी विरासत की बात ही क्यों करें? हर लेखक की कुछ रचनाएँ जो परिस्थितियों से प्रभावित होकर लिखी जाती हैं, अक्सर स्थितियों के बदलने से हमको उस दौर की सूचना तो देती हैं, वह अप्रासंगिक कैसे हो जाती हैं? यह वही बात लगती है कि हम बिना किसी तर्क के ग़ैरज़रूरी तौर पर उन चीज़ों को रद्द करने में लग जाते हैं जो अपने दौर में लिखी गई थीं। आज भी मैं इन सवालों को समझ नहीं पाती हूँ जो अपने में ग़ैरज़रूरी ही नहीं बल्कि अफ़सोसनाक हैं। इन सभी लेखकों ने जो

ज़िन्दगी के शेड्स हमें उत्कृष्ट कहानियों द्वारा दिये हैं, उनमें ऐसा कौन-सा मुद्दा है जो अप्रासंगिक हो और उन्हें मोतियाबिन्द हो जाने का आरोप दिया जाए? प्रेमचन्द का वही किसान आज आत्महत्या कर रहा है मगर जिनकी पकड़ गाँव के परिवेश पर आज बताई जा रही है, वे लेखक क्या कर रहे हैं? जैनेन्द्र जी की सुनीता आज कितने रंगों में हमको मुखौटा बदल-बदल नज़र आ रही है? निर्मल वर्मा की प्रवासी भारतीयों पर लिखी कहानियों का अगला पड़ाव तो ख़ुद आज हिन्दी कहानी के रूप में विदेशों में बैठे लेखक अपनी बात काग़ज़ पर उतार रहे हैं (अज्ञेय जी को मैंने ज़्यादा पढ़ा नहीं), कृष्णा सोबती जिस तरह अपने उपन्यासों व लेखों के अतिरिक्त महत्त्वपूर्ण मुद्दों पर एक लेखिका की तरह रिएक्ट करती हैं, वह उनके प्रासंगिक होने का प्रमाण है। यदि उनका 'ज़िन्दगीनामा' और 'सिक्का बदल गया' आपको अप्रासंगिक लगते हैं तो बँटवारे के सच को कहाँ रखेंगे—जब हमारा देश बँटा और पाकिस्तान वजूद में आया जो हर तरह से हमारी सुरक्षा और शान्ति के लिए चुनौती बना हुआ है? आज यह बात प्रेस्टीज़ इशू बनती जा रही है कि इंटरनेट पर कौन लेखक है, उसके कितने पन्ने हैं—मगर इसका यह मतलब नहीं कि जो वहाँ नहीं, वह अप्रासंगिक हो गया है। यह सारी फ़िज़ूल बतकही है। हम बहुत पुरानी परम्परा से जुड़े लोग हैं। जब क़लम, काग़ज़ नहीं था तब कील से पत्थर पर लिखते थे, खड़िया की शिला पर लिखते थे। सरकंडे और परिन्दे के पर से निब की तरह लिखते थे। जब नहीं लिखते-पढ़ते थे तो क़िस्से-कहानी कह, क़िस्सागोई की परम्परा बना लोक-साहित्य रचते थे। बेबिलोन के दौर में मिली वह लम्बी कविता 'गुलगामिश' हमारी विरासत है या अप्रासंगिक रचना? उस रचना को पढ़ें और समझें तो आपको उसमें बहुत कुछ वर्तमान की अनुभूतियाँ महसूस होंगी।

अमरीक सिंह दीप : वैश्विक मंदी ने पूँजीवादी व्यवस्था की कलई खोल दी है। यह व्यवस्था दलाल व्यवस्था है। शोषणवादी व्यवस्था है। जो मेहनतकश को इनसान की तरह जीने नहीं देती है, उसे पशुवत् जीवन जीने को विवश करती है। क्या अपने देश में यह व्यवस्था अब बदलेगी?

नासिरा शर्मा : सामंती हो या पूँजीवादी, इन दोनों के अलावा यदि कोई व्यवस्था है तो उसमें भी मेहनतकश तबके को राहत क़तई नहीं है। राहत सिर्फ़ वहाँ है जहाँ व्यक्तिगत रूप से किसी विशेष का इस तबके के प्रति दयालु नज़रिया और हमदर्दी भरा व्यवहार होता है वरना समूह में शोषण का होना लाज़िमी है क्योंकि हर मालिक

का ज़ोर ज़्यादा-से-ज़्यादा उत्पादन पर होता है। वह मज़दूर तो दूर क्वालिटी तक का ध्यान नहीं रख पाता मगर जहाँ भी मज़दूरों के लिए बेहतर क़ानून, रहने की और बच्चों की शिक्षा की अच्छी व्यवस्था और पगार ठीक-ठाक रहती है, वहाँ पर मामला ठीक ही चलता है। हमारे देश में मज़दूरी बढ़ी है मगर स्टैंडर्ड ऑफ़ लिविंग उनका नहीं बढ़ा है क्योंकि वह आधी से ज़्यादा कमाई शराब पर या फिर दूसरी औरत से विवाह कर ख़र्च कर देते हैं और एक वक़्त के बाद ख़ुद औरत पर बोझ बन जाते हैं। यह इतनी बड़ी समस्या है जो मेहनतकश औरतों के लिए किसी अभिशाप से कम नहीं है। इसको बड़ी गम्भीरता से लिया जाना चाहिए।

अमरीक सिंह दीप : आपका लेखन किस विचारधारा से प्रभावित है? किस विचारधारा का समर्थक है?

नासिरा शर्मा : मेरे साथ बड़ी ट्रेजडी यह हुई कि मैं किसी भी विचारधारा को समझने, पढ़ने और समर्थक बनने से पहले लेखक बन गई। लेखक के नज़रिये से मैंने धर्म और विचारधाराओं को समझने की कोशिश ज़रूरत के अनुसार ज़रूर की है मगर इनसे प्रभावित होकर लेखन कभी नहीं किया है।

अमरीक सिंह दीप : बाज़ारवाद ने जिस तरह से मानव-मूल्यों और नैतिकताओं को तहस-नहस किया है, जिस तरह से इनसान का मशीनीकरण किया है, आदमी और जानवर के बीच के फ़र्क़ को समाप्त कर दिया है, यह सिलसिला क्या कभी थमेगा नहीं? क्या आदमी आदमी को फाड़ खाएगा? क्या मानव सभ्यता फिर जंगल की तरफ़ लौट जाएगी? क्या वास्तव में प्रलय एक सच साबित हो जाएगा?

नासिरा शर्मा : वैश्विक मंदी, जिसका ज़िक्र आपने किया है, वह क़यामत बनकर गिरी है। प्रलय एक बार होगा। क़यामत दो तरह की बताई गई है : क़यामते सुग़रा (छोटी) और क़यामते कुबरा (बड़ी)। आज दुबई से 80,000 लोग नौकरी के न रहने से घरों को लौट रहे हैं। जवान ख़ुदकुशी कर रहे हैं। बौखलाकर अपने ही घरों में अपराध कर ख़सारा भरना चाहते हैं। बड़ी रक़मों वाली नौकरी को छोड़कर कम तनख़्वाह वाली सरकारी नौकरी की तरफ़ लौट रहे हैं। जिन्होंने नैतिकता को ताक पर रखकर पैसे कमाए थे, अब उन्हें नैतिकता की अहमियत का अहसास हुआ होगा। कॉरपोरेट वर्ल्ड किस तरह इनसान को दबाव में लाकर उसे हर जीवन-मूल्य से दूर करता है, यह अब किसी से छुपा नहीं है, तो भी जवान शोषित होने उसी तरफ़ भागते

हैं क्योंकि बाज़ार ने आपको मजबूर किया है कि आप ज़्यादा-से-ज़्यादा कमाएँ और आरामदेह ज़िन्दगी की दौड़ में शामिल हों। इन सारे नाटकों से इनसान थक तो रहा है। भूखा होगा तो वह इनसान को भी फाड़ खाएगा (और खा रहा है)।

अमरीक सिंह दीप : क्या ग़ुलामी ही हमारा जन्मजात संस्कार है? या कि सात सौ वर्षों की ग़ुलामी के कारण हम स्वतंत्रता की तमीज़ भूल चुके हैं?

नासिरा शर्मा : यह वाक्य कभी किसी लेखक ने लिखा होगा। हमको पसन्द आया और हम उसको दोहराने लगे। विदेशी सत्ता हमारे ऊपर अंग्रेज़ों की शक्ल में आई और वापस गई। मुग़ल आए मगर यहीं रच-बसकर मर-खप गए। हम एक आँख से दोनों को नहीं देख सकते। दूसरे, बादशाहत का दौर अच्छा-बुरा भारतीयों ने अपने राजाओं द्वारा भी जिया है। हर भारतीय राजा प्रजा को ग़ुलाम बनाकर न रखता हो मगर प्रजा तो समझता था। वह सब गुज़र गया। उस दौर में जो अवसरवादी थे, जिन्हें न विदेशी हुक्मराँ का रहना बुरा लगता था, न अपनों के लिए उनके मन में कोई दया-भाव रहा, वह वर्ग आज हर कार्यक्षेत्र में मौजूद है। हम उनकी बात करें जो हममें से हैं और हमारी तरह न व्यवहार करते हैं, न इस ज़मीन को अपनी सरज़मीन समझते हैं। देश का शोषण, भ्रष्टाचार, अत्याचार—:सभी तरह के खेल अपने देशवासियों के साथ करते हैं। वही लोग दिल्ली की एक सड़क का नाम औरंगज़ेब के नाम पर रखते हैं मगर दारा शिकोह और हज़रत महल को भूल जाते हैं, आख़िर क्यों?

अमरीक सिंह दीप : हमारे देश का भविष्य क्या है?

नासिरा शर्मा : दोस्त दोस्त न रहा, प्यार प्यार न रहा—एक सतह पर दिखता है। दूसरी सतह पर विकास, पुनर्निर्माण, पुल, इमारत, सड़कें और पन्ना पलटें तो मिल-कारख़ाने बन्द, किसानों व जवानों की आत्महत्या और दो कमरों के मकान की क़ीमत इतनी ज़्यादा कि आम आदमी तनख़्वाह में जब गुंजाइश न देखे तो मजबूर हो जाए भ्रष्टाचार पर। मैं संक्षेप में बात ख़त्म कर दूँ, यह कहकर कि आज हम इज़्ज़तदार-ईमानदार ज़िन्दगी जो जी लेते हैं, थोड़ी-बहुत किसी तरह, वह कल मुश्किल हो जाएगी। एक वर्ग यदि चाँद और मंगल पर चला भी जाता है तो उससे आम आदमी को क्या फ़र्क़ पड़ता है! उसे तो रोटी चाहिए—गर्म, फूली, काले-भूरे चकत्ते वाली।

अमरीक सिंह दीप : जार्ज बुश को फेंककर जूता मारने का दुस्साहसिक कार्य एक इराक़ी पत्रकार ने किया है। भारत में साम्प्रदायिकता फैलाने वाले नेताओं व

धर्मगुरुओं को जूता फेंककर मारने का काम क्या इस देश का कोई पत्रकार या लेखक कर सकता है?

नासिरा शर्मा : हमारे यहाँ अतीत में ज़रूर यह काम हुआ था, जिसका निशाना सही न था; जिसको सोचकर आज भी हमारी गर्दन झुकती है शर्म और अफ़सोस से। गांधी जी के बाद इन्दिरा गांधी पर गोलियों की बौछार हुई मगर हम अपने को अहिंसावादी कहते हैं इसलिए उस क़दम की निन्दा की गई मगर उसके बाद का फ़साद भी आज कोई भूल नहीं पाया। यहाँ पर एक बात कहना चाहूँगी कि हम भारतीय कुछ अलग बनावट के लोग हैं। अनेकता में एकता की हमको चाहे-अनचाहे आदत-सी पड़ गई है। हमको बाँटना आसान भी है और बहुत मुश्किल भी। हम जूता मारना, जूता सुँघाना और जूतियों में दाल बाँटना भी जानते हैं। हमारी हज़ार परतें हैं मगर अब हो यह रहा है कि जब कोई घटना घटती है और उसे न्याय के स्तर पर पक्ष और विपक्ष की फाँकों में बाँटा जाता है या झूठ और सच को पछोड़ना शुरू किया जाता है, उस समय जाने कहाँ से तीसरा मोर्चा कमर कस खड़ा हो जाता है, जो लीपापोती करना, तथ्यों को उलझाना, झूठ-सच को मिलाना, कुछ ऐसा समाँ बाँधता है कि मामला ग़ैरज़रूरी बहसों में उलझ जाता है। यह तीसरा (दलाल) मोर्चा इतना ज़्यादा पावरफुल हो चुका है कि वह सकारात्मक शक्तियों, चाहे वह किसी कार्यक्षेत्र की हों, उन्हें दबाने, चकराने, ठंडा करने में ज़बर्दस्त कामयाबी हासिल कर रहा है। मेरी चिन्ता का विषय ऐसे लोग हैं जो हमारे साथ हमारे बीच रहते हुए हमारी हर कोशिश, हमारे हर जूते का निशाना ख़ता करवा देते हैं।

[2010]

हारून रशीद*

नासिरा जी से मैं 2018 में पहली बार उनका साक्षात्कार लेने नई दिल्ली गया था। मैं नासिरा जी के बेबाक जवाबों से आश्चर्यचकित था। वैसे तो मैंने बहुत-से साक्षात्कार लिये। लेकिन नासिरा शर्मा का जवाब देने का अंदाज़ ही कुछ और था। नासिरा जी की यह ख़ूबी है कि केवल साहित्य पर ही उनकी गहरी पकड़ नहीं है, बल्कि राजनीति पर भी उनकी गहरी पकड़ है। भारत में मैंने बहुत कम ऐसे मनीषी साहित्यकार देखे जो तलाक़, हिजाब, शाहीन बाग़ का आन्दोलन, पुरस्कार वापसी पर बेबाक जवाब दे। यह ख़ूबी केवल नासिरा जी में है, अन्य किसी भी साहित्यकार में नहीं है।

---

* अध्यापक, पत्रकार।

मैं सरहदों को नहीं पहचानती, मुझे जहाँ इनसान...

हारून रशीद : नासिरा जी, अचानक आपका झुकाव कविता की तरफ़ कैसे हुआ?

नासिरा शर्मा : बहुत पहले कविता के नाम पर कुछ लिखा ज़रूर था मगर कविता लिखने या शायरी करने की कोई चाहत न थी। लेखन से जुड़ने से पहले जाने कैसे यह विचार ज़ेहन मैं आया कि हमारा समय गद्य का है फिर वक़्त के साथ यह ख़याल पुख़्ता होता चला गया। लेकिन हिन्दी कविता और उर्दू नज़्में व ग़ज़लें पढ़ती ज़रूर थी। रिश्ता शायरी से बना रहा और फ़ारसी, अरबी, फ़ारसी दरी कविताओं का भी मैंने अनुवाद किया है। लेकिन मैं इस अनुभव से नहीं गुज़री थी। जब मैंने फ़िलिस्तीनी शायरी पर एक लेख उर्दू पत्रिका 'अलफाज़' के लिए अस्सी के दशक में लिखा था कि फ़िलिस्तीनी हर महत्त्वपूर्ण अवसर, मौत, शादी, पैदाइश पर नज़्में पढ़ते हैं, जंग के कारण क़लम-काग़ज़ हरदम साथ नहीं रखते। वैसे तो पिछले कई वर्षों से एक दबाव और बेचैनी की ज़ेहनी कैफ़ियत से मैं गुज़र रही थी मगर जो घुटन लॉकडाउन के दौर में भूख, बीमारी और मज़दूरों की घर की वापसी के दौरान महसूस हुई और ऊपर से शाहीन बाग़ और फ़साद भी व्याकुल किये हुए था। उसमें जाने कैसे पहली कविता फूट पड़ी। महसूस हुआ कि कविता भी किसी विशेष दबाव से फूटती है, क्योंकि पल-पल बदलते दृश्य में कहानी और उपन्यास लिखना कठिन-सा लगा।

हारून रशीद : आपकी पहली कविता चर्चित हुई : 'मैं शामिल हूँ या न हूँ मगर हूँ तो इस कालखंड की चश्मदीद गवाह।' इस कविता के माध्यम से आप क्या कहना चाहती हैं?

नासिरा शर्मा : कई बातें जेहन में थीं। पहली, हैरत की शक़्ल में शाहीन बाग़ धरना सामने आया, फिर बिना मर्दों के संग लिये और मौलवियों को बायकाट करके जो आवाज़ गूँजी, वह भी ग़ज़ब की थी। यह एतराज़ पूरी तरह नागरिकता, संविधान और अपने देश के प्रति जुड़ाव का इज़हार था जिसमें भारत के हर जीवन-क्षेत्र से,

धर्म और प्रान्त की औरतों की शिरकत हुई फिर सरदारों ने समर्थन में डेरा डाला। सभी तरह के बुद्धिजीवी, लेखक और अन्य राजनीति गुटों के लोग उस धरने के मंच पर आकर अपना समर्थन दे रहे थे—यहाँ तक कि संगीतकार व नाटक कलाकार भी अपनी इच्छा से आकर अपना हुनर पेश कर रहे थे। औरतों का इस तरह का जमावड़ा, जो कई शहरों में फैल गया था। मैंने ईरान क्रान्ति के दौर में देखा था मगर उसमें औरतों और बुद्धिजीवियों के साथ मौलवियों की भी शिरकत थी। इमाम ख़ुमैनी ने कहा भी था कि यदि औरतें शिरकत न करतीं तो यह इंक़लाब वजूद में न आता। इससे हटकर हम देखें तो भारत में छोटे पैमाने और बड़े मुद्दों पर औरतों ने अपनी आवाज़ समय-समय पर उठाई है जिसका ज़िक्र मेरी कविता में आया है। मगर यह जलाल, यह तेज़ तेवर जो शाहीन बाग़ में औरतों ने तर्कपूर्ण बातों और प्रश्नों के साथ किया, उसने उस कलंक को धो डाला कि मुसलमान औरत जाहिल, बेचारी और पिछड़ी हुई है। इतनी बड़ी घटना ने मुझे इस हद तक प्रभावित किया कि अचानक यह पहली लाइन ज़ेहन में आई : "मैं शामिल हूँ या न हूँ"। वीडियो में पहली तसवीर भी मेरी थी मुजाहिदीन ईरानी लड़कियों के साथ चलते हुए और आख़िरी चित्र था शाहीन बाग़ की दादी के साथ। यहाँ एक बात साफ़ कर दूँ कि यह चित्र उस रात का था जब मैं शाहीन बाग़ गई थी और लौटकर एक छोटी-सी अभिव्यक्ति गद्य में लिखी थी : 'शाहीन बाग़ की वह रात।' इस कविता को मैंने एक आम नागरिक की तरह लिखा है जिसकी कोई भूमिका किसी हादसे या किसी योजना में नहीं होती, न उसकी राय की मगर वह मूक प्रहरी बना सब कुछ देखता और समझता है।

हारून रशीद : 'डूबती कश्ती' में भय, बेचैनी, विवशता और उद्विग्नता है। इस भाव का केन्द्रबिन्दु क्या है? कहीं आपका इशारा लॉकडाउन की तरफ़ तो नहीं है?

नासिरा शर्मा : जी! अचानक हुए लॉकडाउन ने जो 'क़यामत इनसानों पर तोड़ी है, उसने हम सबको तोड़कर रख दिया था। इस हक़ीक़त से हम शर्मिन्दा थे कि ऐसी महामारी—ऊपर से बिना आगे-पीछे सोचे लॉकडाउन का ऐलान और इस हक़ीक़त का सामने आना कि इस आपदा के लिए दोनों स्तर की सरकारों की नाकामी व लापरवाही। ऐसे विकट समय में तीन वक़्त खाना, दवा, इलाज और निवास का प्रबन्ध करना हर देश की सरकार का कर्तव्य बनता है। व्यवस्था के पास कोई भी इंतज़ाम ऐसा न था जिससे वह लोगों को राहत देती। मगर इन सारी परेशानियों का निचोड़ यह निकला कि आम जनता ने अपनी हैसियत के अनुसार अपनों की मदद की और जो खाई सियासत

ने खोदी थी, अचानक इस विपदा में कहीं-कहीं पटती दिखी जो दिल्ली दंगे में भी देखी गई कि बेशक मस्जिदें जलीं मगर मुसलमानों ने मन्दिरों को बचाया, उन व्यक्तियों के मृत शरीर को कन्धा दिया जिनके रिश्तेदार कोविड-19 के डर से पहुँचे नहीं। तबलीग़ी जमात की धुन्ध भी छँटी और सहर्ष ज़रूरत पड़ने पर उन्होंने हिन्दू भाइयों को ख़ून दिया और उन्होंने रोग को हराने के लिए ख़ून लेना स्वीकार किया जिसने 'ख़ून का एक ही रंग' कहावत को कुछ इस तरह रच डाला : 'हमारे रगों में बहने वाला ख़ून हमारे देशवासियों का है।' 'डूबती कश्ती' पूरी तरह डूबते-डूबते बच गई। यह मेरे ज़ेहन में था, तभी यह नाम रखा जो उस भयानक समय का नतीजा हाथ लगा वरना तो सीधे इसका नाम 'लॉकडाउन में भूख' हो सकता था। मगर हर अभिव्यक्ति का कोई न कोई गहरा जज़्बा या कहानी होती है। जिसके कारण उसका महत्त्व बढ़ जाता है।

हारून रशीद : लॉकडाउन में मज़दूर पैदल चले, हज़ारों भूखे मरे। इस कविता में प्रधान सेवक की उदासीनता के ख़िलाफ़ अगाध ग़ुस्सा और नफ़रत भी है। इस कविता के बारे में विस्तार से जानना चाहूँगा, ख़ासकर मज़दूरों के औज़ार और खान-पान व काम करने का जो वर्णन है। वह कहाँ से आया जो उसी समय लिखी कविताओं में नहीं है, भले ही वह अनुभूति व सहानुभूति से लबरेज़ हों?

नासिरा शर्मा : आपका बचपन आपका पीछा करता रहता है। कभी-कभी वह सारा अवलोकन, घटनाएँ आपके आगे के जीवन में अनजाने ही बहुत बड़ी भूमिका निभाती हैं 'जो आपके व्यवहार, नज़रिए' और कला-साहित्य में अभिव्यक्त होती हैं। मेरे साथ भी कुछ ऐसा ही हुआ कि मेरे बचपन की पहली दोस्ती 'ख़लीक़ुन' नाम की बच्ची से हुई जो हमारे गाँव आए शकुर की बेटी थी जो फल की टोकरी सर पर रखकर बेचता था और घर की पहली मंज़िल के एक ख़ाली हिस्से में रहता था। दूसरी दोस्ती हुई थी मज़दूर की बेटी से जो हमारे घर में अपने पिता के साथ आती थी। उसकी माँ मर चुकी थी। हम तीनों ऊपर की मंज़िल में बनती दीवारों व छंतों के बीच खेलते रहते थे। मज़दूरों को दीवार उठाने, मसाला बनाते भी पास में बैठकर देखते थे, फिर ग़ल्ला लाते मज़दूरों को कन्धे पर चावल, गेहूँ का बोरा उठाए आते देखा जो पैरों में बोरा तहकर सुतली से बाँधे रहते थे ताकि उनका पैर गर्म ज़मीन से न जले। रिक्शे वालों को खटाल पर खाना पकाते-खाते, आते-जाते देखा। फिर इनकी बदली हुई तसवीर विदेशों में देखी जहाँ से वह सेहत बना पैसा कमा लौटते जिसने मुझसे दो उपन्यास लिखवाए : 'ज़ीरो रोड' और 'काग़ज़ की नाव'। जब लॉकडाउन

में इनकी बुरी हालत देखी तो क़लम उठा। लगातार नोट्स लेती रही मगर पल-पल बदलते दृश्य अन्त में कहीं ज़ेहनी तौर पर ठहर नहीं रहे थे जबकि अपने गाँव और छतरपुर का मकान मैंने ही खड़े होकर बनवाया था, अनुभव थे। मगर वे सारे अनुभव अब किसी काम के नहीं थे—इस नई व्यथा और बिखराव के आगे। महसूस हुआ कि उपन्यास में आँखों-देखा लिखूँ या फिर कुछ लोगों के बातचीत के आधार पर एक नॉवेल लिख डालूँ। कुछ इंटरव्यू लिये, उनके वीडियो बनाए मगर लिखने की शुरुआत हो न सकी क्योंकि इस पूरे हादसे में गहरे उतरे बिना यह मुमकिन न था। मुझे होश-सा आया कि उस आक्रोश, और शर्मिन्दगी को पचाने और मन-मस्तिष्क के स्थिर होने के बाद मुझे मज़दूरों पर तीसरा उपन्यास उठाना चाहिए, न कि ख़बरों को जोड़कर, सहानुभूति का गोंद लगाकर तुरन्त वाहवाही के लिए लिख डालूँ। इस ख़याल से चौंकी भी, हारी भी और दिल मसोसकर नोट्स लेना बन्द कर दिया...। फिर एक दिन यह कविता लिखी : 'मज़दूरों की पदयात्रा' या 'लॉकडाउन में मज़दूरों की पदयात्रा' जिसकी अन्त की पंक्तियों में मेरा आक्रोश है। मज़दूरों से सीधे वार्ता भी एक-दो वाक्यों से की है। उनकी मजबूरी को समझते हुए उनका जवाब भी दर्ज है। दरअसल सिस्टम आम इनसान को इतना तोड़ देता है कि वह घुटनों के बल बैठने पर मजबूर हो जाता है।

हारून रशीद : लॉकडाउन में आपने कविताएँ लिखीं, जनता की आवाज़ बुलन्द की। क्या वर्तमान सरकार ग़रीबों को हटाना चाहती है?

नासिरा शर्मा : ग़रीबों को हटाने का प्रश्न तो लगातार आज़ादी के बाद से उठता चला आ रहा है। मुझे पिछली सरकार के दौर का एक कार्टून याद आ रहा है। 'ग़रीबी हटाओ' नारे के साथ एक रेखाचित्र जैसा था कि एक जमादार झाड़ू लगा सभी ग़रीबों को कूड़ा समझकर उन्हें समेटकर कूड़ेदान में डालने की तैयारी कर रहा है। यहाँ, आज की तारीख़ में, सवाल सिर्फ़ ग़रीबी हटाओ या ग़रीबों को मिटाओ ही समस्या नहीं है बल्कि किसान से लेकर दूसरे पेशों में जुटे लोगों पर भी आफ़त टूटी है जिनमें पत्रकार, कम्पनियों में काम करने वाले तकनीशियन वग़ैरह भी शामिल हैं। हर तरफ़ किसी न किसी रूप में नाकाबन्दी-सी नज़र आती है। यह ज़हमतकश लोग, मेहनती लोग जो ग़रीबी रेखा के नीचे के लोग नहीं हैं। उस वर्ग की आप और हम सब निरन्तर ग़रीबी रेखा की तरफ़ बढ़ते देख रहे हैं। आत्महत्याएँ और हत्याएँ पहले भी होती थीं। मगर अब तो वे लोग कर रहे हैं जो बेकारी से अचानक इस

महामारी के चपेट में आ गए। अनेक कारण हैं जो ग़रीबी से हटकर सियासत, झूठ और घुटन के चलते अन्दर घुट रहे हैं। मानती हूँ, कुछ मुश्किलात ऐसी है जिनसे पूरा विश्व दो-चार है मगर हमारे यही कुछ मुश्किल हम ख़ुद ईज़ाद कर रहे हैं जो बाद में हमारे लिए ही समस्या बनकर खड़ी हो जाएगी। आख़िर जनता का सुख, उसकी ख़ुशी, उसकी सुविधा केवल किसी एक व्यक्ति के स्वयं के कार्यक्रम और इच्छा द्वारा लादी नहीं जा सकती है। बल्कि उस सत्ताधारी को जनता के सुविधाओं को नज़र में रखते हुए सारी सहूलियतें आम आदमी को देनी हैं जिन्होंने उसे चुना है।

हारून रशीद : आपकी एक कविता है : 'मीडिया के बन्द होते दरवाज़े' पत्रकारों ने ख़ुदकुशी की, किसान आत्महत्या कर रहे हैं। निर्दोष लोग जेल में बन्द हैं। मीडिया पार्टी प्रवक्ता के रूप में काम कर रही है। आप एक पत्रकार की हैसियत से भोंपू मीडिया के बारे में क्या सोचती हैं?

नासिरा शर्मा : पत्रकार की हमदर्दी व झुकाव और दिलचस्पी किसी एक पक्ष की तरफ़ हो सकती है मगर जब वह रिपोर्ट करता है तो उसकी कसौटी उस दुर्घटना या स्थिति को हूबहू दिखाना होता है, जैसी वह घटी है। उसमें पक्षपात करना या उसमें बढ़ाना-घटाना या फिर कुछ छोड़ देना यह अपने प्रोफ़ेशन से ही नहीं, ख़ुद से भी बहुत बड़ी बेईमानी है। मिसाल के तौर पर, गवाही देने वाला यदि सच को झूठ बनाकर अपनी अक़्ल के मुताबिक़ बयान देता है तो हो सकता है, उससे ऐसी भारी चूक हो जाए जो उसके विरुद्ध चली जाए। यह पुलिस गवाही और अदालत की गवाही, दोनों में होता आया है। कुछ दिन पहले भी सारी दुनिया ने देखा कि कैसे-कैसे झूठ गढ़े गए और किस तरह से उस झूठ से पर्दा हटा। मगर उसकी कोई सज़ा किसी को नहीं मिली। न उनको दूसरों की प्रताड़ना की परवाह रही, न उनको आत्मा की धिक्कार ने होश दिलाया। यह समय पुराने मापदंड को ख़त्म करने के साथ ही अलग तरह की कसौटी और नई तरह की हैवानियत का है जिसमें बोले शब्द और लिखे झूठ, गढ़े और बनाए हुए का अजीब बोलबाला है। अपने ही इतिहास से वर्तमान में सीख लेने और सुधार करने की जगह उसमें बिलकुल अलग तरह का संशोधन कर एक नई तरह का इतिहास लिखवाया जा रहा है। यह बिलकुल वैसा है, जैसा कि सारस अपना सर बालू में छुपाकर समझे कि उसे कोई देख नहीं रहा है। मुट्ठी भर लोग, उनके अनुयायी अपनी ही नई पीढ़ियों के आगे एक दिन सिर्फ़ शर्मिन्दा ही नहीं होंगे। बल्कि सारी दुनिया की पुस्तकों में दर्ज सच के सामने जवाबदेह होंगे।

हारून रशीद : क्या पश्चिम में भी मीडिया का रवैया ऐसा ही है?

नासिरा शर्मा : क्यों नहीं है? जब-जब उन देशों की सरकारों ने ग़लत फ़ैसला लिया, उनके समर्थन में खड़े पत्रकारों या उनके अनुयायियों ने उनका भले ही साथ दिया मगर बहुसंख्यक रूप से उनका विरोध हुआ। उसमें पत्रकार और दूसरे सभी वर्ग के लोग शामिल रहे मगर जब सत्ता किसी के हाथ में हो और वह अपनी चलाना चाहता है तो दमन, अंकुश और ताक़त के बल पर सफल तो होता है। जो जनता की सुनता है, वह चीज़ों को समझकर अपना फ़ैसला बदलता है। दोनों तरह के सत्ताधारियों के पूरे विश्व में नमूने मौजूद हैं। वैसे मैं एक बात कहना चाहती हूँ कि इस समय केवल पत्रकार ही नहीं, बहुत-से ज़िम्मेदार पदवी पर बैठे लोग अपने-अपने प्रोफ़ेशन के प्रति निष्ठावान न होकर सत्ता व भौतिक सुख-सुविधाओं की ओर भाग रहे हैं। जिनकी संख्या केवल देश में नहीं बल्कि विश्व स्तर पर बढ़ती नज़र आ रही है, जिसने न्याय, मानवाधिकार, साझा सुख और जीवन-मूल्यों को झटककर रख दिया है। इतनी बड़ी महामारी जिसने पूरे विश्व को अपने चपेट में ले लिया है, मौत सबका पीछा कर रही है, तब,भी लोग होश में नहीं आ रहे हैं।

हारून रशीद : क्या ऐसी कोई पीड़ा शेष है जो आप व्यक्त करना चाहती हैं?

नासिरा शर्मा : इन्तज़ार करें, मेरी रचना मेरी पीड़ा को आपके सामने लाएगी।

हारून रशीद : इधर निरन्तर आपके लाइव देखने को मिल रहे हैं। उसमें साहित्य अकादेमी द्वारा पुरस्कृत उपन्यास 'पारिजात' पर आपकी दस्तावेज़ी बातें राजीव कुमार शुक्ल जी के साथ देखीं-सुनीं। मेरा भी एक सवाल है कि आपने कानन वन के वृक्ष पारिजात, जिसका अपना एक ऐतिहासिक स्थान है, उसको इस उपन्यास से कैसे जोड़ा?

नासिरा शर्मा : रूपक के रूप में लिया है। जो ध्वनि पूरे उपन्यास में मद्धिम सुरों में उठ रही है, वह इस पुष्प द्वारा ज़्यादा गहरे तरीक़े से उभर रही है। वह है फूल का सूरज की ओर करके खिलने के बजाय धरती की तरफ़ मुँह करके अपनी पंखुड़ियाँ खोलना यानी कि अपनी जड़ों की तरफ़ देखना।

हारून रशीद : गांधी जी का वह वक्तव्य याद आ गया जो उन्होंने कहा था कि 'अपने खिड़की-दरवाज़े खुले रखो, हर तरफ़ की हवाओं के लिए' परन्तु वह तुम्हें उड़ा न ले जाए। (ये शब्द मेरे हैं।)

नासिरा शर्मा : बहुत-सी बातें आप याद कर सकते हैं। यह तो पाठक के अपने अहसास और समझ व ज्ञान के विस्तार पर निर्भर है। लेखक तो एक बात कह जाता है।

हारून रशीद : अभी आपकी एक कविता 'शब्द जो परिन्दे हैं' को विनोद दुआ ने अपने चैनल से समाचार के बाद पढ़ी थी। यह किसके लिए लिखी है?

नासिरा शर्मा : अपनों के लिए, सुधा भारद्वाज को जानती हूँ। गौतम नौलखा से मेरा परिचय लेखन द्वारा है और बरबरा राव से दूर का है मगर जब उनकी उम्र, बचपन, संघर्ष और योगदान के बारे में मैंने जाना तो तकलीफ़ के साथ बेबसी का अहसास जागा। सवाल मन में उठा कि क्या कर रहे हैं हम उनके लिए? हमारी आवाज़, हमारा विरोध, हमारा आक्रोश उन्हें जेल से आज़ाद कराने में नाकाम रहा। मन जब बहुत मसला तो मैंने यह कविता 'शब्द जो परिन्दे हैं' लिखी।

हारून रशीद : अभी आपके अपने यू-ट्यूब पर दो कविताएँ पड़ी हैं। एक 'सुनहरे लम्हे' और दूसरी 'दुनिया के कलमकारों के नाम'। उसमें भी आपने क़लम, ज़बान और लिखने की आज़ादी की माँग की है।

नासिरा शर्मा : जी! दुनिया भर के कलमकार अपनी अभिव्यक्ति को लेकर प्रताड़ित रहे हैं। उनमें से कुछ को मैंने क़रीब से जाना-पढ़ा और उनकी कविताओं का अनुवाद भी किया है। 'सुनहरे लम्हे' अवसाद में डूबते लोगों की तरफ़ इशारा है।

हारून रशीद : जी!

नासिरा शर्मा : मेरी कुछ कविताओं को डॉ. रजिया ने युवा सर्जन के चैनल पर पढ़ा और पाँखुड़ी सिन्हा ने अपने यू-ट्यूब पर। कवि अशोक तिवारी ने वीडियो भी डाला।

हारून रशीद : आपने डॉ. कफ़ील पर भी तो कविता लिखी हैं जो बड़े पैमाने पर 'शेयर' हुई?

नासिरा शर्मा : जी! जनता के इसी सारे दबाव के कारण वह आज़ाद हो पाए।

हारून रशीद : नस्लवाद पर आपकी कविता 'जो नहीं लगते अपने-से' पर आपका वीडियो देखा। आपकी आवाज़ असरदार है।

नासिरा शर्मा : शुक्रिया! चित्रकार वाजदा ने ख़ासतौर से उस नज़्म के लिए ये सारे चित्र बनाए थे जो बहुत शानदार थे। वाजदा बेहद संवेदनशील कवयित्री हैं।

हारून रशीद : बात संवेदनशीलता की उठी तो ख़याल आया कि आपकी कविता 'लॉकडाउन में कुत्ते' के हालात पर आपने 'मोहल्ले सुने हैं...' के शीर्षक के साथ कविता लिखी है, वह कमाल की है। आपका एक लघु उपन्यास भी 'अलफा, बीटा, गामा' इसी विषय पर है, जिसका ज़िक्र आपके कई इंटरव्यू में आया है।

नासिरा शर्मा : जी! दरअसल यह उपन्यास बच्चों की कहानी के रूप में लिखना शुरू हुआ था जो हास्य-व्यंग्य की शैली में लिखा था फिर उस कहानी में कुछ न कुछ जुड़ता गया। विषय पहले भी कुत्ते और इनसान के सम्बन्धों पर था, बाद में भी वही केन्द्रबिन्दु रहा।

हारून रशीद : उसमें लॉकडाउन का ज़िक्र है?

नासिरा शर्मा : जी हाँ, क्योंकि उपन्यास टाइप होने के बावजूद कुछ और विस्तार चाह रहा था। तब तक फ़साद, महामारी, लॉकडाउन आ गया। सोच में पड़ गई कि शामिल करूँ या न करूँ। वैसे भी कुत्तों ने लॉकडाउन के दौरान कुछ सप्ताह ग़ज़ब की भुखमरी व भय के गुज़ारे थे। अवसाद में उनको इधर-उधर पड़े देखती थी। अन्त में फ़ैसला किया कि इस सच्चाई को भी शामिल करना ज़रूरी है।

हारून रशीद : आप क्या सोचती हैं, यह लॉकडाउन की हड़बड़ी शाहीन बाग़ में धरने को उजाड़ने के लिए थी?

नासिरा शर्मा : कुछ हद तक सही भी है। बहुत कुछ और भी इस लॉकडाउन और महामारी के चलते हुआ। खुलेआम अत्याचार हुए मगर कुछ समर्पित पत्रकार भी थे जो मोर्चे पर डटे थे—सच लिखने के लिए। कुछ जागरूक नागरिक थे जो अपनी बात पर सही इत्तला दे रहे थे। वकील, संसद सदस्य, राजनीतिक पार्टियाँ, देशी व विदेशी मीडिया बराबर झूठ से परदा हटाने का काम कर रहे थे। सभी सब कुछ समझ रहे थे मगर महामारी के दौर में लगाए सावधानियों से लाचार थे।

हारून रशीद : आपकी कविता 'लॉकडाउन की रात' जिसका शीर्षक था : 'अम्मा, दौड़ो, बाहर आओ?' बहुत पसन्द की गई। कवि व बाल साहित्य लेखक दिविक रमेश जी ने इसके लिए कहा कि अभी तक हिन्दी साहित्य में तारों भरे आसमान की उपमा माँ की साड़ी से देने वाली बात किसी ने नहीं कही!

नासिरा शर्मा : इस लॉकडाउन में यदि कोई ख़ुश था तो वह प्रकृति थी। पेड़ झूम रहे थे। चिड़ियों की चहचहाहट गूँजती थी और रात का तारों भरा आकाश पूरे बचपन का याद दिला देता था। दरअसल भूख और घर-क़ैद के दौरान सबसे ज़्यादा खाना-पानी और आज़ादी इन्हीं को मिली। हवा साफ़ हो गई थी।

हारून रशीद : 'शाहीन बाग़ की वह रात' पर बना आपका गद्य और वीडियो बेहद गहरी संवेदनाओं का है। आपने इस पीस में मज़लूमों की आवाज़ बुलंद की। शाहीन बाग़ की सच्चाई क्या है, मैं आपसे जानना चाहता हूँ।

नासिरा शर्मा : मेरे पास ऐसी कोई सनद या डाक्यूमेंट नहीं है जो मैं उसकी सच्चाई से पर्दा हटाऊँ। बात सिर्फ़ इतनी है कि यदि किसी क़ानून के पारित करने से जनता की आधी आबादी सन्तुष्ट नहीं है, उसे भय लग रहा है तो उसका आसान-सा हल है कि उस क़ानून को पारित न किया जाए। या फिर घुमा-फिराकर आश्वासन देने से कहीं तर्कपूर्ण है कि साफ़ शब्दों में लिखित रूप से दिया जाए कि भारत में जो रहता आया है, रहेगा। मगर दो हज़ार इक्कीस या पैंतीस से विदेश से आए शरणार्थियों को हम रखेंगे या नहीं, उसकी जाँच होगी। मामूली-सा हल है। मगर आराम से जी रही जनता में हचलच मचा देना, काग़ज़ की माँग करना, झूठे सबूत को मानना, सच्ची गवाही को नकारना—अपने देश में ग़ैरज़रूरी अशान्ति पैदा करना है, जो उचित नहीं है, न तर्कपूर्ण। कुछ निष्ठावान और नौकरशाही के बाद बाक़ी जनता के मन में धीरे-धीरे असंतोष, शिकायत और आक्रोश बढ़ रहा है। नौकरी से छँटनी, बेकारी, ऑफ़िसों व कम्पनियों का बन्द होना, ख़ुदकुशी का हर जीवन-क्षेत्र में बढ़ना कोई सुखद स्थिति नहीं है। ऐसी परिस्थितियों में सवाल केवल शाहीन बाग़ की सच्चाई को जानना नहीं बल्कि उन सारी सच्चाइयों को समझना पड़ेगा जिस पर प्रचार-प्रसार का पर्दा ज़ोर-ज़बरदस्ती का दबाव, वास्तविक समस्याओं को हल करने की जगह उससे पलायन करना न देश के हित में है, न विकास के, न जनता के।

हारून रशीद : इधर आपके लाइव कार्यक्रम आपकी पुस्तकों और महत्त्वपूर्ण विषयों पर आ रहे हैं। आपको कैसा लग रहा है?

नासिरा शर्मा : दो माह तक तो मैं बचती रही फिर अप्रैल में पहला लाइव 'साहित्य मेरा रंग' पर आया। उसके बाद जैसे अचानक सबको याद आ गया मेरा नाम, और चल पड़ा सिलसिला लाइव का।

हारून रशीद : मोहसिन ख़ान तन्हा जो कवि, अध्यापक व आलोचक हैं, उनकी दस्तावेज़ी बातचीत आपकी नॉवेल 'ठीकरे की मंगनी' पर बहुत ज़ोरदार रही। दरअसल वह एक इंक़लाबी उपन्यास है जो बदलाव की ज़बरदस्ती माँग ही नहीं करता है बल्कि आपको प्रेरित करके चलना सिखाता है।

नासिरा शर्मा : इसमें कोई शक नहीं है। दलित के मुद्दे, औरत की स्थिति, गाँव की बदहाली, बहुत-से प्रश्न हैं बल्कि एक समय को लेकर उपन्यास शुरू होता है जो आज के समय तक पहुँचकर भी अपने जवाब माँगता है। पाठकों का बहुत चहेता उपन्यास है मेरा।

हारून रशीद : पाठकों की स्वीकृति तो आपके हर उपन्यास को मिली है। आपका पहला उपन्यास 'सात नदियाँ : एक समन्दर' ईरान की क्रान्ति की पृष्ठभूमि पर लिखा गया है, जो एक दुर्लभ कृति है। भारतीय साहित्य में ईरान की क्रान्ति पर अब तक कोई उपन्यास नहीं आया है। (शायद विश्व स्तर पर भी) तैयबा का किरदार इस कृति का ही नहीं, साहित्य का जीवन-चरित्र है। मैं इस उपन्यास के अन्य पात्रों और उसकी भाषा के बारे में आपसे जानना चाहता हूँ।

नासिरा शर्मा : यह तो आप नागर साहब की बात दोहरा रहे हैं जो उन्होंने 'पत्थर गली' की समीक्षा 'कुलीनता का सन्निपाती ज्वर' लिखते हुए इस उपन्यास के बारे में संकेत किया था। ईरान की इस्लामिक क्रान्ति पर कई पुस्तकें आई हैं मगर कुछ वर्षों बाद, उसी तरह कुछ यादें व उपन्यास आए हैं मगर बहुत बाद में। दरअसल उस समय ईरानी चैन से बैठकर लेखन नहीं कर सकते थे। अरसे बाद अतीत में जाकर वे कुछ लिख पाए हैं, जो सहज है। गूगल में तलाश करने पर 1984 से पहले और एक दशक बाद तक कोई उपन्यास की तो सूचना नहीं मिली।

हारून रशीद : जी, मुझे याद है उनके लिखित शब्द। उन्होंने आज के संघर्षरत ईरानी समाज पर एक सुन्दर विचारात्मक और रोचक उपन्यास 'सात नदियाँ : एक समन्दर' लिखा है जिसकी चर्चा हिन्दी में थोड़ी-बहुत हुई तो ज़रूर है लेकिन शायद उतनी अधिक नहीं, जितनी कि उपेक्षित थी। नये ज़माने के विद्रोही ईरानी समाज के युवक-युवतियों का जैसा सजीव चित्रण इस उपन्यास में हुआ है, वैसा प्राय: कम देखने को मिलता है। इसी तरह 'राग दरबारी' जैसी कृति के रचयिता श्रीलाल शुक्ल ने भी 'हिन्दी का पहला वैश्विक उपन्यास' कहकर उन्होंने विश्व के भयावह उपन्यासों की याद दिलाई है।

नासिरा शर्मा : यह उपन्यास पसन्द किया गया, आज भी उस पर बहुत लिखा गया मगर उस समय हमारा हिन्दी साहित्य जगत एफ्रो एशियाई देशों के साहित्य-समाज के प्रति न मालूमात रखता था, न उसकी कोई रुचि थी। मेरा पहला कहानी-संग्रह ईरानी कहानियों का 'शामी काग़ज़' आया तो उन कहानियों को पढ़कर पाठक अभिभूत तो हुए मगर एक समीक्षा के अलावा उस पर कोई दूसरी समीक्षा मेरी नज़रों से नहीं गुज़री। मगर समय के साथ जब मैंने पड़ोसी देशों पर लगातार लिखना शुरू कर दिया तो मेरे इस तरह के लेखन का एक पाठक वर्ग तैयार हो गया और फिर लेखों का सिलसिला शुरू हुआ। इस उपन्यास की समीक्षा हुई। मगर जो लोग 'संचेतना' पत्रिका से नाराज़ रहे, वे इस उपन्यास से भी नाराज़ रहे और धीरे-धीरे मैंने जाना कि हिन्दी में वैचारिक मतभेद, पसन्द-नापसन्द, प्रकाशकों की अपनी प्रतिस्पर्धा भी नये लेखकों की कृतियों को आगे बढ़ने में बाधा डालती है।

हारून रशीद : इस उपन्यास की भाषा पर कभी कोई टिप्पणी?

नासिरा शर्मा : रहा भाषा का सवाल तो...।

हारून रशीद : आपने अपने लाइव में ओमप्रकाश सम्मान, जो नये लेखकों को देने वाला प्रतिष्ठित पुरस्कार था, उसकी घोषणा के बाद वह पुरस्कार आपको न देकर गोरख पांडेय को दिया गया था।

नासिरा शर्मा : जी! तो मैं आपके सवाल के जवाब की तरफ़ बढ़ती हूँ। तैयबा बेशक एक मिसाली किरदार है। ऐसे किरदार क्रान्ति के समय आपको कई रूप में नज़र आएँगे; बल्कि किसी भी बड़े आन्दोलन में अनेक चेहरे अपनी भूमिका में खरे नज़र आते हैं। कुछ ऐसे भी व्यक्ति होते हैं जिन्हें क़ैद कर जेल में डाल दिया जाता है (जैसे नेल्सन मंडेला), ताकि आन्दोलन दबा दिया जाए। सातों सहेलियों के साथ जो समय के साथ बदलती है, उन्हीं के साथ 'हंगामा' का भी बलिदान शामिल। जो भाई की खोज-ख़बर के लिए जेल से छूटे कुछ विद्यार्थियों के पास जाती है कि पूछे, क्या उन्होंने जेल में उसके भाई को देखा है? उसे सत्ता पार्टी के लोग सत्ता-विरोधी पार्टी मुजाहिदीन का सदस्य समझकर पकड़ते हैं और जेल में डाल देते हैं, फिर उसे शूट कर देते हैं। इस उपन्यास में बहुत-से ऐसे किरदार हैं जो किसी पार्टी और समुदाय के मेम्बर न होने के बावजूद मौत का निवाला बन जाते हैं। यह पक्ष बेहद दर्दनाक है। उन मौतों और शहादतों से जो किसी विचार, किसी विशेष के चलते मारे जाते

हैं और शहीद कहलाते हैं मगर ऐसे चरित्रों का कोई नोटिस तारीख़ नहीं लेती, न ही उनकी चर्चा कहीं पर होती है। रहा भाषा का सवाल, तो मेरी क्या राय होगी? उन्होंने इसको पढ़ा और पसन्द किया और बाद में बराबर लेख आते रहे। उन्होंने कभी भाषा पर कोई टिप्पणी नहीं दी। मगर हाँ, इस उपन्यास के नाम को बदलवाने पर ज़ोर देने और बदल जाने पर आलोचना करने वालों के बीच में चकराकर रह गई थी।

हारून रशीद : ज़रा खुलकर बताएँगी?

नासिरा शर्मा : इस उपन्यास का नाम मैंने 'बहिश्ते ज़हरा' रखा था। इस नाम पर श्रीपत जी को कोई एतराज़ न था। वह सरस्वती प्रेस से 'शामी-काग़ज़' के नाम से मेरा पहला कहानी-संग्रह छाप चुके थे। मगर जब उन्होंने प्रेस बन्द करने का मन बना लिया तो उनकी मर्ज़ी से वह 'संचेतना' के सम्पादक महीप सिंह के पास हरदयाल सिंह की राय से चला गया तो वह छापने को राज़ी थे। उपन्यास भी उन्हें पसन्द आया था। मगर उन्हें भय था कि एक छोटे प्रकाशक होने के कारण वह इस नाम के साथ उपन्यास न बेच पाएँगे, न ही इस नाम को स्थापित कर पाएँगे। मुझे नाम बदलना पड़ा। दुख हुआ। यह दुख और बढ़ा जब सबने उस उपन्यास को पढ़ने के बाद कहा कि यह नाम बदलवाकर वह अपराधी बने और ख़ुद श्रीपत राय जी ने अफ़सोस का इज़हार किया। बस। कहीं-कहीं कोई मुश्किल शब्द फ़ारसी का आया होगा जिसको बदला होगा। वह भी अब मुझे याद नहीं है कि मैंने ऐसा किया होगा। दरअसल हिन्दी-उर्दू अपने-आप क़लम व ज़ेहन से निकलती है। बहरहाल बाद में उपन्यास का नाम बदलकर 'बहिश्ते ज़हरा' कर दिया।

हारून रशीद : महिलाएँ शाह के नये खुलेपन का विरोध करती थीं। क्या शाह पश्चिम की संस्कृति को ईरान में लागू करना चाहते थे?

नासिरा शर्मा : पहलवी के पहले शाह रेज़ा शाह कबीर या रेज़ा ख़ान ने बड़े ही ज़बरदस्त बदलाव किये और ईरान को सामंती और पिछड़ेपन से निकालने के प्रयत्न किये जिसमें औरतों का पर्दा भी था और लिबास में तब्दीली थी। तब इसी तरह का हंगामा हुआ था, जैसे इंक़लाब के बाद 'हिजाब' को ज़रूरी बनाने के विरोध में औरतों के द्वारा हुआ था। ये दिलचस्प घटनाएँ हैं। इत्तफ़ाक़ से पेट्रोल मिला और ईरान विकास और ख़ुशहाली की तरफ़ बढ़ा, फिर उनका बेटा शहंशाह आर्यामेहर कहलाते थे। वह आए और लोग ख़ुश थे। उनके दौर में हर क्षेत्र में ईरान में उन्नति

व प्रगति हुई। आम जनता ख़ुश थी। मगर जब मुस्दिक का पेट्रोल का नेशनलाइजेशन का सिलसिला शुरू हुआ तो यह बहुत अहम् क़दम था। तब शाह को देश छोड़ना पड़ा फिर अचानक हालात ने पलटा खाया। अमेरिका की मदद से शाह वापस लाए गए और तब वह पहले वाले स्वावलम्बी शाह नहीं रह गए थे। उनकी सावक पुलिस उनसे ज़्यादा मुस्तैद हो गई थी और ईरान अपने उत्पादन व उद्योग की जगह अमेरिका का बाज़ार बनता चला गया और अंकुश कई तरह के लगने लगे। यह एक लम्बी कहानी है। इस बार अमेरिका ईरान में आर्यामेहर को नहीं चाहता था। उन्हें जाना पड़ा क्योंकि आख़िरी दिनों में साम्यवादी एवं मौलवी उनके विरोधी हो उठे। छोटे व्यापारी भी पनपना चाहते थे। उन्होंने ख़ुमैनी का समर्थन किया। आम जनता मौलवी के संग थी। साम्यवादी संस्थाओं का सम्बन्ध जनता से गहरा न था मगर वे दोनों एक धरातल पर खड़े होकर शाह के या शहंशाहियत के ख़िलाफ़ मोर्चाबंद हो गए। साम्यवादियों का विचार था कि मौलवी सरकार क्या चला पाएँगे? बाद में वह सत्ता में आएँगे। उधर अमेरिका का ख़याल था कि शाह जाए, मौलवी वर्ग आए। मौलवियों द्वारा साम्यवादी मूवमेंट का अन्त कराके फिर मौलवियों को सत्ता से हटाकर कोई अपना मोहरा ईरान पर बिठा देंगे, मगर मौलवी तो उनकी हलक़ की हड्डी बन गए।

हारून रशीद : परन्तु मुझे आपके पहले उपन्यास 'सात नदियाँ : एक समन्दर' उर्फ़ 'बहिश्ते ज़हरा' पर हुए लाइव कार्यक्रम में प्रियदर्शन जी का वक्तव्य उपन्यास पर न होकर उनके अध्ययन कक्ष पर था, ऐसा कुछ मुझे लगा। आप इस बारे में कुछ कहेंगी?

नासिरा शर्मा : प्रियदर्शन अच्छी सोच और समझ के पत्रकार और लेखक हैं उनका लेखन, समीक्षा व टिप्पणियाँ पढ़ती रहती हूँ।

हारून रशीद : जी, उनका अध्ययन तो ग़ज़ब का है। मैं मानता हूँ, यदि वह कुछ आपके नॉवेल के चरित्रों को उठाकर उसका तुलनात्मक विश्लेषण अपने पढ़े हुए उपन्यासों के चरित्रों से करते तो अच्छा लगता। उम्मीद बँधी थी, जैसे वह हमारे सामने बहुत कुछ लाएँगे, मगर एकदम से वह एक ऐसे विषय से उलझ गए जिससे हम सब दुखी हुए। प्रूफ़ की ग़लतियों की शिकायत लेखक से न करके सीधे प्रकाशक को कड़ा पत्र डालना उन जैसे पत्रकार से हम-आप उम्मीद कर सकते हैं मगर दूसरे दिन भी वह बातचीत से उपन्यास में दाख़िल न होकर इधर-उधर भटकते रहे।

नासिरा शर्मा : कभी-कभी ऐसा हो जाता है कि हम ग़ैरज़रूरी मुद्दों पर संकेत करने की जगह उसको विस्तार से ले लेते हैं। आपका कहना सही है कि उन जैसे व्यक्ति से हमारी उम्मीदें ज़्यादा बँध जाती हैं जबकि उनका अध्ययन ग़ज़ब का है।

हारून रशीद : राजीव कुमार शुक्ल जी ने 'पारिजात' पुस्तक को गहराई से पढ़ा और हर किरदार के बारे में बात करते और फिर अपनी टिप्पणी कर रहे थे और दूसरे दिन तो उन्होंने प्रश्नों द्वारा बहुत कुछ खोला। यदि समय होता तो कुछ और विस्तार से वह बोलते। आप कैसा सोच रही हैं?

नासिरा शर्मा : जी, असली बात है किसी उपन्यास को समेटना। यह मुश्किल काम है जब वह एक साथ ज़िन्दगी के बड़े फैलाव को अपने में समेटे हो। वैसे उन्होंने ख़ास-ख़ास किरदारों के बारे में अच्छे सवाल किये और कम समय में कई मुद्दे उठाए।

हारून रशीद : मुझे याद आती है शिरीन एबादी। उनकी एक पुस्तक है : 'आज का ईरान'। उसमें शिरीन एबादी ने ईरान की तत्कालीन स्थितियों का बड़ा ही मार्मिक वर्णन किया है। ईरान की सामाजिक स्थितियों के समय कट्टरपंथियों एवं कठमुल्लाओं के साथ उनकी सीधी मुठभेड़ हुई, यही अनुभव उनके लेखन का हिस्सा बना। क्या आपके साथ भी ईरान में इस तरह की मुठभेड़ हुई?

नासिरा शर्मा : शिरीन एबादी जज थीं। न्याय पर उनकी एक नज़र थी। इमाम का कहना था कि औरतों का दिल बेहद दयालु व नर्म होता है इसलिए वह उचित फ़ैसला देने में, हो सकता है, उनका भावुक पक्ष उभर आए। यह कथन दो अर्थ रखता है : पहला, औरतों की सूक्ष्म दृष्टि व मानवीय पक्ष की अवहेलना के साथ उनकी क्षमता पर सन्देह करना; दूसरा, वह पहलू जिस पर नज़र ही नहीं गई कि ईरानी तारीख़ में ख़ासकर स्त्रियों के वह किरदार जब फिरदौसी के क़लम से निकलते हैं तो वह औरतों की तलवारबाज़ी, संयम, समझ, दूरंदेशी के साथ राज-काज चलाने व प्रजा को ख़ुश रखने के साथ ही वह इस्लाम में उन स्त्रियों के चरित्र को भूल जाते हैं जिनका बहुत बड़ा योगदान रहा है कर्बला की जंग और इस्लाम लाने के समय उनकी क़ुर्बानियों का हज़रत हुसैन की बहन हज़रत ज़ैनब न होती तो कर्बला की वह जंग रेगिस्तान के इलाक़े में गुम हो जाती, लाशों पर बालू के टीले बन जाते। उनके संवाद जो क़ैदी के रूप में बिना सर पर चादर डाले, यज़ीद के दरबार में पेश होकर बोले हैं, वह याद करते तो ऐसा न कहते। बहरहाल यह पक्ष हो सकता है, इसमें इमाम ख़ुमैनी की कोई

गहरी दृष्टि हो। इस परिप्रेक्ष्य में शिरीन ने जो देखा व लिखा, वह गहरे अवलोकन के बाद अपनी किताब में दर्ज किया।

हारून रशीद : आपने अपनी पुस्तक 'औरत की आवाज़' हज़रत ज़ैनब को समर्पित की है और उस रात, तन्हा लाशों के बीच खड़ी हज़रत ज़ैनब का एक मर्सिया भी पेश किया है।

नासिरा शर्मा : जी! मेरे लिहाज़ से यह पहली धमाकेदार और ज़ोरदार आवाज़ थी जो ज़ुल्म के विरोध में उठी। एक चश्मदीद गवाह के तौर पर जिसने न केवल इस्लाम को ज़िन्दा कर दिया बल्कि अच्छाई और बुराई का फ़र्क़ भी दिखाया। अब रहा सवाल कि मैंने शिरीन एबादी की तरह कठमुल्लाओं से सीधी मुठभेड़ की या नहीं?

ज़रूर की, मगर एक पत्रकार की तरह। इस बात के गवाह मेरे प्रश्न और रिपोर्ताज़ हैं। कई और बातें हैं जो मैंने जगह-जगह दर्ज की हैं। वह सब यहाँ दोहराना मुमकिन नहीं है। मगर मुझमें और खानम एबादी में बुनियादी फ़र्क़ यह था कि वह ईरानी थी और मैं हिन्दुस्तानी। उन्होंने जो सहा और जान का ख़तरा वहाँ रहकर उन्हें लगातार ख़ौफ़ दिलाता रहा। वैसी एक-दो घटनाएँ मेरे साथ हुईं मगर वह शिरीन के आगे इतनी महत्त्वपूर्ण नहीं कि मैं उनके समानान्तर खड़ी हूँ। वह देश से भागीं जान बचाकर और मैं कभी तीन, कभी साढ़े तीन माह बाद रिपोर्टिंग करने के बाद सुरक्षित अपने घर लौटी। मगर हाँ, एक बात में हम समकक्ष हो सकते हैं कि वह पेरिस शरणार्थी के रूप में रहकर न्याय, इनसानी अधिकारों और ज़ुल्म व सितम के प्रति लगातार जद्दोजहद करती रहीं और मैं अपने देश में बैठ क़लम से मानव अधिकारों पर लेख, रिपोर्ताज़, कहानी, उपन्यास लिखती रही। हम दोनों लौट नहीं सकते थे ईरान। उनके कारण वही थे जो मेरे थे। जान का ख़तरा सिरफिरे, उन्मादी वर्ग से उन्हें भी था और मुझे भी। न उनको वीज़ा मिलता, न मुझे वीज़ा मिलता। मेरे द्वारा उस दौर पर कड़ी आलोचना के साथ उस छोटी-सी फ़िल्म के चलते जो ईरानी क़ैदी बच्चों की इराक के रमादी कैम्प में मेरे द्वारा लिये गए इंटरव्यू पर बनी और यह राज़ खुला कि ईरानी बच्चे हैं, सद्दाम हुसैन का षड्यंत्र नहीं। रात-दिन वह फ़िल्म ईरान में यह कहकर दिखाई जाती थी कि देखिए, यह है अमेरिकन मुसलमान औरत जिसको एक ईरानी बच्चे ने हिजाब लेने पर मजबूर कर दिया है।

हारून रशीद : ऐसे हालात में आप कैसे मज़बूती से खड़ी रहीं?

नासिरा शर्मा : शायद इसलिए कि वे सारे जज़्बे मेरे अन्दर कहीं दबे होंगे जो इस बहाने निकले। हिन्दुस्तानी नज़रिये से देखने में मेरे लिए यह दुख की बात थी कि आपके लिखने, पढ़ने-बोलने पर रोक लगा दी जाए। घुटन और अंकुश का ऐसा अनुभव मेरे पास नहीं था। दूसरे यह सवाल तो हमारे देश का भी था कि हाशिए में पड़े लोगों को वे सारी सहूलियतें नहीं मिल रही हैं जो नागरिक को मिलनी चाहिए।

हारून रशीद : मुझे याद आता है कि आपसे किसी ने कहा था कि आप ईरान पर कैसे लिख सकती हैं। मैंने रूसी करंजिया के अलावा तो किसी का लिखा कुछ देखा नहीं।

नासिरा शर्मा : जी! वह फ़ारसी के उस्ताद क़ासमी साहब थे जो हमारे साथ पहले ईरानी सफ़र में मौजूद थे। पत्रकार करंजिया ने शाह से इंटरव्यू की एक पूरी किताब तैयार की थी। एक सफ़रनामा भी क़ुर्रतुल ऐन हैदर ने लिखा था। कुछ और लोगों ने भी हिन्दी में लिखा है मगर यह भी सच है कि उन्होंने ईरान की व्यवस्था या सियासत पर क़लम नहीं उठाया था। करंजिया भारतीय पत्रकारों में बड़ा नाम था। उनकी इस किताब से मुझे शाह आर्यामेहर का एक कथन याद आ रहा है जो आपके पहले किये गए सवाल का जवाब भी हो सकता है। शाह ने औरतों के विकास, प्रगति और सशक्तीकरण को लेकर कहा था कि औरतों को आगे बढ़ने के लिए अपने शौहरों को छोड़ना पड़ सकता है। मानी बात है, उस दौर में परम्परागत सोच वाले परिवार, दौलतमंद परिवार, क़बीलों के मर्दों को औरतों का यह आज़ाद क़दम न पसन्द आए और बात विवाहित जीवन के टूटन पर समाप्त हो। उस समय दिया गया औरतों को प्रोत्साहन का नतीजा यह निकला था कि औरतें अपने-अपने फ़ील्ड में आगे बढ़ीं, वही तेवर मैंने इराक़ की औरतों में देखा था। शाह से इस कारण से भी ईरान का एक वर्ग नाराज़ था और यही कारण सद्दाम को लेकर भी कठमुल्लाओं के बीच रहा और अब हमारे यहाँ तो हम देख ही रहे हैं।

हारून रशीद : आपने मेरे सवाल का जवाब पूरा नहीं दिया।

नासिरा शर्मा : मेरी इन बातों से जवाब तो निकल आया।

हारून रशीद : कुछ और कहें, विस्तार से बताएँ।

नासिरा शर्मा : ईरान में भी मेरे एक कवि मित्र ने ईरान में उलझे हालात को देखकर मुझसे कहा था, "आप कैसे काम करेंगी, ईरान पर, अगर लेनिन भी आ जाएँ तो वह भी नहीं कर पाएँगे।" यह सब मैं अपने लेख व रिपोर्ताज़ में लिख चुकी हूँ। इस समय मैं उन्हीं बातों व कथन का भाव व्यक्त कर रही हूँ। लेकिन इन सबके पीछे मेरा वह जुनून था जो मेरे साथ अन्याय था और भरपूर तरीक़े से मेरा अपमान। फ़ारसी भाषा साहित्य विभाग में अध्यापकों की आपसी मुठभेड़ों और मेरे ईरान पर लिखे सियासी लेखों से मैं बड़े तकलीफ़ भरे समय से गुज़री। क्योंकि बार-बार मैं यह भी ताने सुनती थी कि "हमने आपको ईरान भेजा था।" तब इस बात की सियासत इतनी उभरी थी कि मैं अपने ख़र्चे पर 'शाहनामा' पर काम करने का एक प्रोजेक्ट लेकर ईरान गई और टकरा गई उभरते इंक़लाब से। यह भी अजीब इत्तफ़ाक़ था कि हमारा पहला बैच 'मॉडर्न फ़ारसी' की डिग्री लेकर निकला था। हमारे कोर्स में बहुत कम हिस्सा मॉडर्न फ़ारसी अदब का रखा गया था और मैं टॉप के साहित्यकारों व इंक़लाबियों के सम्पर्क में आ गई और एक दूसरी तरफ़ मुड़ गई जो अध्यापकों से पूरी तरह अलग दूसरी दिशा की तरफ़ मुझे ले गई।

हारून रशीद : आपका साहित्य तो फ़ारसी में अनुवाद हुआ होगा?

नासिरा शर्मा : जी नहीं! मैं ईरान को देख-समझ रही थी। मुझे कोई तमन्ना नहीं थी कि मैं किसी अन्य भाषा में अनूदित हूँ। मैंने कभी किसी को बताया नहीं कि मैं लेखिका हूँ। मैं ख़ुद अपने ज्ञान को बढ़ा रही थी क्योंकि मेरा साहित्य हिन्दी-उर्दू में छप रहा था, पसन्द किया जा रहा था, जिससे मैं पूरी तरह मुतमईन थी, लेकिन...।

हारून रशीद : आप रुक क्यों गईं, लेकिन...?

नासिरा शर्मा : लेकिन मेरे सारे लेख फ़ारसी में तर्जुमा किये जा रहे थे कि मैं ईरान पर क्या लिख रही हूँ। यह ईरानी हुकूमत की तरफ़ से भी और विदेश में बैठे ईरानी इंक़लाबियों द्वारा भी उनकी संस्था के अख़बार व पत्रिका में छप रहे थे। दूसरे, बी.जी. जोशी जी उस समय अमेरिकन सेंटर या लाइब्रेरी में थीं। उन्होंने एक बार बताया था कि जब नासिरा जी ईरान पर लिखती हैं तो हम काम पर लग जाते हैं—उसे अंग्रेज़ी में करने के लिए। अब वे सब अनुवाद न मैंने कभी देखे, न मुझे उसकी खोज रही। इतनी बड़ी घटना घटी थी, मानी बात है, उस पर लिखे जा रहे मैटर की स्क्रूटनी तो होती होगी।

हारून रशीद : बड़ा कठिन दौर रहा होगा वह...।

नासिरा शर्मा : जी!

हारून रशीद : आप उन ईरानी क़ैदी बच्चों से, जिनसे आप 1983 में मिली थीं, फिर 2017 में मिलीं तो कैसा अनुभव रहा?

नासिरा शर्मा : बेहद जज़्बाती। अभी उस पर लिखना बाक़ी है। जब ईरान गई थी तो मैं ख़ासी बीमार थी। लौटी तो सख़्त बीमार पड़ी और चाहने के बाद भी उस विषय को उठा न पाई। फिर कुछ और रचनाओं पर काम शुरू हो गया।

हारून रशीद : आपने ईरान पर लिखकर पाया क्या? छोड़ा क्यों नहीं?

नासिरा शर्मा : मैंने अपनी कोई लड़ाई बीच में नहीं छोड़ी। उसका बिना अंजाम सोंचे कि जीतूँगी या हारूँगी, मैं लड़ती रही। मगर एक लड़ाई अधूरी छोड़ी, वह थी अपनी नौकरी से इस्तीफ़ा देने की। उसके कई कारण थे। पहला यह कि उस लड़ाई में कोई बड़ा मुद्दा डटे रहने का नहीं रह गया था। दूसरे, हर तरफ़ से फ़ारसी की दुनिया मुझ पर हमला कर रही थी। मेरे लिए फ़ैसले की घड़ी थी कि मैं इस बेहूदा लड़ाई में पड़कर लगातार अपने अन्दर के इनसान को छोटा करती जाऊँ या फिर वह जगह छोड़कर मैं ख़ुद अपना काम करके फ़ारसी भाषा या कहें, अपने विषय से सम्बन्ध गहरा बनाऊँ। दूसरी बात में परवाज़ थी। आज़ादी थी। बेहूदा जंग से छुटकारा था। काम किया—सृजन व अनुवाद—दोनों में और सीधा सम्पर्क साधा अपने पाठकों से।

हारून रशीद : आपको नौकरी छोड़ने का पछतावा कब हुआ?

नासिरा शर्मा : जब-जब उन लोगों को देखा, जो शून्य थे। उन्होंने ऐसा काम कुछ नहीं किया। समय के साथ मुझमें हालात से जूझने की शक्ति भी पुख़्ता हो चुकी थी। ख़ासकर यह अहसास भी जागा कि हर काले बादल छँटते हैं, समय करवट बदलता है। मैंने जल्दी की। मुझे डटे रहना चाहिए था मगर तब लगता था कि मैं भी एक कुंठित व्यक्तित्व में बदल ग़ैरज़रूरी कामों में फँस जाती। यह दुख कहें या पछतावा, जब भी उठता, मैं डॉक्टर शर्मा से उसे साझा करती तो वह कह उठते, "तुम एक फ़ारसी की अध्यापक बनकर क्या कर लेतीं? जो कर रही हो, वह उससे बड़ा काम है।" उनकी इन बातों पर सोचती फिर धीरे-धीरे करके मैंने यह सोचना शुरू कर दिया कि यदि मैं फ़ारसी में थीसिस लिख लूँ या काम फ़ारसी भाषा पर करूँगी तो वह कभी भी ईरानियों के मुक़ाबले का बन पाएगा? फिर एक फ़ैसला लिया कि काम फ़ारसी भाषा साहित्य पर करूँगी मगर हिन्दी में। यह बात जब डॉक्टर शर्मा से

कही तो वह सोच में डूब गए, फिर बोले, "ठीक है। मेरी ख़्वाहिश है पी-एच.डी. की यह आख़िरी डिग्री भी तुम ले लो, बस!"

हारून रशीद : फिर?

नासिरा शर्मा : लखनऊ विश्वविद्यालय में मेरा फ़ारसी में इंरॉलमेंट था। वहाँ उस्ताद का देहान्त हो गया था। मैंने पी-एच.डी. के लिए अप्लाई जेएनयू के हिन्दी विभाग में कर दिया। उम्मीद थी भी और नहीं भी थी। क्योंकि उसी सेंटर में मेरे पी-एच.डी. के इंटरव्यू से जो हंगामा शुरू हुआ था, वह पूरे नौ माह चला था। टीचर्स एक तरफ़ हो गए थे, स्टूडेंट दूसरी तरफ़।

हारून रशीद : नामवर सिंह जी ने मदद की होगी?

नासिरा शर्मा : मेरे इंटरव्यू के समय केदारनाथ जी थे। कुछ अन्य अध्यापक भी मौजूद थे। नाकामियों से टकराते-टकराते मैं नकारात्मक स्थिति के लिए हमेशा तैयार रहती थी। ख़ासकर यह भी ख़याल था कि नामवर साहब उस समय डीन थे और अपने वर्ग के साथ थे, वह कैसे मुझे हिन्दी विभाग में शामिल होने देंगे—ख़ासकर तब, जब मेरे पास हिन्दी एम.ए. की डिग्री न थी?

हारून रशीद : आपका विषय क्या था?

नासिरा शर्मा : दो विषय थे : एक अमीर ख़ुसरो और दूसरे, फ़ारसी व भारतीय कवियों का तुलनात्मक अध्ययन। इंटरव्यू शुरू हुआ। मेरा मन पहले पर नहीं था क्योंकि यह टॉपिक मैं फ़ारसी विभाग में लेकर गई थी : "जेनेसिस और क्वालिटी ऑफ़ प्रोटेस्ट पोएट्री ऑफ़ ईरान।" और एक बड़े हंगामे से दो-चार हुई थी। दूसरे इस तरह के कई काम मैं इस बीच कर चुकी थी। इसमें मुझे नई ज़मीन नहीं तोड़नी थी। दूसरे में मेरा ज्ञान बढ़ना था, जो अमीर ख़ुसरो पर था। लेकिन केदारनाथ जी ने कहा कि आप इस टॉपिक को लें : 'फ़ारसी-हिन्दी कवियों का तुलनात्मक अध्ययन, मगर मैं दूसरे पर आग्रह करती रही। चूँकि हिन्दी विभाग तय कर चुका था मेरी मदद करना, इसलिए मुझे स्वीकृति मिल गई। यह स्वीकृति विशेष सन्दर्भ में थी जो टाइम लिमिट से बाहर थी। काम शुरू ज़रूर हुआ मगर अधूरा छूट गया। उसके अपने दबाव और कारण थे।

हारून रशीद : अब शुरू कर सकती हैं?

नासिरा शर्मा : इतने अधूरे काम पड़े हैं, कहाँ वक़्त उसे पूरा करने का? बीच-बीच में नई चीज़ें अपना फन फैलाकर बैठ जाती हैं—वह भी इतनी शिद्दत से कि बिना लिखवाए जान छोड़ती नहीं हैं।

हारून रशीद : नई रचनाओं से याद आया कि आपकी कविता 'ज़ुलेखा' आपकी अन्य कविताओं से अलग हटकर एक समानी ताना-बाना बुनती है, उसके बारे में बताएँगी?

नासिरा शर्मा : दरअसल वह दो हिस्सों में कही गई कविता है। इस नई महामारी ने इनसान को अपने बचाव के मद्देनज़र एक दूसरे से दूर कर दिया। दूरी में, इनसानी इश्क़ एकतरफ़ा होकर नेट के सहारे, तसवीर के आकर्षण में उभरता है। दूसरे हिस्से में ज़ुलेखा है जो एक बेहद रूमानी व इरफ़ानी किरदार है तारीख़ का, उसको मैंने लिया है। वह बहुत कुछ कह जाता है अपने नाम के ज़रिये।

हारून रशीद : आपको पढ़ने, समझने और उसको पसन्द करने के लिए पाठक को भी सक्षम होना पड़ता है और दूसरी ओर आपके लेखन के द्वारा बहुत-से पन्ने संस्कृति, इतिहास और लिजेंडरी किरदारों के खुलते हैं।

नासिरा शर्मा : हर लेखक उसी दुनिया को सामने लाता है जो उसकी अपनी देखी-भाली, सुनी और पढ़ी हुई होती है जिसको उसने शिद्दत से महसूस किया हो।

हारून रशीद : आपको प्रियदर्शन जी ने एशियाई लेखक कहा है जबकि अर्चना पैन्यूल आपको ग्लोबल राइटर कहती हैं। श्रीलाल शुक्ल तो कह चुके हैं वैश्विक स्तर के मुद्दे को उठाने की बात। यह बताएँ, आप कैसे बाहरी दुनिया में उसी तरह डूबती हैं, जैसे अपनी अन्दर की दुनिया में?

नासिरा शर्मा : बहुत पहले मैं कह चुकी हूँ कि मैं सरहदों को नहीं पहचानती। मुझे जहाँ इनसान अपनी पूरी गरिमा से मिल जाता है, वहीं मेरी कहानी जन्म ले लेती है।

हारून रशीद : अशोक तिवारी आपके ईरानी लेखन के किरदारों में अपने भारतीय किरदारों की झलक देखते हैं? उनका लेख 'नासिरा शर्मा : इलाहाबाद से पश्चिम एशिया तक' में यह बात बड़े सुन्दर ढंग से उन्होंने उठाई है। आप कुछ कहेंगी?

नासिरा शर्मा : अशोक ने मुझे बहुत पढ़ा है और बार-बार पढ़ा है इसलिए अगर वह ऐसा महसूस करते हैं तो उनका अवलोकन सही होगा। तकलीफ़ें और सवाल कमोबेश एशिया महाद्वीप में एक-से हैं।

हारून रशीद : आपके लेखन में बाहर के देशों के चरित्र तो उभरते हैं, साथ ही वहाँ के प्राकृतिक दृश्यों को भी आपने बहुत गहराई से उभारा है। स्थानीय धड़कन यह अहसास देती है कि आपने केवल विषय उठाने के लिए रचना नहीं की है।

नासिरा शर्मा : जी, शुक्रिया! इनसान का रिश्ता अपने आसपास से बहुत गहरा होता है। जहाँ इनसान होगा, वहाँ पूरी कायनात का होना लाज़िमी है।

हारून रशीद : आपकी लॉकडाउन में लिखी कविता 'अम्मा दौड़ो' और प्रकृति-गीत भी बहुत सुन्दर, सरल अभिव्यक्ति के साथ सामने आती है।

नासिरा शर्मा : हाँ, वीडियो भी अच्छा बना। सुबह-सुबह मेहरौली की तरफ़ निकली। पाँच-छह बजे का समय था। फ़ोटोग्राफ़ी अच्छी हो गई। अभी एक कविता अधूरी पड़ी है, वह है 'जुगनू' पर।

हारून रशीद : आपका कवि मन...।

नासिरा शर्मा : मैं कवि नहीं हूँ। हाँ, एक ख़ास दबाव से अन्दर की बेचैनी मेरे अन्दर से कुछ इस तरह व्यक्त हुई जो काव्य विधा में आकार ले बैठी।

हारून रशीद : मैं एक बार 'शाहीन बाग़ की वह रात' की तरफ़ लौटता हूँ। किस बात से आप वहाँ बोल न सकीं और आपने ऐसा क्या देखा?

नासिरा शर्मा : एकता! वह रात हैरत में डालने वाली थी। जामिया ऐसा नहीं था। तारीख़ शानदार है उसकी। मैं वहाँ पढ़ा चुकी हूँ। मुझे उस रात सब कुछ बदला लगा फिर स्वतंत्रता-संग्राम के बाद ऐसी एकता दूसरे किसी मंच पर नहीं दिखी जहाँ हर धर्म, हर वर्ग और लगभग हर प्रान्त की महिलाएँ मौजूद न हों। मसला ही कुछ ऐसा है।

['एक और अंतरीप' : 2018,
'मेरी गुफ़्तगू अदीबों से' : 2023]